i-MANUEL 2.0

LA SOLUTION NUMÉRIQUE

pour mettre les élèves en activité

COMMENT ACCÉDER À VOTRE i-MANUEL 2.0 ÉLÈVE

Votre enseignant souhaite travailler en classe avec le i-Manuel 2.0 :

W0198995

POUR ACTIVER VOTRE i-MANUEL 2.0

1. ▶ Transmettez votre clé d'activation imprimée ci-dessous à votre enseignant qui, en retour, vous communiquera vos identifiant et mot de passe.

VOTRE CLÉ D'ACTIVATION PERSONNELLE

BM-2-12-2QYHW-M9DB8

L'activation des licences i-Manuel 2.0 des élèves est laissée au libre choix de l'enseignant et l'ouvrage imprimé peut toujours être utilisé seul. Il faut activer au minimum 12 clés élèves pour créer une classe.

2. ▶ **Ensuite, pour vous connecter,**
rendez-vous, selon les indications de votre enseignant :

▶ Sur imanuel.nathan.fr et connectez-vous à votre espace élève i-MANUEL 2.0 avec vos identifiant et mot de passe.

OU

▶ Sur la plateforme, ou l'ENT de votre établissement, et accédez directement à votre i-MANUEL 2.0.

À SAVOIR

Votre clé d'activation élève est unique et personnelle, une fois utilisée, elle ne sera plus valide.
Elle offre un accès à un seul élève pour une période de 12 mois (à compter de la première activation) et ne peut être réutilisée par d'autres élèves les années suivantes.

Pour l'enseignant : rendez-vous sur **www.nathan.fr/i-manuel2** pour contacter votre délégué pédagogique Nathan, disposer de toutes les informations pratiques pour créer vos classes, activer les licences de vos élèves.
Au-delà de 100 licences élèves à activer, vous pouvez contacter accompagnement@cns-edu.fr
Pour équiper vos élèves de nouvelles licences 100% numériques i-Manuel 2.0, connectez-vous sur cns-edu.com

Nathan TECHNIQUE

Histoire Géographie Tle EMC

Voie technologique • Enseignement commun

Nouveau programme

Sous la direction de

Jean-Louis Carnat
Inspecteur, académie de Paris (75)

et

Frédéric Fouletier
Professeur à la Cité scolaire internationale de Lyon (69)

Dominique Colonna
Professeur au lycée Paul Bert à Paris (75)

Dominique Delmas
Professeur, académie de Créteil (94)

Éric Godeau
Professeur au lycée Hélène Boucher à Paris (75)

Rémi Houley
Professeur au collège Molière à Chennevières-sur-Marne (94)

Valérie Ladigue
Professeure au lycée Ampère à Lyon (69)

Marie-Carmen Macias
Professeure au lycée international de Saint-Germain-en-Laye (78)

Yves Magotteaux
Professeur au lycée Carnot à Cannes (06)

Franck Micolier
Professeur au lycée Français Jean Monnet de Bruxelles (Belgique)

Adèle Perrin Fernandez
Professeure, académie de Lyon (69)

Anne Philippon
Professeure au collège Les Capucins de Melun (77)

Mélina Pierallini
Professeure au lycée Jean Mermoz de Montpellier (34)

Thomas Reyser
Professeur au lycée Henri Becquerel de Nangis (77)

Joëlle Salazar
Professeure, académie de Créteil (94)

Évelyne Soumah
Professeure à la Cité scolaire internationale de Lyon (69)

Aurélie Tapie
Professeure au lycée Évariste Galois à Beaumont-sur-Oise (95)

Roland Tissot
Professeur au lycée Évariste Galois à Beaumont-sur-Oise (95)

Nathan TECHNIQUE

Avec ce livre, une licence i-Manuel 2.0

Le i-Manuel 2.0, un outil simple d'utilisation qui reprend l'ensemble des contenus de ce livre sous forme numérique et interactive.

Il permet d'accéder au contenu de ce manuel à tout moment et en tout lieu sur un ordinateur ou une tablette. L'utilisateur peut donc passer du papier au numérique et choisir le support qui lui convient le mieux selon le travail à faire et le lieu où il se trouve.

Une véritable interactivité entre l'enseignant et sa classe

- Piloter la classe : assurer le suivi du travail des élèves à distance et en cours (recevoir et envoyer du travail, faire des commentaires, intervenir en temps réel)
- Intégrer et envoyer à la classe, à un ou plusieurs élèves, des documents personnels
- Afficher les corrigés ou la correction individuelle du travail de l'élève
- Vidéoprojeter en classe les activités, les documents et les corrections pour animer les cours et travailler collectivement
- Télécharger la version papier pour une utilisation sans connexion
- Imprimer des documents pour mettre les élèves en situation d'examen

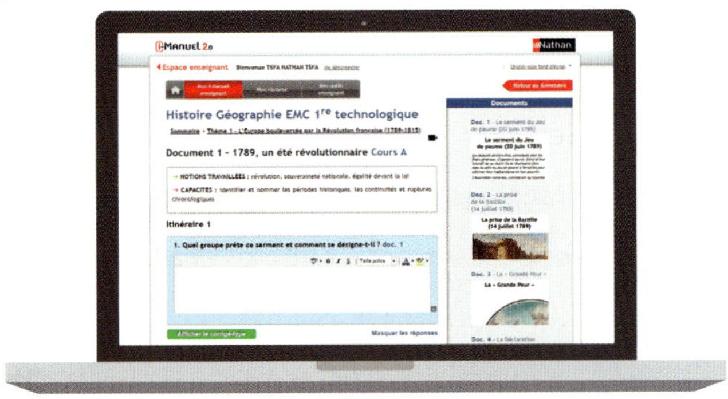

Des fonctionnalités innovantes pour favoriser l'intérêt, la motivation et l'implication des élèves

- Saisir les réponses en travaillant sur ordinateur ou tablette
- Faire les activités et les exercices, préparer ou réviser le cours en classe ou à la maison
- Accéder directement aux ressources numériques, vidéos, logiciels professionnels, fichiers élèves...
- Sauvegarder le travail effectué dans un dossier (classeur)
- Envoyer le travail à son professeur
- S'enregistrer, s'auto-évaluer et se former aux outils numériques

Toutes les infos et les tutos sur www.nathan.fr/i-manuel2

Des ressources numériques en accès direct

Flashez les QR Codes avec votre smartphone ou saisissez les mini-liens associés pour accéder à des vidéos, animations, QCM...

SOMMAIRE

Programme 6

Histoire

Thème 1

Totalitarismes et Seconde Guerre mondiale 10

REPÈRES L'affirmation des totalitarismes conduit à la guerre 12

REPÈRES La France dans la guerre (1940-1944) 14

COURS Comment les régimes totalitaires ont-ils conduit à la violence extrême de la Seconde Guerre Mondiale ? 16

DOCUMENTS 1 Le fonctionnement des régimes totalitaires dans les années 1930 18

DOCUMENTS 2 La Seconde Guerre mondiale, violence extrême et génocides 20

DOCUMENTS 3 La France occupée : Vichy, la collaboration et la Résistance 22

ZOOM Quand l'art s'oppose aux totalitarismes et à la guerre 24

VERS LE BAC 27

SUJET D'ÉTUDE 1 La guerre d'anéantissement à l'Est et le génocide des Juifs 28

ZOOM Le processus génocidaire représenté par les artistes déportés 30

SUJET D'ÉTUDE 2 De Gaulle et la France libre 36

ZOOM L'appel du 18 juin 1940 38

VERS LE BAC 44

Thème 2

Du monde bipolaire au monde multipolaire 46

REPÈRES D'un monde bipolaire à un monde multipolaire 48

REPÈRES Un monde plus complexe et conflictuel 50

COURS Comment évoluent les relations internationales depuis la fin de la Seconde Guerre mondiale ? 52

DOCUMENTS 1 Une longue guerre froide (1947-1991) succède à la Seconde Guerre mondiale 54

DOCUMENTS 2 La décolonisation permet l'émergence du tiers-monde 56

DOCUMENTS 3 Vers un monde plus complexe et multipolaire 58

DOCUMENTS 4 Le projet européen, du succès au doute 60

ZOOM La guerre froide, une guerre idéologique 62

VERS LE BAC 65

SUJET D'ÉTUDE 1 De Youri Gagarine à la guerre des étoiles 66

ZOOM Propagande et conquête spatiale dans le cadre de la guerre froide 68
SUJET D'ÉTUDE 2 Le 11 septembre 2001 74
VERS LE BAC 80

Thème 3
La France de 1945 à nos jours : une démocratie 82
REPÈRES La France depuis 1945 : politique et société 84
ZOOM Portraits de présidents de la Vᵉ République 86
COURS Comment évoluent le modèle républicain et la place de la France dans le monde depuis 1945 ? 88
DOCUMENTS 1 Les évolutions du modèle républicain depuis 1944 90
DOCUMENTS 2 La France, une puissance internationale dans un monde en recomposition 92
DOCUMENTS 3 Les transformations de la société française 94
VERS LE BAC 97
SUJET D'ÉTUDE 1 La guerre d'Algérie 98
ZOOM L'Algérie, un territoire en guerre (1954-1962) 100
SUJET D'ÉTUDE 2 L'évolution de la place et des droits des femmes dans la société française 106
ZOOM Simone Veil, parcours d'une femme engagée 108
VERS LE BAC 114

Géographie

Thème 1
Mers et océans : au cœur de la mondialisation 116
REPÈRES Des étendues maritimes aux multiples enjeux 118
COURS Dans quelle mesure les mers et les océans sont-ils des vecteurs essentiels de la mondialisation ? 120
DOCUMENTS 1 Les ressources des mers et des océans 122
DOCUMENTS 2 La maritimisation des économies 124
DOCUMENTS 3 Les enjeux stratégiques des espaces maritimes 126
ZOOM Dangers de la mer, mers en danger 128
VERS LE BAC 131
SUJET D'ÉTUDE 1 Les réseaux de câbles sous-marins 132
SUJET D'ÉTUDE 2 Le détroit de Malacca : un point de passage majeur et stratégique 138
ZOOM Des détroits et canaux en Méditerranée 140
VERS LE BAC 146

Thème 2
Des territoires inégalement intégrés dans la mondialisation 148

REPÈRES Mondialisation et hiérarchisation des territoires 150
COURS Comment la mondialisation contribue-t-elle à l'organisation et à la hiérarchisation des territoires ? 152
DOCUMENTS 1 Les pôles et espaces moteurs de la mondialisation : métropoles et littoraux 154
DOCUMENTS 2 Des espaces en marge ou à l'écart 156
DOCUMENTS 3 Les dynamiques d'un monde en mouvement 158
VERS LE BAC 161
SUJET D'ÉTUDE 1 New York, un centre de la mondialisation 162
ZOOM New York et le cinéma 166
SUJET D'ÉTUDE 2 L'aéroport de Paris-CDG, un hub au cœur des échanges européens 170
ZOOM Des ombres sur les aéroports 174
VERS LE BAC 178

Thème 3
La France et ses régions dans l'Union européenne et dans la mondialisation 180

REPÈRES Les lieux de l'influence française dans la mondialisation 182
COURS Comment s'exprime l'influence de la France en Europe et dans le monde ? 184
DOCUMENTS 1 Un pays inséré dans la mondialisation 186
DOCUMENTS 2 Une économie innovante et compétitive 188
DOCUMENTS 3 Une puissance diplomatique, stratégique et culturelle 190
ZOOM France : l'atout tourisme 192
VERS LE BAC 195
SUJET D'ÉTUDE 1 Le Centre spatial guyanais (Kourou) : coopérer pour s'affirmer à l'échelle mondiale 196
ZOOM La France au-delà des mers 200
SUJET D'ÉTUDE 2 Disneyland Paris : un marqueur de l'intégration de la France dans la mondialisation 204
VERS LE BAC 210

Enseignement moral et civique

1. La démocratie et les élections : règles et rituels de l'exercice du droit de vote 212
2. Les conditions du débat démocratique : les lanceurs d'alerte 214
3. Démocratie, exemplarité et transparence 216
4. Conscience démocratique et relations internationales 218

DICTIONNAIRE DES NOTIONS 220
PLANISPHÈRE POLITIQUE 222

RESSOURCES NUMÉRIQUES

- 6 **Portfolios :** les documents importants du chapitre
- 18 **Podcasts :** le cours en audio
- 18 **Schémas à télécharger**
- 14 **Cartes interactives**
- 2 **Fonds de carte à télécharger**

Programme d'histoire-géographie

Classe de terminale technologique – BO spécial n° 8 du 25 juillet 2019

Programme d'histoire

« Totalitarismes, guerres et démocratie : des années 1920 à nos jours » (24 heures)

Thème 1 – Totalitarismes et Seconde Guerre mondiale (8-9 heures)

Question obligatoire (A) et sujets d'étude (B)	Notions Notions de 1re à réactiver	Mise en œuvre
A. L'affirmation des totalitarismes et la guerre	Totalitarisme. Génocide. Crime contre l'humanité. Collaboration. Résistance.	Ce thème vise à mettre en évidence les caractéristiques des régimes totalitaires et leurs effets ainsi que l'étendue et la violence du conflit mondial, à analyser le processus menant au génocide des Juifs d'Europe et à comprendre, pour la France, toutes les conséquences de la défaite de 1940. On peut mettre en avant : – les totalitarismes : le cas de l'URSS ; le cas de l'Allemagne (idéologies, violences et résistances) ; – les protagonistes et principaux théâtres d'opération de la Seconde Guerre mondiale, à l'échelle européenne et mondiale ; – les crimes de guerre, violences et crimes de masse, les génocides des Juifs et des Tsiganes ; – la France dans la guerre : le régime de Vichy, l'occupation, la collaboration, la Résistance ; – les bases d'un nouvel ordre international (création de l'ONU, procès de Nuremberg et de Tokyo).
B. Un sujet d'étude au choix : • La Guerre d'anéantissement à l'Est et le génocide des Juifs. • De Gaulle et la France libre.		Ce sujet d'étude montre comment l'évolution de la guerre à l'Est accélère la mise en œuvre du génocide des Juifs et en modifie les formes. Ce sujet d'étude permet de comprendre, à partir d'une réflexion sur le rôle de Charles de Gaulle, l'action de la France libre et de la Résistance.

Thème 2 – Du monde bipolaire au monde multipolaire (5-7 heures)

Question obligatoire (A) et sujets d'étude (B)	Notions	Mise en œuvre
A. Le monde de 1945 à nos jours	Guerre froide. Monde bipolaire. Décolonisation. Monde multipolaire. Construction européenne.	Ce thème vise à montrer les dynamiques géopolitiques qui sous-tendent l'évolution du monde de 1945 à nos jours, depuis la bipolarisation de la guerre froide jusqu'au monde multipolaire marqué par de nouvelles formes de conflits. On peut mettre en avant : – la guerre froide, ses enjeux et l'effondrement du bloc soviétique (1947-1991) ; – le processus de décolonisation et l'émergence du tiers monde ; – les relations entre les puissances après 1991 et les nouvelles formes de conflits ; – le projet européen et les étapes de sa réalisation.
B. Un sujet d'étude au choix : • De Youri Gagarine à la guerre des étoiles. • Le 11 septembre 2001.		Ce sujet d'étude permet d'aborder la compétition scientifique et technologique pendant la guerre froide, ainsi que les enjeux symboliques et militaires de la conquête spatiale. Ce sujet d'étude vise à saisir l'évènement et ses multiples conséquences. Il permet d'appréhender la question du terrorisme et de son rôle dans l'évolution de la situation internationale.

Thème 3 – La France de 1945 à nos jours : une démocratie (7-8 heures)

Question obligatoire (A) et sujets d'étude (B)	Notions Notions de 1re à réactiver	Mise en œuvre
A. La France depuis 1945 : politique et société	Régime politique. Démocratie. République. Institutions. Décolonisation. Immigration. Puissance. Parité.	Cette question montre l'évolution de la place de la France dans le monde et en Europe depuis 1945. Sont aussi étudiées les transformations institutionnelles qui marquent la démocratie française en lien avec les évolutions du modèle républicain, alors que la société connaît de profondes mutations. On peut mettre en avant : – les réformes politiques et sociales du Gouvernement provisoire de la République française ; – la fin de l'empire colonial français ; – la Cinquième République et ses principales réformes institutionnelles ; – les transformations de la société : démographie, immigration, place des femmes, évolution du Code civil pour de nouveaux droits des personnes (autorité parentale, évolution du mariage…) ; – l'évolution de la puissance française (échelle européenne et mondiale).
B. Un sujet d'étude au choix : • La guerre d'Algérie.		Ce sujet d'étude permet d'évoquer les différentes dimensions de la guerre d'Algérie : la spécificité du statut de l'Algérie, les différents mouvements indépendantistes, la mobilisation des appelés du contingent, les attentats, la torture, les accords d'Évian, les conséquences politiques et humaines de cette guerre, pendant et après le conflit, en Algérie et en France.
• L'évolution de la place et des droits des femmes dans la société française.		Ce sujet d'étude porte sur l'évolution de la société et des mœurs, et sur les combats et les changements des mentalités qui ont permis aux femmes, depuis 1944, d'accéder à une égalité de droits avec les hommes entérinée par une évolution du droit positif (Constitution, Code civil…).

Programme de géographie

« La mondialisation : une mise en relation inégale des territoires » (24 heures)

Thème 1 – Mers et océans : au cœur de la mondialisation (7-9 heures)

Question obligatoire (A) et sujets d'étude (B)	Notions	Mise en œuvre
A. Mers et océans : vecteurs essentiels de la mondialisation	Canaux et détroits internationaux. Maritimisation. Mondialisation. Route maritime.	La maritimisation des économies et l'ouverture des échanges internationaux confèrent aux mers et aux océans un rôle fondamental tant pour la fourniture de ressources (halieutiques, énergétiques, biochimiques…) que pour la circulation des hommes et les échanges matériels ou immatériels. L'importance des routes et les itinéraires diffèrent selon la nature des échanges (de matières premières, de produits intermédiaires, industriels, d'informations…). Mais les territoires sont inégalement intégrés dans la mondialisation. Les routes maritimes et les câbles sous-marins, tout comme les ports et les zones d'exploitation, restent concentrés, mais d'importants bouleversements s'opèrent, ce qui accroît les enjeux géostratégiques, notamment autour des canaux et des détroits internationaux.
B. Un sujet d'étude au choix : • Les réseaux de câbles sous-marins : des infrastructures essentielles de la mondialisation.		Les câbles sous-marins sont essentiels à la mondialisation : ils assurent plus de 95% des communications intercontinentales (Internet, téléphonie), qu'il s'agisse d'informations journalistiques, politiques, diplomatiques ou financières, d'images et de vidéos, de communications téléphoniques… Leur concentration rend certains espaces particulièrement stratégiques et vulnérables (notamment au contact entre la mer et la terre : les points d'atterrage), tout en reflétant l'inégale insertion dans la mondialisation.
• Le détroit de Malacca : un point de passage majeur et stratégique.		Près du tiers du commerce mondial passe par le détroit de Malacca. Plusieurs grands ports mondiaux bordent ce passage stratégique de plus en plus saturé. La présence d'une activité de piraterie motive des coopérations entre États riverains et puissances maritimes extérieures afin de sécuriser les itinéraires maritimes. Ce détroit voit des stratégies d'influence rivales se confronter au contact de la mer de Chine méridionale et de l'océan Indien.

Thème 2 – Des territoires inégalement intégrés dans la mondialisation, en fonction des décisions publiques et des stratégies des entreprises (7-9 heures)

Question obligatoire (A) et sujets d'étude (B)	Notions Notions de 1re à réactiver	Mise en œuvre
A. Dynamiques territoriales contrastées au sein de la mondialisation	Centre de décision. Hub logistique aéroportuaire. Métropole. Plateforme multimodale.	Les territoires, quelle que soit l'échelle considérée (États, régions infra et supra-étatiques, métropoles…), ont inégalement accès à la mondialisation. La distance est encore un facteur contraignant, d'autant plus que des protections et des barrières sont mises en place, limitant les échanges internationaux. La hiérarchie des centres de décision mondiaux est en constante évolution.
B. Un sujet d'étude au choix : • New York, un centre de la mondialisation.		Métropole de rang mondial, New York abrite des fonctions de commandement qui en font un lieu majeur de la mondialisation. Elle concentre des activités économiques et financières supérieures. En accueillant le siège de l'ONU, elle incarne un lieu du pouvoir politique et de la gouvernance mondiale. Elle est aussi un centre culturel de rang mondial.
• L'aéroport de Paris-Roissy-Charles de Gaulle, un hub au cœur des échanges européens en concurrence avec de nombreux grands aéroports mondiaux.		Les politiques d'ouverture à la concurrence des transports aériens ont conduit à la formation d'un paysage aérien polarisé. Une plus grande compétitivité entre les transporteurs et la déréglementation ont modifié l'organisation du trafic et suscité un nouveau modèle : les grandes compagnies concentrent leurs dessertes sur un pôle unique (Paris-Roissy-CDG pour Air France, Londres-Heathrow pour British Airways, etc.). L'aéroport de Paris-Roissy-CDG constitue, avec Londres, Francfort, Amsterdam et Leipzig, une des plus importantes places aéroportuaires de fret en Europe avec une plateforme multimodale. Il est relié à la région parisienne grâce à un large réseau de communication autoroutier mais aussi ferroviaire : le réseau autour de la gare TGV met en relation l'aéroport avec le nord du pays et de l'Europe ainsi qu'avec les grandes villes de l'ouest et du sud.

Thème 3 – La France et ses régions dans l'Union européenne et dans la mondialisation : lignes de force et recompositions (7-9 heures)

Question obligatoire (A) et sujets d'étude (B)	Notions	Mise en œuvre
A – Les lieux de l'influence française dans la mondialisation	Rayonnement. Influence. Attractivité.	La France affirme sa place dans la mondialisation d'un point de vue diplomatique, militaire, linguistique, culturel et économique. Elle entre en rivalité avec les autres pays et cherche à consolider ses alliances. Son influence est renforcée par son appartenance à l'Union européenne. La France maintient son influence à l'étranger via son réseau diplomatique et éducatif, des organisations culturelles, scientifiques et linguistiques (instituts français, Louvre Abu Dhabi, lycées français à l'étranger…), mais également à travers les implantations de filiales d'entreprises françaises. Elle attire sur son territoire, plus particulièrement à Paris et dans les principales métropoles, des sièges d'organisations internationales, des filiales d'entreprises étrangères, des manifestations sportives et culturelles aux retombées mondiales, des touristes…
B. Un sujet d'étude au choix : • Le centre spatial guyanais (Kourou) : coopérer pour s'affirmer à l'échelle mondiale.		Le site de Kourou, à proximité de l'équateur, offre une localisation optimale pour une base de lancement spatial. Moteur économique de la Guyane, le centre spatial guyanais est une vitrine de la coopération européenne et internationale dans le domaine aérospatial (lanceurs européen, russe…). Les acteurs publics et privés, ainsi que les divers programmes de coopération, contribuent au succès du centre spatial guyanais, au rayonnement de la France et de l'Union européenne dans le monde.
• Disneyland Paris : un marqueur de l'intégration de la France dans la mondialisation.		Le complexe Disneyland Paris témoigne du positionnement attractif de la France dans l'espace européen et dans la mondialisation. Filiale de Walt Disney Company, il accueille des millions de visiteurs chaque année, issus pour une part considérable de l'Union européenne (France comprise). Disneyland Paris bénéficie de la renommée internationale de la France et de Paris ; il la renforce en retour. Les politiques d'aménagement menées par les acteurs privés et publics permettent, entre autres, de multiplier les infrastructures et les moyens d'accès au site.

Programme d'enseignement moral et civique
« La démocratie, les démocraties »

Axe 1 – Fondements et expériences de la démocratie

Questionnement : quels sont les principes et les conditions de la démocratie ?

Ces principes et ces conditions sont envisagés à travers l'étude d'au moins deux domaines parmi les domaines suivants :
– Les origines historiques de la démocratie : modèles antiques (démocratie et *res publica*) ; république et monarchie parlementaire.
– La souveraineté du peuple : droit de suffrage ; séparation des pouvoirs ; protection des libertés ; État de droit.
– La démocratie et les élections : la participation, l'abstention et le vote blanc ; les campagnes électorales et l'information des citoyens ; les partis politiques.
– La laïcité : la réduction du pouvoir de la religion sur l'État et la société ; l'autonomie du citoyen et la coexistence des libertés ; la protection de la liberté de croire ou de ne pas croire.
– La transformation des régimes politiques : les transitions démocratiques ; les basculements autoritaires et totalitaires ; les mises en question de la démocratie libérale.
– La protection des démocraties : sécurité et défense nationales ; lutte contre le terrorisme ; état d'urgence et législation d'exception ; cybersécurité.
– La construction européenne et la démocratie : principes et institutions politiques et judiciaires ; l'Europe comme espace de production du droit ; citoyenneté européenne.

Notions à acquérir / à mobiliser :

– République et monarchie parlementaire.
– Autoritarisme / totalitarisme.
– Souveraineté du peuple, État de droit, séparation des pouvoirs.
– Représentation parlementaire et pouvoir exécutif.
– Laïcité.

Objets d'enseignement possibles :

– La démocratie athénienne, la République romaine, un exemple européen de monarchie parlementaire.
– Les penseurs du politique (Aristote, Rousseau, Tocqueville, Arendt…).
– Tolérance, liberté religieuse, laïcité.
– La charte de la laïcité.
– Règles et rituels du vote.
– Comportement électoral, sondages et médias.
– La démocratie en Amérique et en Europe.
– Les transitions démocratiques en Europe du Sud et de l'Est, en Afrique du Sud et en Amérique latine.

Axe 2 – Repenser et faire vivre la démocratie

Questionnement : comment construire l'avenir de la démocratie dans un monde d'incertitudes ?

Les transformations contemporaines de la démocratie peuvent être envisagées à travers l'étude d'**au moins deux domaines** parmi les domaines suivants :
– Les conditions du débat démocratique : médias, réseaux sociaux, information, éducation, éthique de vérité.
– Démocratie, exemplarité et transparence : les politiques de lutte contre la corruption ; les mesures concernant l'exigence de transparence financière des acteurs politiques et le financement des campagnes électorales ; les mesures visant la moralisation de la vie publique.
– Le citoyen et la politique sociale : le droit du travail, la représentation des salariés, le dialogue social.
– Les formes et les domaines de l'engagement : politique, associatif et syndical ; social, écologique, humanitaire, culturel…
– Les nouvelles aspirations démocratiques : démocraties délibérative et participative ; représentation et / ou démocratie directe ; les nouvelles formes de mouvements sociaux.
– Conscience démocratique et relations internationales : la défense des droits de l'Homme ; le développement du droit pénal international (le droit applicable aux génocides, aux crimes de masse et aux violences extrêmes).

Notions à acquérir / à mobiliser :

– Citoyen/citoyenneté.
– Corruption et crise de confiance.
– Sphère privée / sphère publique à l'ère du numérique.
– Représentation politique ; débat ; décision publique.
– Information et désinformation.
– Politiques publiques.
– Justice internationale.

Objets d'enseignement possibles :

– L'invention et la transformation de l'État-Providence.
– La responsabilité environnementale.
– Objets et grandes figures de l'engagement.
– Les politiques de lutte contre la corruption.
– La presse, liberté d'opinion et liberté d'expression.
– L'action des organisations non gouvernementales.
– Les lanceurs d'alerte.
– Les conventions internationales de protection des droits de l'Homme.
– Les questions bioéthiques contemporaines.

Capacités attendues

– Savoir exercer son jugement et l'inscrire dans une recherche de vérité ; être capable de mettre à distance ses propres opinions et représentations, comprendre le sens de la complexité des choses, être capable de considérer les autres dans leur diversité et leurs différences.
– Identifier différents types de documents (récits de vie, textes littéraires, œuvres d'art, documents juridiques, textes administratifs, etc.), les contextualiser, en saisir les statuts, repérer et apprécier les intentions des auteurs.
– Rechercher, collecter, analyser et savoir publier des textes ou témoignages ; être rigoureux dans ses recherches et ses traitements de l'information.
– S'exprimer en public de manière claire, argumentée, nuancée et posée ; savoir écouter et apprendre à débattre ; respecter la diversité des points de vue.
– Développer des capacités à contribuer à un travail coopératif / collaboratif en groupe, s'impliquer dans un travail en équipe et les projets de classe.

THÈME

1 Totalitarismes et Seconde Guerre mondiale

LES ENJEUX

- Pendant les années 1930, l'Europe est déstabilisée par la montée en puissance de régimes totalitaires où l'État dictatorial asservit les individus. (Question obligatoire)
- À partir de 1937-1939, les agressions japonaise et de l'Axe déclenchent un conflit qui devient mondial, et total avec des violences de masse. L'Allemagne nazie met en œuvre le génocide des Juifs et des Tsiganes. (Sujet d'étude 1)
- En France, entre 1940 et 1944, le régime de Vichy collabore avec l'Allemagne. Les Résistances et la France libre du général de Gaulle refusent la défaite et combattent au nom des valeurs de la République. (Sujet d'étude 2)

La question obligatoire

PAGE 12
PAGE 27

L'affirmation des totalitarismes et la guerre

Comment les régimes totalitaires ont-ils conduit à la violence extrême de la Seconde Guerre mondiale ?

Les sujets d'étude au choix

1 La Guerre d'anéantissement à l'Est et le génocide des Juifs

PAGE 28 ▼ PAGE 35

Pourquoi la guerre d'anéantissement à l'Est favorise-t-elle la mise en œuvre de la Shoah ?

2 De Gaulle et la France libre

PAGE 36 ▼ PAGE 43

Comment de Gaulle crée-t-il la France libre et l'unifie-t-il à la Résistance intérieure ?

En quoi suis-je concerné ?

1. Comment pourriez-vous vous mobiliser pour défendre vos libertés ?
2. Quel monument ou lieu dans votre ville porte le nom de Charles de Gaulle ?

REPÈRES L'affirmation des totalitarismes conduit à la guerre

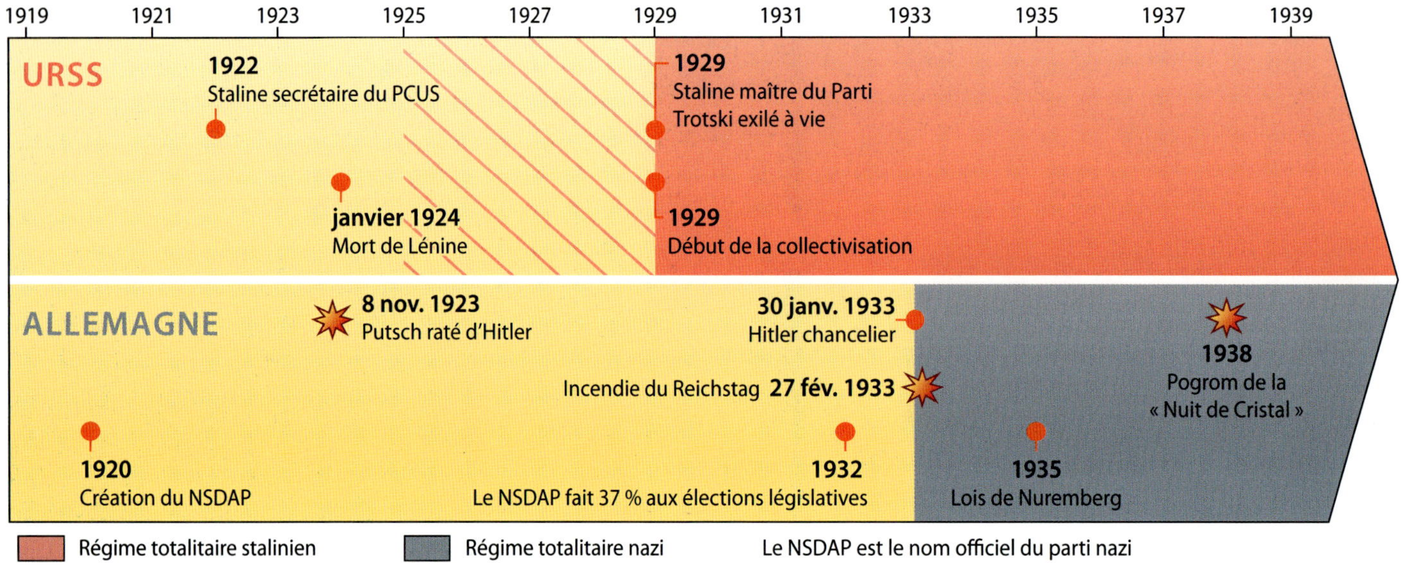

1 Les totalitarismes

1 Quand débute la dictature totalitaire stalinienne ?

2 Quel événement permet l'instauration légale du régime nazi ?

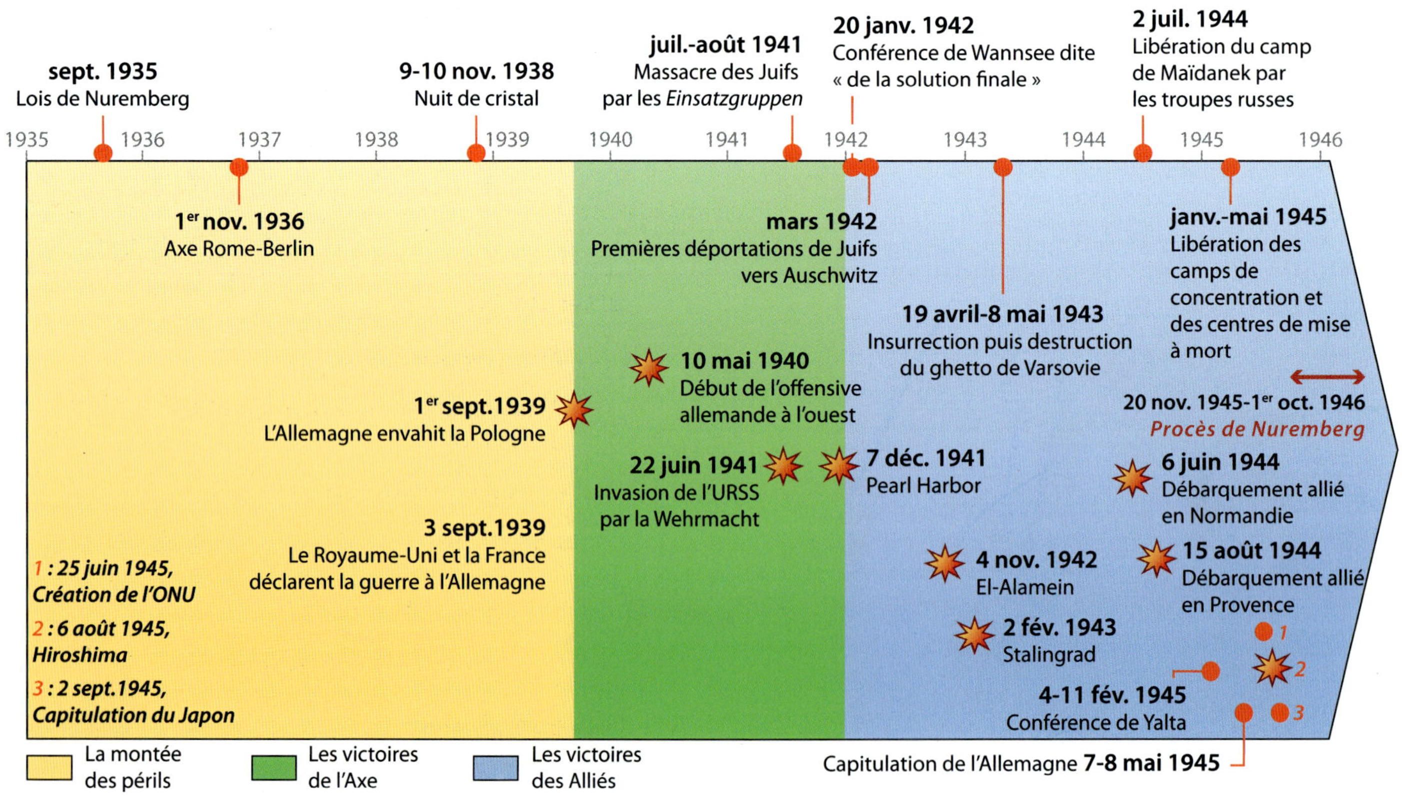

2 La Seconde Guerre mondiale : une guerre totale

1 Quelles sont les deux grandes phases de la Seconde Guerre mondiale ? Précisez les dates.

2 À quelle date commencent les premiers massacres de Juifs en Europe de l'Est ?

3 〉 Un conflit mondial : la situation en 1943

Carte interactive
liennathan.fr/x2xa08

1 Indiquez les deux alliances qui s'affrontent et citez des pays qui en sont membres.
2 Quelles sont les deux zones principales de combats ?
3 Par quels moyens les Alliés reprennent-ils le dessus et l'emportent-ils finalement ?

REPÈRES La France dans la guerre (1940-1944)

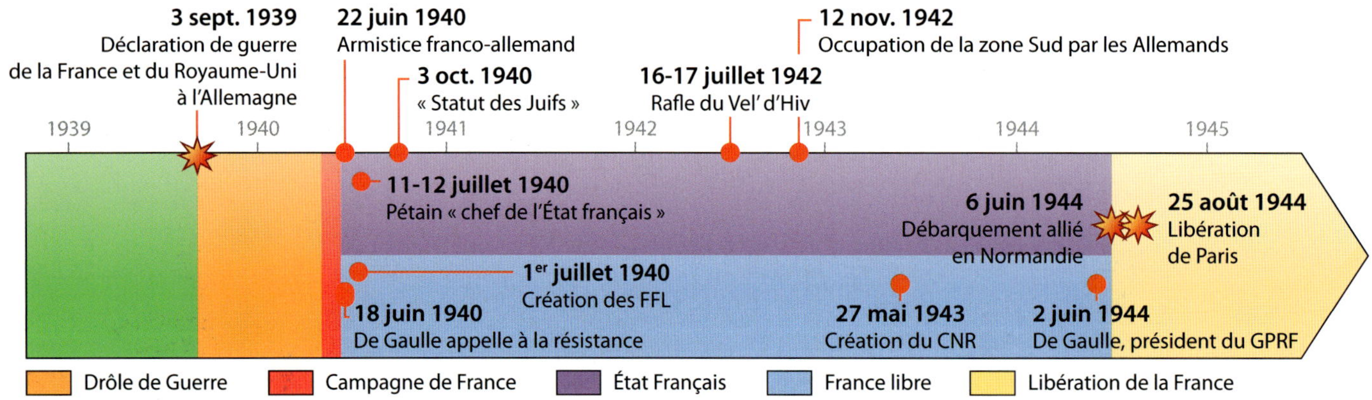

1 La France libre et le gouvernement de Vichy : deux visions opposées de la guerre et de l'avenir

1. À quelle date la France entre-t-elle dans la Seconde Guerre mondiale ?
2. Quand l'armistice entre la France et l'Allemagne est-il signé ?
3. De quand date l'appel du général de Gaulle à la Résistance ?

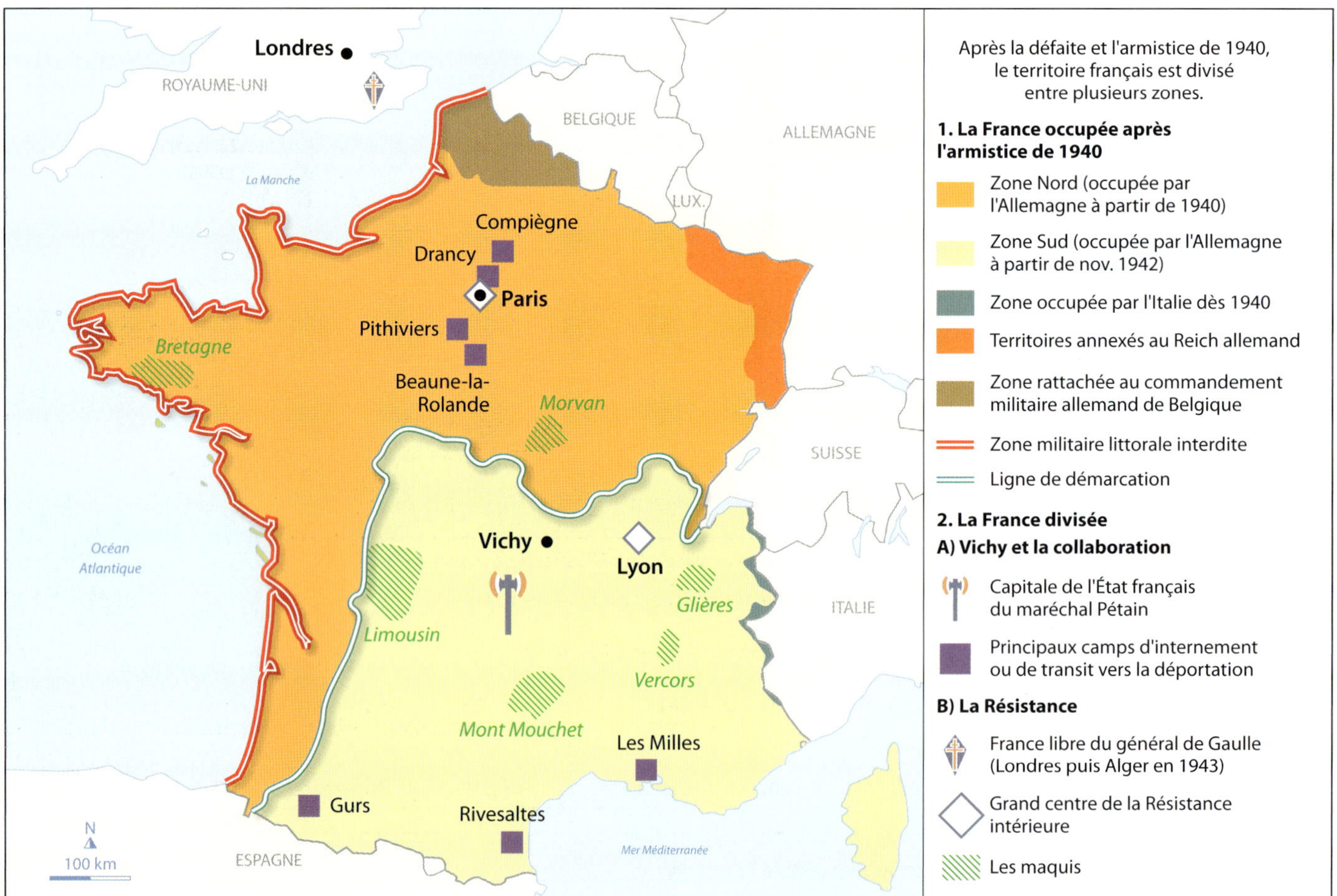

2 Une France morcelée et divisée

Carte interactive liennathan.fr/ov3e71

1. Quelle est la situation de la France à partir de l'armistice de 1940 ?
2. Pourquoi est-elle encore plus difficile à partir de 1942 ?
3. Où le général de Gaulle s'est-il installé en juin 1940 pour lancer la France libre ?

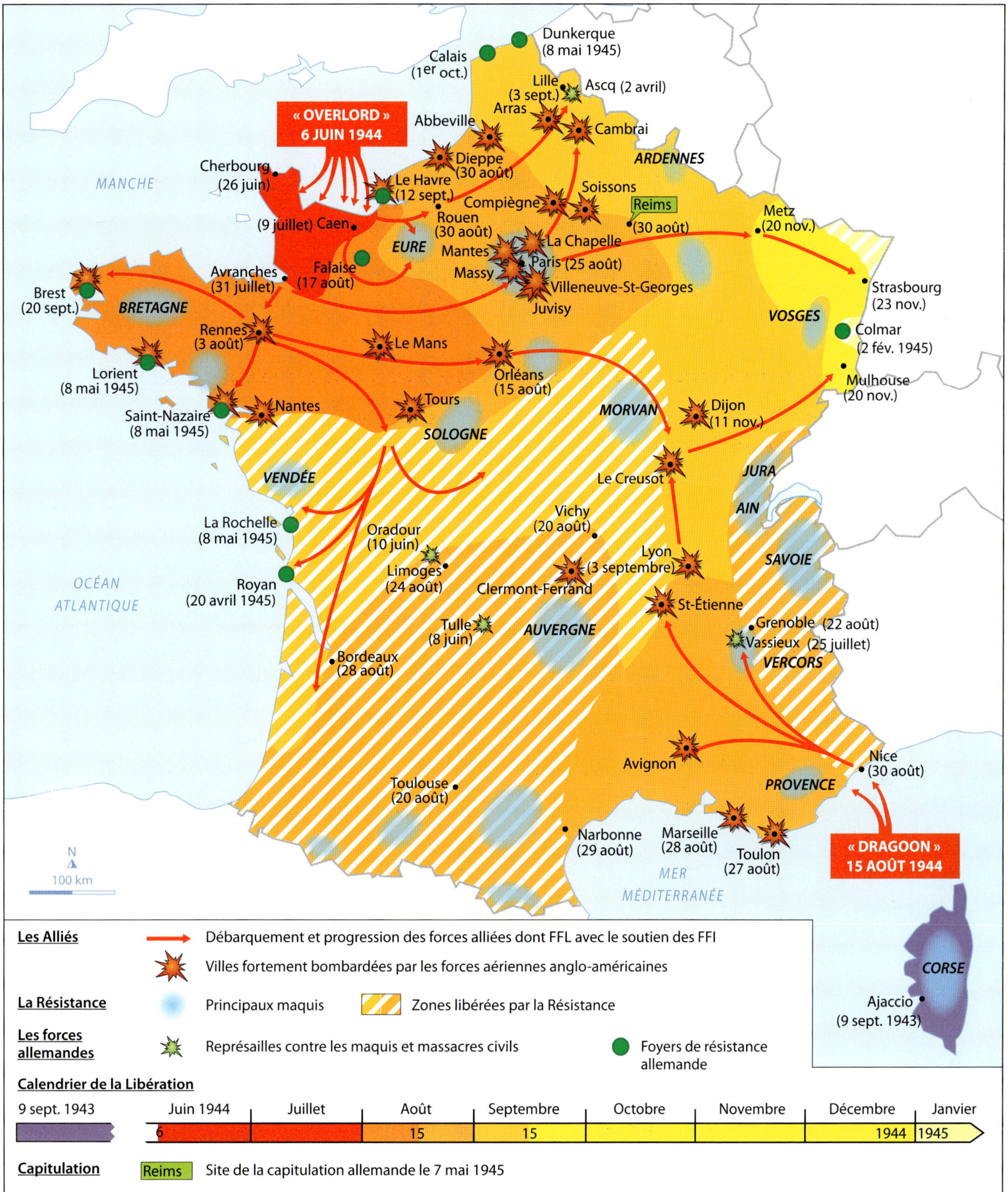

3 Les étapes de la libération du territoire

1. Où ont lieu les deux débarquements en France en 1944 ?
2. Quelles opérations militaires anglo-américaines causent un nombre de morts important parmi les civils ?
3. Quelles régions sont libérées par la Résistance (maquis) ?

COURS

Comment les régimes totalitaires ont-ils conduit à la violence extrême de la Seconde Guerre mondiale ?

Portfolio
liennathan.fr/nj95s5

Podcast
liennathan.fr/5an8f6

1 Staline, chef de l'URSS

« Notre armée et notre pays sont renforcés par la pensée », affiche de 1939.

Vocabulaire

Antisémitisme : doctrine raciste basée sur la haine envers les Juifs.

Collectivisation : suppression de toute forme de propriété privée.

Guerre totale : mobilisation de la totalité des forces militaires, économiques et humaines d'un pays.

Maquis : groupe de résistants armés installé dans un refuge isolé et difficile d'accès (forêt, montagne).

Xénophobie : haine et rejet des étrangers.

A Le fonctionnement des régimes totalitaires dans les années 1930

■ Pendant l'entre-deux-guerres se mettent en place des régimes totalitaires qui rejettent les principes démocratiques. Parmi ceux-ci, **le régime communiste d'URSS**, né de la révolution de 1917, conduite par Lénine, auquel succède **Joseph Staline** ; et **le régime nazi**, qui accède au pouvoir quand son chef, **Adolf Hitler**, devient **chancelier en janvier 1933**. Les **totalitarismes** imposent **la dictature d'un chef et d'un parti unique**. Ils se différencient avant tout par leur idéologie, mais aussi par leur pratique. Le régime stalinien promet le triomphe du communisme par la mise en commun de toutes les richesses, l'élimination des anciennes élites et la collectivisation. Le régime nazi développe de son côté une vision raciste du monde, dans laquelle la « race » supérieure « aryenne » doit exclure puis éliminer les Juifs par une politique antisémite, tout en bâtissant, par la guerre, un empire aux dépens des peuples jugés inférieurs.

■ Dans les deux systèmes, l'État tout-puissant contrôle et asservit les individus par **la propagande et la terreur**. À travers l'éducation, les médias, les défilés et les rassemblements de masse, la propagande modèle les cerveaux et mobilise le peuple autour du **culte de la personnalité**. La **police politique** (Guépéou en URSS, Gestapo en Allemagne) surveille, emprisonne, torture et exécute, en monopolisant la violence. Opposants et indésirables sont déportés dans **des camps (goulags en URSS, camps de concentration en Allemagne)**, où ils meurent par millions. En URSS comme en Allemagne nazie, on souhaite créer un « homme nouveau » qui corresponde à l'idéologie du régime.

B La Seconde Guerre mondiale, violence extrême et génocides

■ Les agressions et crimes de guerre de l'Allemagne et du Japon coalisent contre eux l'alliance des démocraties et de l'URSS, dans une guerre totale qui devient mondiale à partir de 1941. Au moyen d'une **propagande** qui caricature et déshumanise l'ennemi, les États mobilisent l'ensemble des ressources et des populations au service de l'effort de guerre. **Les progrès techniques décuplent les moyens de destruction** et les bombardements massifs frappent aussi bien les populations civiles que militaires. Les civils sont également victimes de massacres systématiques. La guerre entre l'Allemagne et l'URSS en 1941 fait basculer le conflit dans la violence extrême et la mort de masse. Les nazis organisent des fusillades et déportent dans les centres de mise à mort des Juifs et des Tsiganes qui sont exterminés. **Les génocides juif et tsigane feront plus de 6 millions de victimes.** Le 6 août 1945, à Hiroshima, au Japon, une seule bombe atomique américaine tue 70 000 personnes.

Notions

Collaboration : politique de coopération volontaire avec l'occupant nazi en matière politique, économique et policière.

Crimes contre l'humanité : jugés au procès de Nuremberg, ce sont les actes inhumains et les persécutions commis contre une population. Le génocide en fait partie.

Génocide : extermination planifiée d'une partie ou de l'intégralité d'une population du seul fait de son identité (ethnie ou religion).

Résistance : ensemble des actions menées pour lutter contre l'occupation allemande et le régime de Vichy.

Totalitarisme : système politique caractérisé par la dictature d'un parti unique et de son chef, qui gouverne par la propagande et la terreur et souhaite transformer la société.

■ Le bilan du conflit est effroyable : **60 millions de morts, dont plus de 60 % sont des civils**. Les Alliés de la Grande Alliance instaurent les premiers tribunaux internationaux pour **juger les crimes de guerre et les crimes contre l'humanité** (Nuremberg, 1945-1946 ; Tokyo, 1946). Ils créent l'ONU (Organisation des Nations unies), chargée d'arbitrer les conflits et de protéger la paix.

C La France occupée : Vichy, la collaboration et la Résistance

■ Face à la défaite militaire, Pétain, chef du gouvernement, sollicite un armistice. Signé le **22 juin 1940**, celui-ci instaure des conditions très dures pour la France. **Le 10 juillet, le Parlement vote les pleins pouvoirs à Pétain** : c'est l'effondrement de la République. Rejetant cette dernière et ses valeurs démocratiques, Pétain fonde un régime autoritaire basé sur les valeurs conservatrices de « Travail, Famille, Patrie ». Le régime est aussi antisémite et xénophobe. Il exclut les Juifs de la société française avec différentes interdictions en 1940-1941. **À partir de 1942, l'occupation se durcit et la collaboration se renforce**. Vichy met ainsi la police au service de l'occupant afin d'arrêter les Juifs (rafle du Vél' d'Hiv' en juillet 1942) et crée la Milice (1943). Sur un plan économique, le Service du travail obligatoire (STO) est instauré en 1943.

■ **De Londres, le général de Gaulle lance, quant à lui, un appel le 18 juin 1940** pour continuer le combat et résister. En France, une minorité refuse également la défaite et s'engage contre l'occupant et la collaboration. Les **résistances** combattent par patriotisme pour la République et ses valeurs démocratiques. Malgré les risques mortels, différents groupes se structurent progressivement dans la clandestinité. **Ils mènent des actions civiles** (tracts, journaux clandestins) **et armées** (sabotages, maquis). À partir de 1943, sous l'autorité de De Gaulle, la Résistance est unifiée par Jean Moulin. Celui-ci crée le **Conseil national de la Résistance (CNR)** afin de préparer la libération du territoire et la refondation d'une République démocratique et sociale.

2 Des maquisards montant la garde dans les montagnes de l'Ain, 1944

Questions

1. Quelles sont les principales caractéristiques communes aux régimes totalitaires ?
2. Pour quelles raisons associe-t-on la Seconde Guerre mondiale aux notions de guerre totale et de violence extrême ?
3. Qu'est-ce qu'un génocide ?
4. Quels sont les deux camps qui s'affrontent en France lors de cette guerre ?
5. Quelles sont les deux grandes décisions prises par les Alliés au lendemain de la guerre ?

DOCUMENTS 1

Le fonctionnement des régimes totalitaires dans les années 1930

NOTION TRAVAILLÉE : totalitarisme
CAPACITÉ : mettre en relation des faits ou événements de natures, de périodes, de localisations différentes

Vocabulaire

Antisémitisme : doctrine raciste basée sur la haine envers les Juifs.

Goulag : système de camps où le régime stalinien déporte les opposants.

Idéologie : ensemble des idées et des projets d'un parti ou d'un mouvement politique.

Propagande : moyens utilisés par un État pour diffuser son idéologie en façonnant les esprits.

Terreur : violences exercées par un État pour imposer son autorité.

Notion

Totalitarisme : système politique caractérisé par la dictature d'un parti unique et de son chef, qui gouverne par la propagande et la terreur et souhaite transformer la société.

Itinéraire 1

1. Quelle « nouvelle » agriculture est promise aux paysans par le régime stalinien ? (doc. 1)
2. De quoi prétend-il les libérer ? (doc. 1)
3. Analysez l'affiche pour montrer comment la propagande met en valeur le dictateur et les réalisations du régime depuis 1917. (doc. 2)
4. Montrez que le traitement des prisonniers au goulag est inhumain. (doc. 4)
5. Décrivez le document et montrez de quelle manière le parti nazi cherche à encadrer la population allemande. (doc. 3)
6. Comment le racisme antisémite des nazis se traduit-il dans les lois de 1935 et 1938 ? (doc. 5)

Itinéraire 2

Préparez en binômes une intervention orale sur le fonctionnement des régimes stalinien et nazi.

Choisissez chacun un des régimes, présentez l'idéologie de celui-ci ; expliquez le rôle de la propagande et de l'encadrement ; montrez l'utilisation de la terreur. Puis, confrontez vos conclusions.

1 L'idéologie communiste : le changement promis aux paysans par le régime stalinien

Je veux parler du tournant radical opéré dans le développement de notre agriculture, allant de la petite économie individuelle arriérée à la grande agriculture collective avancée, au travail de la terre en commun, aux stations de machines et tracteurs [...].
La réalisation du Parti, ici, c'est que, dans nombre de régions, nous avons réussi à détourner les masses paysannes de l'ancienne voie capitaliste de développement[1] – qui ne profite qu'à une poignée de richards capitalistes tandis que l'énorme majorité des paysans est réduite à se ruiner, à végéter dans le dénuement – vers la voie nouvelle, la voie socialiste de développement [...], afin de leur permettre de se tirer de la misère et de l'asservissement.

Joseph Staline, discours du 7 novembre 1929.

1. Collectivisation des terres par suppression de la propriété privée et travail en commun dans les exploitations agricoles.

2 Joseph Staline, héritier du père de la révolution russe, Lénine

1. Lénine, principal dirigeant bolchevik lors de la révolution de 1917.
2. Staline, successeur de Lénine à la tête du Parti communiste de l'Union soviétique depuis 1922.
3. Le peuple, encadré par le régime.

3 **Le congrès du parti nazi à Nuremberg, 13 septembre 1937**

Vue vers la tribune du Zeppelinfeld. Photographie d'Heinrich Hoffmann, photographe officiel d'Hitler.

4 La vie dans les camps du goulag

Les annexes du camp[1] les plus dures étaient celles où les détenus travaillaient dans la forêt à l'abattage des arbres et à la coupe du bois. L'hiver, ils y travaillaient jusqu'à dix heures d'affilée. Il n'était pas rare qu'on les envoyât travailler à moitié habillés par très grand froid. Ils travaillaient au-delà de leurs forces. Ils avaient les pieds et les mains couverts d'engelures. Il arrivait même qu'ils gèlent. Ils rentraient après à la caserne, dormaient trois ou quatre heures et on les réexpédiait au travail. Dans ces annexes, les gens étaient ramenés au camp gravement malades, épuisés, parfois incapables de marcher. Un homme bien portant, costaud, se métamorphosait très vite en squelette, en ombre. Mourir d'épuisement était une chose très fréquente.

Déposition du détenu Igor Kourilko au début des années 1930. Cité dans Tomasz Kizny, *Goulag*, Éditions Balland/Acropole, 2003.

1. Camp situé dans les îles Solovki de la mer Blanche.

5 Les lois antisémites du régime nazi (1935-1938)

Certain que la pureté du sang allemand est la condition nécessaire pour assurer la vie du peuple allemand et animé par la volonté inflexible d'assurer l'avenir de la nation allemande, le Reichstag[1] a décidé unanimement la loi promulguée ici :

Art. 1. Les mariages entre juifs et citoyens allemands ou de sang voisin sont interdits. Les mariages consentis malgré cette interdiction n'ont pas de valeur, même s'ils ont été conclus à l'étranger pour ne pas tomber sous le coup de la présente loi.

Art. 2. Les relations extraconjugales entre juifs et citoyens allemands ou de sang voisin sont interdites.

Loi « pour la protection du sang et de l'honneur allemands », 1935.

Art. 1. Il est interdit aux juifs d'exploiter des magasins de vente ou d'exercer un métier artisanal indépendant.

Art. 2. Un juif ne peut plus être à la tête d'une entreprise. [...]

Ordonnance pour l'élimination des juifs de l'économie, 12 novembre 1938.

1. Reichstag : Parlement allemand.

Pour mémoriser

1. Dire qui sont Joseph Staline et Adolf Hitler et quand ils sont arrivés au pouvoir.
2. Proposer une définition du totalitarisme.
3. Donner deux exemples de mesures de terreur, l'un pour le totalitarisme stalinien, l'autre pour le totalitarisme nazi.

DOCUMENTS 2 La Seconde Guerre mondiale, violence extrême et génocides

NOTIONS TRAVAILLÉES : crimes contre l'humanité, génocide
CAPACITÉ : identifier et nommer les périodes historiques, les continuités et ruptures chronologiques

Notions

Crimes contre l'humanité : jugés au procès de Nuremberg, ce sont les actes inhumains et les persécutions commis contre une population. Le génocide en fait partie.

Génocide : extermination planifiée d'une partie ou de l'intégralité d'une population du seul fait de son identité (ethnie ou religion).

Itinéraire 1

1. Dans quel contexte l'affiche est-elle commandée ? (doc. 1)
2. Examinez l'affiche : comment sont représentées l'armée soviétique et l'armée allemande ? (doc. 1)
3. D'après l'affiche, quel rôle les civils doivent-ils jouer dans la guerre totale ? (doc. 1)
4. Présentez le génocide dont il est question dans le document : victimes et bourreaux, date et centre de mise à mort mentionné. (doc. 2)
5. Quelle caractéristique de la Seconde Guerre mondiale illustre ce document ? (doc. 3)
6. Comment sont définis les crimes contre l'humanité jugés au procès de Nuremberg ? (doc. 4)
7. Quel organisme international est créé en 1945 et avec quels objectifs ? (doc. 5)

Itinéraire 2

À partir des documents, **construisez** un schéma qui caractérise la Seconde Guerre mondiale.

– Dans un premier cadre, précisez les dates du conflit et sa nature ;
– Dans le deuxième cadre relié au premier, montrez les conséquences de celui-ci pour les populations ;
– Dans un troisième cadre relié au deuxième, citez l'organisation créée en 1945 et ses objectifs.

1 La guerre totale vue d'URSS

Affiche de Kolockov, commandée en 1942 par Staline après l'invasion de l'URSS par l'armée allemande.
1. « En avant vers la victoire ! »
2. « Pense au front tout le temps parce qu'il n'y a pas que les balles qui font peur à l'ennemi ! »
3. Les soldats allemands s'enfuient.

2 Le génocide des Tsiganes

Dans la nuit du 31 juillet au 1er août, des camions vinrent chercher les Tsiganes. De nombreux SS en armes rassemblèrent tout le monde. Depuis le temps que les Tsiganes voyaient les exterminations journalières des Juifs, ils eurent vite fait de comprendre que leur tour était arrivé. C'est alors qu'il y eut des scènes déchirantes : les enfants pleuraient, les femmes avaient des crises de nerfs, les SS vociféraient en frappant avec leurs matraques, les chiens hurlaient : ce fut une nuit infernale. Au petit matin, le camp était vide et les Tsiganes avaient tous été exterminés [...]. Aux yeux des nazis, ils avaient commis le crime impardonnable d'être Tsiganes.

Témoignage d'André Rogerie, déporté à Auschwitz en avril 1944, *Auschwitz-Birkenau. Leçon des ténèbres*, Paris, Plon, 1995.

3 La violence de masse : Hiroshima après la bombe atomique

Le 6 août 1945, l'aviation américaine largue une bombe atomique sur la ville d'Hiroshima : la ville est détruite et 70 000 personnes sont tuées immédiatement.

4 Le procès de Nuremberg et la définition des crimes contre l'humanité (1945-1946)

Les actes suivants, ou l'un quelconque d'entre eux, sont des crimes soumis à la juridiction du tribunal et entraînant une responsabilité individuelle :
a. les crimes contre la paix […] ;
b. les crimes de guerre […] ;
c. les crimes contre l'humanité, c'est-à-dire l'assassinat, l'extermination, la réduction en esclavage, la déportation et tout acte inhumain commis contre les populations civiles, avant ou pendant la guerre ou les persécutions pour des motifs politiques, raciaux ou religieux, lorsque ces actes ou ces persécutions, qu'ils aient constitué ou non une violation du droit interne du pays où ils ont été perpétrés, ont été commis à la suite de tout crime entrant dans la compétence du tribunal ou en liaison avec ce crime.

Article 6 du Statut du tribunal militaire international de Nuremberg institué le 8 août 1945.

5 La création de l'Organisation des Nations unies (1945)

Nous, peuples des Nations unies, résolus :
– à préserver les générations futures du fléau de la guerre qui deux fois en l'espace d'une vie humaine a infligé à l'humanité d'indicibles souffrances,
– à proclamer à nouveau notre foi dans les droits fondamentaux de l'homme, dans la dignité et la valeur de la personne humaine, dans l'égalité de droits des hommes et des femmes, ainsi que des nations, grandes et petites,
– à créer les conditions nécessaires au maintien de la justice et du respect des obligations nées des traités et autres sources du droit international,
– à favoriser le progrès social et instaurer de meilleures conditions de vie dans une liberté plus grande […].

Préambule de la charte de l'ONU signée par 51 pays le 26 juin 1945 à San Francisco (États-Unis).

Pour mémoriser

1. Dire ce qu'est un génocide.
2. Citer deux faits illustrant la violence extrême de la Seconde Guerre mondiale.
3. Donner deux valeurs sur lesquelles est fondée l'ONU en 1945.

DOCUMENTS 3

La France occupée : Vichy, la collaboration et la Résistance

Notions

Collaboration : politique de coopération volontaire avec l'occupant nazi en matière politique, économique et policière.

Résistance : ensemble des actions menées pour lutter contre l'occupation allemande et le régime de Vichy.

NOTIONS TRAVAILLÉES : collaboration, résistance

CAPACITÉ : identifier et nommer les périodes historiques, les continuités et ruptures chronologiques

1 Vichy : un régime antirépublicain et autoritaire

Nous, maréchal de France, chef de l'État français [...] décrétons :

Article 1er. 1. Le chef de l'État français a la plénitude du pouvoir gouvernemental, il nomme et révoque les ministres [...], qui ne sont responsables que devant lui.

2. Il exerce le pouvoir législatif, en Conseil des ministres. [...]

5. Il promulgue[1] les lois et assure leur exécution.

Article 2. Sont abrogées[2] toutes dispositions des lois constitutionnelles [de 1875] incompatibles avec le présent acte.

Extraits de l'Acte constitutionnel n° 2 du 11 juillet 1940, fixant les pouvoirs du chef de l'État français.

Article 2. Le Sénat et la Chambre des députés sont ajournés[3] jusqu'à nouvel ordre. Ils ne pourront désormais se réunir que sur convocation du chef de l'État.

Extrait de l'Acte constitutionnel n° 3 du 11 juillet 1940, prorogeant et ajournant les chambres.

1. Signe. **2.** Supprimées. **3.** Suspendus.

2 Un régime antisémite et xénophobe : la collaboration au génocide des Juifs

À l'Office Central de Sécurité du Reich[1] à Berlin

Objet : Évacuation des Juifs de France

Les négociations avec le gouvernement français ont donné [...] les résultats suivants :

L'ensemble des Juifs de France apatrides[2] de zone occupée et de zone non occupée seront tenus prêts à notre disposition en vue de leur déportation.

Le Président Laval[3] a proposé que, lors de la déportation de familles juives de la zone non occupée, les enfants de moins de 16 ans soient emmenés eux aussi. Quant aux enfants juifs qui resteraient en zone occupée, la question ne l'intéresse pas.

Je demande donc une décision urgente par télégramme pour savoir si, par exemple à partir du quinzième convoi de Juifs partant de France, nous pouvons inclure également des enfants de moins de 16 ans. [...]

Signé : Dannecker[4], SS.

Theodor Dannecker, extrait d'un télégramme daté du 6 juillet 1942.

1. Organisme nazi en charge de la planification de la déportation et de l'extermination des Juifs d'Europe dans les centres de mise à mort.
2. Se rapporte ici aux étrangers.
3. Chef du gouvernement nommé par Pétain en avril 1942 sous la pression des Allemands.
4. Chef du Service des Affaires juives de la Gestapo à Paris.

Itinéraire 1

1. Citez l'article qui fait référence à la fin de la IIIe République. (doc. 1)

2. Montrez, en relevant les pouvoirs détenus par Pétain, que le régime de Vichy est une dictature.

3. Reproduisez et complétez le tableau ci-dessous afin de préciser les formes de la collaboration avec l'Allemagne nazie. (docs 2, 3 et 4)

Collaboration politique et policière	
Collaboration économique	
Collaboration au génocide des Juifs	

4. Que refusent les résistants et au nom de quelles valeurs ? (doc. 4)

5. Comment les résistants s'engagent-ils ? (doc. 4)

6. Quels sont les risques encourus par les résistants ? (docs 3 et 4)

Itinéraire 2

Réalisez une carte mentale ou un schéma en trois parties, portant sur l'occupation de la France par l'Allemagne nazie.
- Le régime antirépublicain, antisémite et autoritaire de Vichy ;
- La collaboration de ce régime avec l'occupant ;
- La Résistance.

3 **Arrestation de résistants par la Milice en 1944**

Des résistants d'un maquis sont encadrés par deux miliciens suite à une opération conjointe avec la police française, Bretagne, 1944.

4 **Résister à la politique de Vichy et à l'occupant**

Après la prise de la position de Pétain et du gouvernement de Vichy, il n'était pas possible d'accepter l'occupation allemande. La politique de collaboration, le manque de liberté politique et les problèmes de ravitaillement, ont été déterminants dans ma prise de position. [...] Mes éducateurs, instituteurs et famille m'avaient inculqué l'idée de la République et principalement le sens primordial de la liberté. [...] D'autre part, j'ai su, dès 1941, que des hommes et des femmes étaient emprisonnés, parfois même exécutés pour cette lutte qu'ils menaient pour libérer leur pays. J'avais un choix à faire et je l'ai fait ! [...] À plusieurs reprises, j'ai franchi clandestinement la ligne de démarcation, j'ai transporté dans mon vélo des lettres. Durant l'année 1942, avec un camarade, nous avons distribué des tracts clandestins [...]. En mai 1943, je suis convoqué pour partir au Service du travail obligatoire. Mais, je ne réponds pas à cette convocation et je rejoins le maquis.

Extrait du témoignage de Camille Dogneton (1922-2016), 18 ans en 1940, déporté et résistant, musee.delaresistance.free.fr, consulté le 7 janvier 2020.

Vocabulaire

Antisémitisme : doctrine raciste basée sur la haine envers les Juifs.

Maquis : groupe de résistants armés installé dans un refuge isolé et difficile d'accès (forêt, montagne).

Milice : organisation paramilitaire chargée de traquer les « ennemis » du régime (Juifs, résistants, réfractaires au STO).

STO (Service du travail obligatoire) : mobilisation obligatoire des hommes de 21 à 23 ans à partir de 1943 pour travailler en Allemagne et participer à l'effort de guerre allemand.

Xénophobie : haine et rejet des étrangers.

Pour mémoriser

1. Montrer que le régime de Vichy est anti-républicain, xénophobe et antisémite.
2. Expliquer ce qu'est la collaboration.
3. Citer les valeurs défendues par la Résistance.

ZOOM

Quand l'art s'oppose aux totalitarismes et à la guerre

La forme générale représente une croix gammée

Un monstre animal et humain qui est grotesque

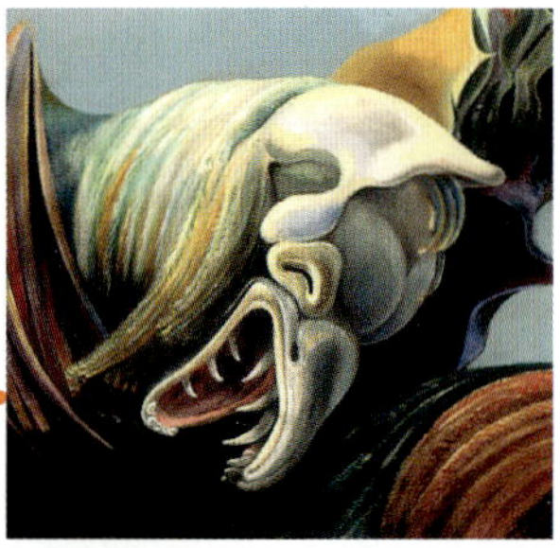

1 Max Ernst, *L'ange du foyer ou le triomphe du surréalisme*, 1937
Huile sur toile, collection particulière.

Max Ernst (1891-1976) : Artiste allemand qui appartient au mouvement surréaliste. Installé à Paris à partir de 1922, il est déclaré comme « ennemi du Reich » par les nazis en 1933 et perd sa nationalité.

Une femme tenant son enfant mort exprime la douleur de la population

Une construction pyramidale pour rappeler la peinture classique.

2 Pablo Picasso, *Guernica*, 1937

Huile sur toile, musée national centre d'art Reina Sofía, Madrid, Espagne.

Pablo Picasso (1881-1973) : Artiste né en Espagne mais s'installe en France à partir de 1904. Il initie le mouvement cubiste mais se rapproche des surréalistes dans les années 1920. En 1937, le gouvernement républicain espagnol lui commande une toile pour l'exposition universelle de Paris qui a lieu en 1937. L'artiste s'inspire du bombardement du village basque de Guernica par l'aviation allemande, alliée au général Franco pendant la guerre civile espagnole (1936-1939) pour dénoncer le totalitarisme nazi et le régime de Franco.

ACTIVITÉS

1 Présentez les deux œuvres en mettant en parallèle en deux colonnes : titre de l'œuvre, artiste, date, pays, contexte (situation dans laquelle se trouve le pays).

2 Résumez chacune des œuvres en une formule-titre.

3 À propos de Guernica, Picasso aurait dit : « La peinture n'est pas faite pour décorer les appartements, c'est un instrument de guerre offensif et défensif contre l'ennemi. » En appliquant cette formule aux deux œuvres présentées ici, montrez par quels moyens picturaux leurs auteurs font de leur art un instrument de guerre.

APPRENDRE AUTREMENT

Schéma à télécharger
liennathan.fr/b39mq5

Recopiez et complétez le schéma ci-dessous avec les indications suivantes : camps de concentration – Alliés – bombe atomique – Joseph Staline – Parti unique – Adolf Hitler – Guépéou – centres de mise à mort – goulag – Gestapo – Résistants – collaboration – crimes contre l'humanité – Terreur – mort des prisonniers de guerre et des civils – ONU – citoyens.

Certains mots peuvent être utilisés plusieurs fois.

L'URSS SOUS STALINE

. . . .

Promesse d'égalité
Fin de la propriété privée

P.C.U.S

Le . . . .
et son chef

. . . .
police politique

. . . .

Propagande

. . . .
. . . .

Peuple soviétique

Refus de la collectivisation
et résistance passive

L'ALLEMAGNE NAZIE

Racisme
Antisémitisme
Guerre
de conquête

. . . .

NSDAP

Le . . . .
et son chef

. . . .
police politique

. . . .

Propagande

Persécution, Génocides

. . . .
. . . .

Juifs
Tsiganes

Peuple allemand

Contestation par différents
groupes opposés au régime nazi
mais isolés

La Seconde Guerre mondiale, un bilan effroyable

60 millions de morts,
plus de 60 % de civils.
Formes inédites.

Une guerre planétaire et . . . .

Pays de l'Axe (Allemagne, Italie, Japon) contre les . . . . (Royaume-Uni, États-Unis, URSS).
Guerres en Europe, en Méditerranée, en Asie Pacifique.
Mobilisation des . . . . au service de l'économie de guerre.

Une violence extrême

Propagande qui animalise l'ennemi.
. . . .
. . . .
Bombardements aériens massifs :
. . . .
à Hiroshima et Nagasaki.

Le cas de la France

Occupation nazie (1940-1944)
Affrontement entre :
- Le gouvernement de Vichy autoritaire et qui mène une . . . . avec les nazis.
- les . . . . unis autour du général de Gaulle.

Tirer les leçons du conflit (1945)

Jugement des . . . . . .
. . . .
. . . .
à Nuremberg et à Tokyo.
Création de l'. . . . .

. . . . des Juifs (6 millions de morts) et des Tsiganes (200 000 morts)

Ghetto en Pologne.
Einsatzgruppen et fusillades en URSS.
Conférence de Wannsee (janvier 1942) et . . . .
. . . . (Auschwitz, Treblinka).

VERS LE BAC

Question obligatoire

VÉRIFICATION DES CONNAISSANCES

1 **Reliez les personnages historiques aux bonnes propositions :**

	• Chef de l'URSS
Staline •	• Arrivée au pouvoir en 1933
Hitler •	• Chef de l'Allemagne nazie
	• Successeur de Lénine

2 **Définissez les idéologies communiste et nazie.**

3 **Expliquez ce qu'est l'encadrement des masses par un régime totalitaire.**

4 **Définissez la guerre totale.**

5 **Citez les peuples touchés par les génocides de la Seconde Guerre mondiale.**

6 **Quel est le moyen utilisé par les États-Unis pour faire capituler le Japon en 1945 ?**

7 **Quel est le nombre estimé des victimes de la Seconde Guerre mondiale ?**

8 **Datez le procès de Nuremberg et la création de l'ONU.**

9 **Cochez la ou les bonne(s) réponse(s).**
Le régime de Vichy :

- ☐ est antirépublicain
- ☐ est démocratique
- ☐ est antisémite et xénophobe
- ☐ refuse de collaborer avec l'occupant nazi

10 **Qui unifie les résistances intérieures sous l'autorité du général de Gaulle ?**

SUJET D'ÉTUDE

1 La Guerre d'anéantissement

CAPACITÉ : identifier et nommer les périodes historiques, les continuités et ruptures chronologiques

Pourquoi la guerre d'anéantissement à l'Est favorise-elle la mise en œuvre de la Shoah ?

Des clés POUR COMPRENDRE

Contexte

En 1941, l'Allemagne nazie attaque l'URSS et s'empare de vastes territoires soviétiques. Leurs populations tombent alors sous la domination nazie, tandis que, dans le cadre de la « guerre contre le bolchevisme », le nazisme s'autorise un degré de violence criminelle jamais atteint. Dans ce contexte, le régime nazi décide alors d'appliquer ce qu'il appelle « la solution finale de la question juive », que l'on dénomme de nos jours « Shoah » (terme hébreu qui signifie « catastrophe »).

Arrivée à Auschwitz-Birkenau d'un convoi de Juifs hongrois en mai 1944. Les nazis effectuent une sélection entre ceux qui sont considérés comme aptes au travail et ceux qui sont destinés à la mise à mort immédiate par gazage.

Vocabulaire

Centres de mise à mort : centres d'extermination des victimes de génocide (Juifs et Tsiganes).

***Einsatzgruppen* (« unités spéciales ») :** groupes armés nazis chargés de rafler et d'exécuter les populations juives à l'arrière du front soviétique à partir de 1941.

Ghetto : nom donné aux quartiers des villes de l'Europe de l'Est dans lesquels les nazis ont regroupé les populations juives.

Processus génocidaire : engrenage qui mène à l'extermination en suivant les étapes de la discrimination, de l'arrestation, de l'internement et de la déportation.

SS : organisation paramilitaire et policière nazie chargée de gérer les camps de concentration et les centres de mise à mort nazis.

Chronologie

- 1933 — **30 janvier** Hitler accède au pouvoir en Allemagne.
- 1939 — **1er septembre** Début de la guerre en Europe : l'Allemagne occupe de nombreux pays d'Europe (seul le Royaume-Uni poursuit la lutte contre l'Axe).
- 1941 — **22 juin** Opération Barbarossa : l'Allemagne nazie attaque l'URSS.
- 1941 — **Septembre** Première utilisation du zyklon B dans une chambre à gaz à Auschwitz.
- 1942 — **20 janvier** La conférence de Wannsee organise l'extermination des Juifs d'Europe.

à l'Est et le génocide des Juifs

A 1939-1941 : l'expansion nazie à l'est et la mise en route du processus génocidaire

❯ En quoi la guerre lancée par le nazisme contre l'URSS accélère-t-elle la mise en œuvre du génocide juif ?

1 ❯ L'enfermement des populations juives des pays de l'Est

Ghetto de Lodz (Pologne), 1940-1941. Traduction du panneau : « Lieu de résidence des Juifs. Entrée interdite. »
Les ghettos sont créés par les nazis après la conquête de la Pologne. Les populations qui y sont regroupées y meurent massivement de la faim, d'épidémies et de froid. À partir de 1942, les habitants sont déportés vers les centres de mise à mort.

2 ❯ Les consignes données aux troupes allemandes en URSS

Le but principal de la campagne contre le système judéo-bolchévique est la destruction complète de ses forces et l'éradication de l'influence asiatique dans la sphère de la culture européenne. Par conséquent, <u>les troupes doivent accomplir des tâches qui vont au-delà des missions purement militaires traditionnelles.</u> À l'est, le soldat est non seulement un combattant suivant les règles de guerre, mais aussi le partisan d'une idéologie raciale impitoyable et le vengeur de toutes les bestialités infligées à la nation allemande et aux groupes ethniques qui lui sont rattachés. C'est pourquoi les soldats doivent bien comprendre la nécessité de l'expiation sévère mais juste que l'on doit exiger de la part des sous-hommes juifs.

Walter von Reichenau, général de la 6e armée, ordre général du 10 octobre 1941.

3 ❯ Les premiers massacres des populations dès l'invasion de l'URSS

En même temps que l'armée allemande avance en URSS, dès l'été 1941, des « groupes spéciaux » (*Einsatzgruppen*) circulent sur les territoires et exécutent les populations juives. Ils ont fusillé un million de personnes.

Itinéraire 1

1. Pour quelles raisons les populations des ghettos diminuent-elles entre 1940 et 1942 ? (doc. 1)

2. Quel est le mode d'action des *Einsatzgruppen* dans les territoires occupés ? (doc. 3)

3. Expliquez la phrase soulignée : quelle est la population particulièrement ciblée par ces consignes ? (doc. 2)

Itinéraire 2

À partir des documents, **rédigez** un paragraphe qui montre que les populations juives d'Europe de l'Est sont victimes du processus génocidaire mis en œuvre par les nazis.
– Décrivez les conditions de vie des populations juives dans les ghettos ;
– Expliquez comment l'attaque allemande à l'Est favorise les massacres contre les Juifs.

ZOOM

Le processus génocidaire représenté par les artistes déportés

Felix Nussbaum et David Olère sont des artistes qui ont vécu et représenté le processus génocidaire.

La branche d'arbre en train de fleurir représente un petit signe d'espoir.

Nussbaum se représente avec l'étoile juive, symbole de discrimination.

1 *Autoportrait au passeport juif*, **Félix Nussbaum, 1943**

Huile sur toile, maison de Felix Nussbaum, Osnabrück, Allemagne.

On observe un ciel chargé avec des oiseaux, symboles de mauvais augure.

Le mur rappelle que l'artiste se cache et est enfermé.

Il présente sa carte d'identité sur laquelle il est expliqué qu'il n'a pas de nationalité et est juif (« Jood » en néerlandais puisque la Belgique est bilingue).

Felix Nussbaum (1904-1944) : Artiste juif d'origine allemande qui fuit son pays à l'arrivée au pouvoir des nazis en 1933. Il trouve refuge successivement en Italie et Belgique. En novembre 1938, il présente à Paris ses œuvres lors de l'« exposition des artistes libres ». Il est arrêté par la police belge lors de l'invasion allemande, le 10 mai 1940, et interné dans le camp français de Saint-Cyprien. Il s'en évade et retourne en Belgique où il se cache et continue à peindre. Il est arrêté par la Gestapo à Bruxelles, le 20 juin 1944, et déporté à Auschwitz où il est assassiné.

Un cadavre translucide symbolise la finalité du centre : la mort.

Le bras à gauche appartient à un SS qui garde le centre de mise à mort.

2 ***Les Inaptes au travail*, David Olère, non daté**

Huile sur toile, Mémorial de la Shoah, Paris.

Les fours crématoires obscurcissent l'horizon.

Les déportés du Sonder-kommando accomplissent leur travail.

Une famille, avec femmes et enfants, vient d'arriver au centre de mise à mort.

David Olère (1902-1985) : Juif polonais qui entreprend une carrière d'artiste en réalisant des gravures, des sculptures et des décors pour le cinéma. Il s'installe à Paris en 1923 mais est arrêté par la police française le 20 février 1943 et déporté à Auschwitz. À son arrivée au camp, il est sélectionné pour le travail et fait ensuite partie du Sonderkommando (équipe spéciale composée de déportés juifs utilisés comme main-d'œuvre dans les centres de mise à mort). Après avoir survécu à la « marche de la mort » (marche organisée par les SS qui fuient l'avancée des Soviétiques) jusqu'au camp de Buchenwald, il est libéré par les Américains le 6 mai 1945. Après la guerre, il témoigne de la Shoah avec ses dessins et peintures.

ACTIVITÉS

1. Présentez les deux œuvres en mettant en parallèle en deux colonnes : titre, artiste, pays d'origine, date ou période de réalisation.
2. En quoi le contenu de leur œuvre est-il nourri de l'expérience personnelle de chacun des deux artistes ?
3. Comment la confrontation de ces deux œuvres rend-elle compte du sort des juifs d'Europe dans l'Europe hitlérienne ?

B 1941-1945 : l'élargissement de la déportation et de l'extermination à l'Europe

› Comment le régime nazi organise-t-il l'extermination systématique des Juifs d'Europe ?

1 L'élaboration de la « solution finale de la question juive »

Organisée dans la banlieue de Berlin à Wannsee, cette conférence, qui rassemble une quinzaine de hauts responsables nazis, a pour but d'organiser l'extermination des Juifs d'Europe.

Désormais, à la place de l'émigration, la nouvelle solution avec l'aval préalable du Führer, est l'évacuation[1] des Juifs vers l'est. [...] Au cours de la solution finale, les Juifs aptes au travail seront amenés à construire des routes dans ces territoires, ce qui sans doute permettra une diminution naturelle substantielle de leur nombre.
Pour finir, il faudra appliquer un traitement approprié à la totalité de ceux qui resteront. [...] Au cours de l'exécution pratique de la solution finale, l'Europe sera passée au peigne fin d'ouest en est.

1. Les nazis emploient des euphémismes pour dissimuler leur crime : l'évacuation signifie la déportation.

Protocole de la conférence de Wannsee (Berlin), 20 janvier 1942.

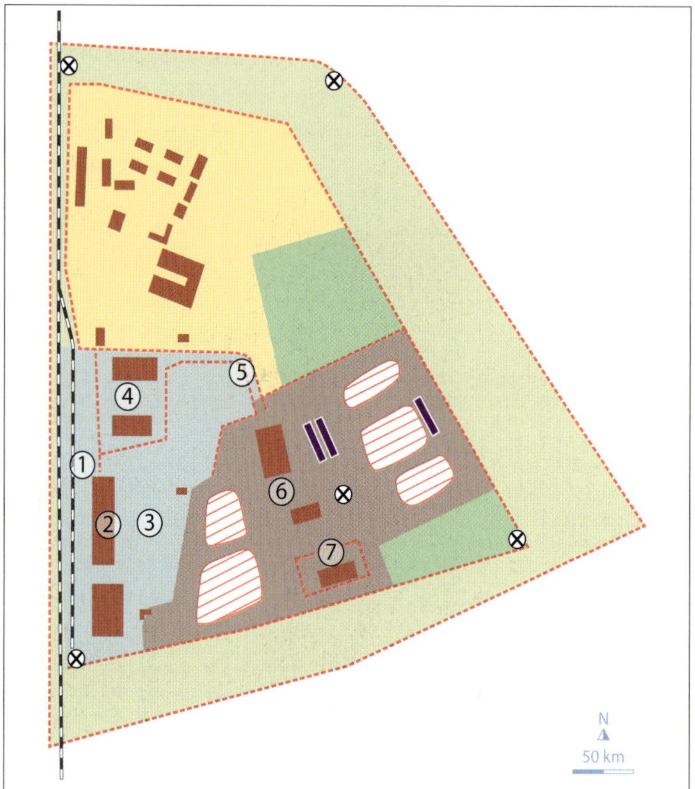

- ⊗ Miradors
- Bûchers de crémation à partir de 1943 pour faire disparaître toutes traces
- Fosses pour enterrer les cadavres avant le printemps 1943
- Bâtiments
- Chemin de fer
- Clôture
- Zone d'habitation SS
- Zone d'arrivée
- Zone d'extermination

1. Quais d'arrivée des trains
2. Entrepôt de stockage des vêtements camouflé en gare
3. Zone de sélection
4. Salles de déshabillage
5. Allée camouflée menant aux chambres à gaz
6. Chambres à gaz
7. Baraque des détenus

Source : www.deathcamps.org

2 L'organisation industrielle de l'extermination dans les centres de mise à mort : le cas de Treblinka

Le centre de mise à mort de Treblinka a été créé en juillet 1942. Il est gardé par une trentaine de SS qui utilisent des commandos de déportés juifs qui sont régulièrement éliminés. Entre 480 000 et 600 000 Juifs y ont été exterminés. Le camp est détruit en juin 1943 avec la volonté d'effacer les traces.

Itinéraire 1

1. Quels sont les deux moyens envisagés par la conférence de Wannsee pour exterminer les Juifs ? **(doc. 1)**
2. De quelle manière cette politique criminelle est-elle mise en œuvre à l'échelle du continent européen ? **(doc. 1)**
3. Repérez de quelle manière les déportés sont tués et comment leurs corps disparaissent. **(doc. 2 et Clés pour comprendre)**
4. Pourquoi peut-on dire que Treblinka illustre le processus d'extermination industrielle et planifiée ? **(doc. 2)**

Itinéraire 2

À partir des documents, **décrivez** de quelle manière l'extermination des Juifs d'Europe est mise en œuvre par le régime nazi à partir de 1941.
- Expliquez la déportation des Juifs d'Europe ;
- Montrez en quoi Treblinka est un centre de mise à mort.

C Le bilan du génocide contre les Juifs

› Quel est le bilan du génocide des Juifs et comment a-t-on pu l'établir ?

1 La découverte des centres de mise à mort

Les survivants sont photographiés par les troupes soviétiques lors de leur arrivée à Auschwitz le 27 janvier 1945. Il s'agit des plus faibles des derniers déportés.

2 Les données issues de la recherche historique

Par région d'Europe	Juifs en 1939	Juifs morts et disparus en 1939-1945	% de disparus
Europe occidentale	560 000	220 000	40
Allemagne-Autriche	300 000	180 000	60
Europe centrale et balkanique	920 000	700 000	75
Europe orientale	7 370 000	4 400 000	60
Total	**9 150 000**	**5 500 000**	**60**

D'après Raul Hilberg, *La Destruction des Juifs d'Europe*, 1988, et Eberhart Jäckel (dir.), *Enzyklopädie des Holocaust*, 1993.

3 Simone Veil témoigne de sa libération

Simone Veil, déportée à Auschwitz en avril 1944, est évacuée vers l'ouest à Bergen-Belsen en janvier 1945 par les SS qui veulent échapper aux Soviétiques.

Autour du camp, en avril 1945, les bombardements ont eu lieu chaque nuit. [...] Il n'y avait plus de nourriture ni d'eau potable. Les déportés puisaient avec leur gamelle dans des mares infectes. [...] Curieusement, le jour de la libération nous a apporté une contrainte supplémentaire. Les Britanniques ont immédiatement coupé le camp en deux parties pour lutter contre la propagation du typhus. [...] Pendant l'été 1945, je me suis dit : « On va nous poser des questions et personne ne nous croira ». [...] Beaucoup de déportés revenaient dans un état physique épouvantable. [...] J'avais l'impression que les survivants gênaient. Nous paraissions étranges. On ne savait pas comment nous situer.

Simone Veil, *L'aube à Birkenau*, récit recueilli par David Teboul, Les Arènes, 2019.

Itinéraire 1

1. Pourquoi les centres de mise à mort sont-ils découverts par les troupes soviétiques ? (doc. 1 et double-page Repères)
2. Dans quelles conditions Simone Veil a-t-elle été libérée ? (doc. 3)
3. Pourquoi les survivants ont-ils eu des difficultés à témoigner de la Shoah ? (doc. 3)
4. Quelle proportion globale de Juifs d'Europe a été victime du génocide mené par les nazis ? (doc. 2)
5. Dans quelle partie de l'Europe le nombre de Juifs exterminés est-il le plus important ? (doc. 2)

Itinéraire 2

À partir des documents, **présentez** le bilan du génocide mené par les nazis contre les Juifs.
– Citez les données concernant la Shoah en précisant quels pays ont particulièrement été touchés ;
– Expliquez comment le génocide a pris fin.

L'ESSENTIEL

A L'expansion nazie à l'est et la mise en œuvre du processus génocidaire

À partir de septembre 1939, les populations juives d'une grande partie du continent européen sont soumises à la domination nazie. Une politique de ségrégation et de séparation est alors menée à l'est par enfermement dans des ghettos.
En juin 1941, l'attaque nazie contre l'URSS s'accompagne de massacres de plus en plus systématiques des populations juives de l'espace soviétique.

B L'élargissement de la déportation et de l'extermination à l'Europe

Vers la fin de l'année 1941, la décision est prise d'exterminer toutes les populations juives sous le contrôle des nazis. Le processus génocidaire franchit alors une nouvelle étape. Un programme de déportation des Juifs de toute l'Europe vers les centres de mise à mort est lancé à partir de la conférence de Wannsee (20 janvier 1942), tandis que l'exécution par chambres à gaz se généralise.

C Le bilan du génocide contre les Juifs

À la fin de la guerre, la libération de l'Europe par les Alliés révèle une partie de la politique d'extermination des Juifs et des Tsiganes. Certains centres de mise à mort ont été détruits par les nazis, mais il reste encore des survivants qui vont témoigner, certaines archives et de nombreux bâtiments.
L'exploitation de ces sources et les procès des chefs nazis ont permis de dresser un bilan humain : près de 6 millions des 9 millions de Juifs d'Europe sont morts.

MISE EN PERSPECTIVE

À la fin du premier conflit mondial, le massacre des Arméniens dans l'Empire ottoman n'avait pas donné lieu à des procès ni trouvé de nom spécifique. En 1945, dans le cadre de la mise en jugement des chefs nazis, les Alliés inventent une nouvelle catégorie juridique pour qualifier le crime de masse dont se sont rendus coupables les nazis : le génocide.
Depuis 1945, de nombreux conflits ont pourtant donné lieu à des crimes de masse, et même à un génocide reconnu par la communauté internationale : celui des Tutsis au Rwanda en 1994.

Podcast
liennathan.fr/kp0d69

APPRENDRE AUTREMENT

Schéma à télécharger
liennathan.fr/sh035e

Recopiez et complétez le schéma ci-dessous à l'aide des mots et expressions suivants :
Einsatzgruppen – création des ghettos – discrimination et exclusion – URSS – déportation – fermeture des ghettos.

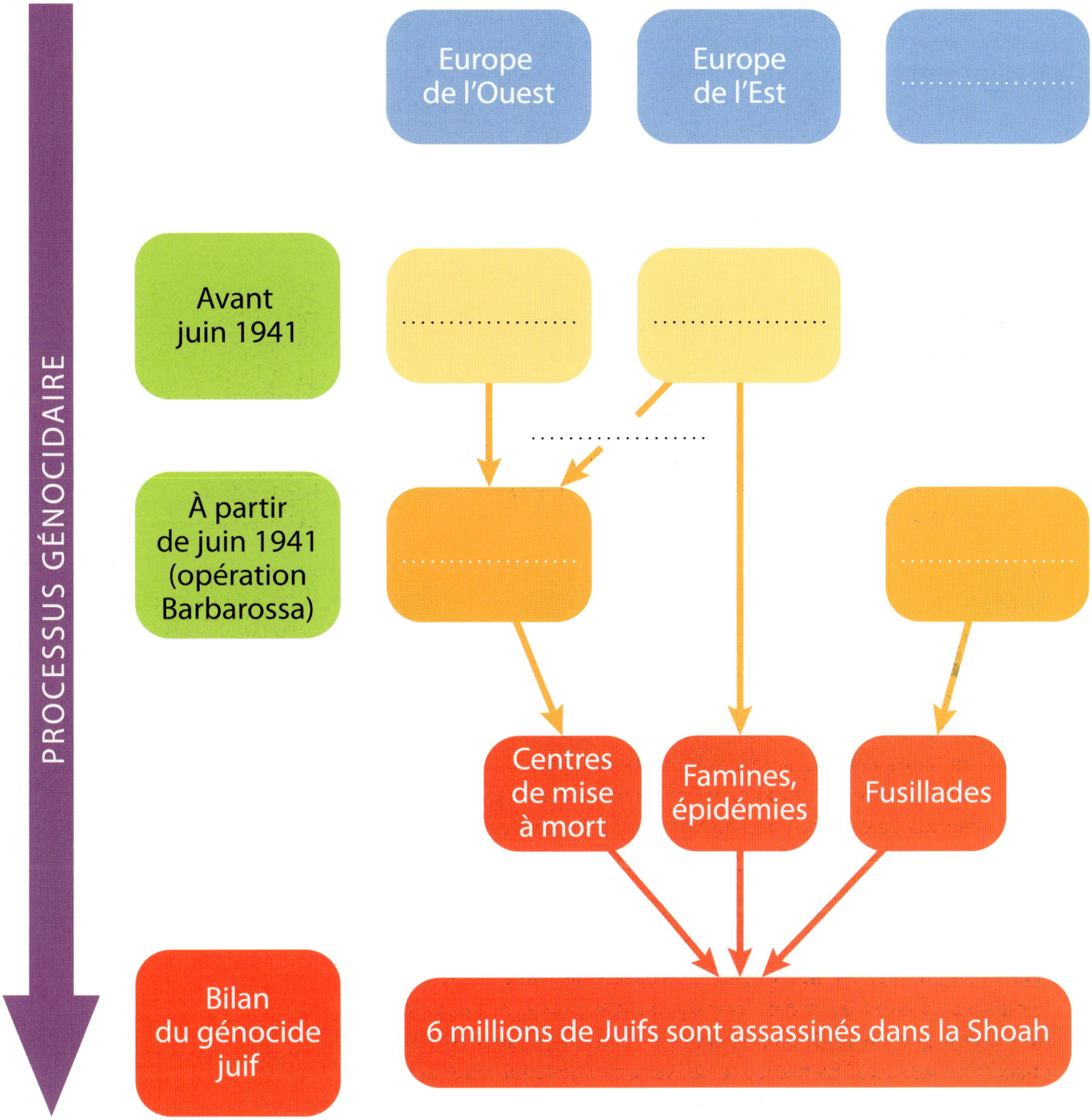

SUJET D'ÉTUDE

2 De Gaulle et la France libre

CAPACITÉ : identifier et nommer les dates et acteurs clés des grands événements

Comment de Gaulle crée-t-il la France libre et l'unifie-t-il à la Résistance intérieure ?

Des clés POUR COMPRENDRE

Contexte

La défaite de l'armée française en juin 1940, suivie par la demande d'armistice par Pétain, entraînent une réaction de refus de la part d'un général, Charles de Gaulle. Déterminé à poursuivre la guerre, celui-ci part pour Londres. Par son appel du 18 juin, il entre dans l'histoire comme chef de la Résistance, mais doit se faire accepter par les Alliés et convaincre les Français de la légitimité de son combat.

Chronologie

- **1940** (28 juin) Le gouvernement britannique reconnaît de Gaulle comme « chef de tous les Français libres ».
- **1943** (27 mai) 1re réunion du Conseil national de la Résistance et reconnaissance de De Gaulle par la Résistance intérieure comme chef.
- **1944** (14 juin) De Gaulle débarque sur le territoire national et impose une administration française.
- **1944** (15 août) Débarquement de Provence auquel participent les FFL (opération « Dragoon »).
- **1944** (26 août) De Gaulle défile dans Paris libéré.

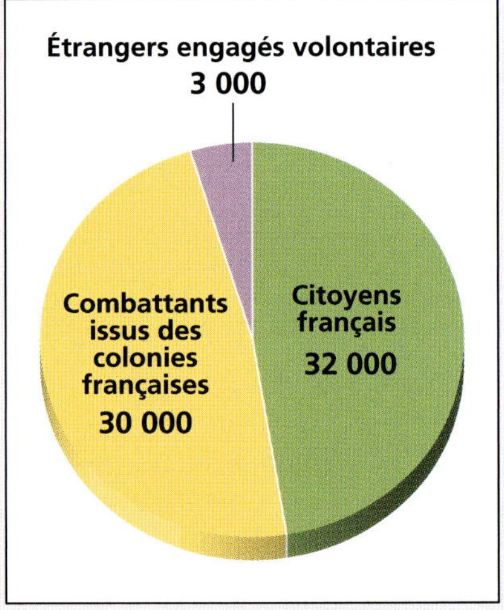

La composition des Forces françaises libres (FFL) en 1943

Qui est le général de Gaulle ?

Charles de Gaulle est promu général en mai 1940. Appelé au gouvernement le 5 juin pour réorganiser les forces, il ne peut éviter la défaite. Refusant la demande d'armistice, il part pour Londres, où il crée la « France libre » pour poursuivre la guerre. Il organise en 1943 l'union des Résistances intérieures et extérieures avec l'aide de Jean Moulin dans le Conseil national de la Résistance (CNR).

Qu'est-ce que la France libre ?

Le terme « **France libre** » apparaît pour la première fois le 22 juin 1940, dans une allocution du général de Gaulle : « Vive la France libre dans l'honneur et dans l'indépendance. » Elle est ensuite dénommée « France combattante » en juillet 1942, pour signifier que tous les Résistants de l'intérieur et de l'extérieur se battent pour la même cause, unis derrière le général de Gaulle.

Vocabulaire

Forces françaises libres (FFL) : organisation créée en 1940 rassemblant les combattants volontaires ralliés à de Gaulle.

Forces françaises de l'intérieur (FFI) : structure créée en 1944 avec pour but de rassembler tous les combattants de la Résistance intérieure.

A Donner un visage et une légitimité à la France libre

› Comment de Gaulle porte-t-il les espoirs des premiers résistants ?

1 › Le refus de la défaite

Cette affiche a été placardée en 10 000 exemplaires en Angleterre, à partir du 3 août 1940. Elle se diffuse largement parmi les Français qui résident au Royaume-Uni. Elle reprend sous une forme différente l'appel du 18 Juin.

2 › L'engagement des jeunes

François Flohic (1920-2018) est élève à l'école d'hydrographie de Paimpol en juin 1940. Le discours de Pétain du 17 juin 1940, annonçant l'armistice, le pousse à agir.

Je ne puis accepter que l'ennemi occupe mon pays, de surcroît un ennemi dont je connais par *Mein Kampf* le sort que les nationaux-socialistes réservent à l'Europe. Ma résolution aussitôt prise, approuvée par mes parents, est de gagner l'Angleterre. [...] Grande est [ma] surprise d'apprendre par la presse qu'un certain général de Gaulle a lancé la veille, à Londres, son appel à la poursuite du combat et à le rejoindre. [...] Le 1er juillet, je signe mon engagement dans les Forces françaises libres. L'aventure exaltante et dangereuse de la France libre commence pour nous. Elle va nous mener à la libération de la France et à sa Victoire.

Témoignage de François Flohic, *Espoir*, n° 161, été 2010.

3 › Le ralliement du Tchad et de l'Afrique équatoriale

Photographie d'octobre 1940. Félix Éboué, gouverneur du Tchad, annonce le 26 août 1940 son ralliement à de Gaulle et à la France libre, entraînant celui de l'AEF (Afrique équatoriale française) tout entière.

Itinéraire 1

1. Identifiez la date du document et son auteur. Où a-t-il été placardé et pour quelles raisons ? **(doc. 1)**
2. Pourquoi le général est-il à Londres ? Quelle analyse fait-il de la situation militaire et quel rôle souhaite-t-il tenir ? **(doc. 1)**
3. En quoi le ralliement de l'AEF renforce la légitimité politique et territoriale du général de Gaulle ? **(doc. 3)**
4. Présentez le profil des hommes et des femmes qui vont rejoindre le général de Gaulle en 1940 (motivations et valeurs). **(docs 2, 3 et Clés pour comprendre)**

Itinéraire 2

À l'aide des documents, **réalisez** une carte mentale ou un schéma expliquant comment de Gaulle poursuit le combat en créant la France libre et en bénéficiant du ralliement de certains territoires.

ZOOM L'appel du 18 juin 1940

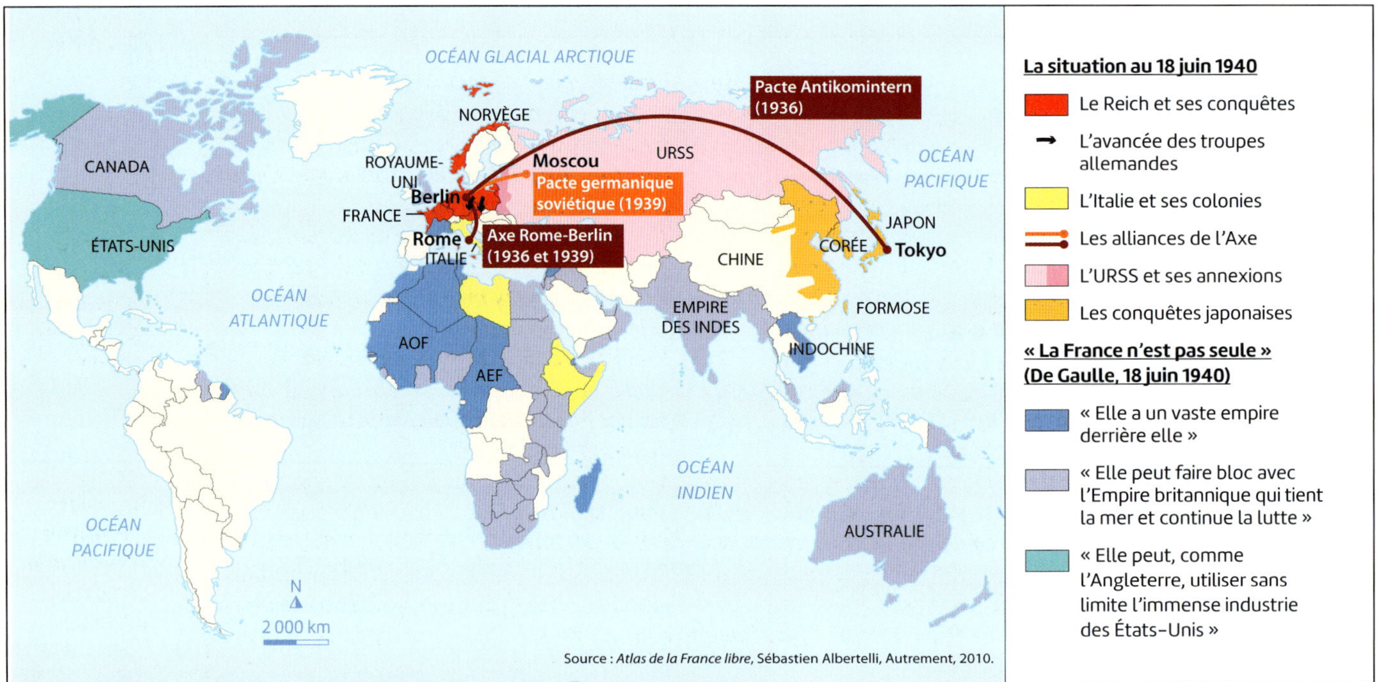

1 L'appel du 18 Juin, une vision globale de la guerre

2 Le général de Gaulle au micro de la BBC en novembre 1940

3 **Geoffroy de Courcel, l'aide de camp du général de Gaulle, raconte l'appel du 18 Juin**

Il passa la majeure partie de la journée du 18 à rédiger son appel, écrivant, raturant, recommençant, s'interrompant de temps à autre pour fumer une cigarette ou pour exposer, pensant tout haut devant moi, comment il voyait l'avenir de la guerre après l'effondrement de la France et la décision britannique de poursuivre le combat. J'avais réussi à joindre, dans l'une des missions françaises à Londres, une amie personnelle, Élisabeth de Miribel, qui vint taper le manuscrit de l'appel, d'un doigt, laborieusement [...]. À 18 heures 30, le général de Gaulle se rendit à Broadcasting House où l'attendaient le directeur de la BBC et le général Spears. Une assistante, Mrs. Barker, le conduisit au studio, et nous l'écoutâmes, en direct, sur le récepteur du directeur. [...]

Geoffroy de Courcel, témoignage publié dans « Le récit du premier "compagnon" », *Revue de la France libre*, n° 281, 1er trimestre 1993.

Un appel du général de Gaule

Londres, 18 Juin.
La B. B. C. communique : Le général français de Gaule, actuellement à Londres, s'est exprimé en ces termes :
Le gouvernement français a demandé à l'ennemi à quelles conditions pourrait cesser le combat. Il a déclaré que si ces conditions étaient contraires à l'honneur, à la dignité, à l'indépendance de la France, la lutte devrait continuer.
Certes, nous avons été nettement submergés par les forces mécaniques, terrestres et aériennes de l'ennemi.
Infiniment plus que leur nombre, ce sont les chars, les avions, la tactique des Allemands qui nous font reculer. Ce sont les chars, les avions, la tactique des Allemands qui ont surpris nos chefs, mais le dernier mot est-il dit ? L'espérance doit-elle disparaître ? La défaite est-elle définitive ? Non.
L'homme qui vous parle le fait en toute connaissance de cause. Croyez-le quand je vous dis que rien n'est perdu pour la France. Les moyens qui nous ont vaincu peuvent nous donner un jour la victoire car la France n'est pas seule. Elle a derrière elle l'Empire britannique qui tient encore et qui continue la lutte. Elle peut, comme l'Angleterre, utiliser sans limite l'immense industrie des États-Unis. Cette guerre n'est pas limitée aux territoires malheureux de notre pays. Cette guerre n'est pas tranchée par la bataille de France. Cette guerre est une guerre mondiale.
Toutes les forces, tous les retards, toutes les souffrances n'empêchent pas qu'il y a dans l'univers tous les moyens pour écraser un jour nos ennemis.
Foudroyés aujourd'hui par les forces mécaniques, nous pourrons vaincre dans l'avenir par une force mécanique supérieure. Le destin du monde est là.
Moi, général de Gaule, actuellement à Londres, J'INVITE LES OFFICIERS ET LES SOLDATS FRANÇAIS QUI SE TROUVENT EN TERRITOIRE BRITANNIQUE ou qui viendraient à s'y trouver avec leurs armes ou sans armes, j'invite les ingénieurs et les ouvriers spécialistes français des industries d'armement qui se trouvent en territoire britannique ou qui viendraient à s'y trouver, à se mettre en rapport avec moi.
Quoi qu'il arrive, la flamme de la résistance française ne doit pas s'éteindre et ne s'éteindra pas.
Demain comme aujourd'hui, je parlerai à la radio de Londres.

De Gaulle n'étant pas encore connu, l'orthographe de son nom n'est pas respectée.

De Gaulle évoque la demande d'armistice.

Il rappelle que les Allemands avaient surtout une supériorité tactique.

Mais, pour lui, la guerre n'est pas terminée pour la France car elle a des atouts : l'empire colonial, l'allié britannique et les ressources des États-Unis.

La France a donc les moyens de vaincre dans l'avenir.

Il invite tous ceux qui veulent poursuivre le combat à le rejoindre.

La Résistance française doit se poursuivre jusqu'à la victoire.

4 〉 Article du journal *Le Petit Provençal*, retranscrivant l'appel du 18 Juin, le 19 juin 1940

Diffusé vers 22 heures, l'appel du 18 juin 1940 n'a été que très peu entendu, même si certains passages sont relus à chaque bulletin d'information français de la BBC jusqu'au lendemain. Il est cependant publié dès le lendemain en France dans *Le Petit Provençal* ainsi que dans *Le Progrès*, *Le Petit Marseillais* et *Le Matin*.

ÉDITION DE MARSEILLE
Le Petit Provençal
ORGANE DE LA DÉMOCRATIE DU SUD-EST
Les armées françaises continuent la lutte
CONTINUER LA RÉSISTANCE
Nos troupes opposent une résistance héroïque aux forces ennemies, tandis que l'armée de la ligne Maginot et celle des Alpes intactes opèrent une série de mouvements pour faire face à la menace allemande
Le communiqué officiel
“Tous les Français doivent rester là où ils sont” déclare M. Pomaret, ministre de l'Intérieur
Toutes les villes de plus de 20.000 habitants ont été déclarées villes ouvertes
Au Conseil des ministres
Un appel du général de Gaule
Des députés réunis à Bordeaux font confiance au maréchal Pétain
La Grande-Bretagne combattra jusqu'au bout
Moscou exige le libre passage en Lettonie
« Fors l'honneur »
Les bombardements de la R.A.F. en Erythrée
LE MESSAGE de M. Winston Churchill
HITLER et MUSSOLINI vont conférer à Munich

ACTIVITÉS

1 Dans quelles conditions de Gaulle décide-t-il de rédiger son appel ? **(doc. 3)**

2 Pourquoi de Gaulle pense-t-il que la France a encore les moyens de remporter une victoire ? **(docs 1 et 4)**

3 Comment l'appel est-il diffusé et quelles sont les réactions de ceux qui en prennent connaissance ? **(doc. 4)**

CAPACITÉ : identifier et nommer les dates et acteurs clés des grands événements

B De la France libre à la France combattante

Quelles sont les actions menées par les Français libres ?

1 Le maréchal Leclerc (1902-1947)

Après avoir été fait prisonnier en mai et juin 1940, Philippe de Hauteclocque, militaire de carrière, s'évade et rejoint le général de Gaulle à Londres, adoptant le pseudonyme de Leclerc en juillet 1940. Arrivé au Tchad en décembre 1940, il crée la 2e division blindée réunissant des hommes d'origines et d'opinions diverses. Débarquée en Normandie en août 1944, la 2e DB participe, au sein de la IIIe Armée américaine, à la libération du territoire national.

« Les origines, 1940-1944 », fondation-marechal-leclerc.fr, consulté le 5 décembre 2019.

2 La diversité des Français libres

Le « régiment de marche du Tchad », formé de tirailleurs d'Afrique noire, devient le noyau de la colonne Leclerc et rassemble les hommes qui participent à la victoire de Koufra (Libye) contre les troupes italiennes en mars 1941. Il participe ensuite à différents combats jusqu'à la capitulation des forces nazies.

3 Des femmes dans la « France combattante »

Les Rochambelles sont une unité de conductrices ambulancières de la 2e DB. Pour la première fois, des femmes sont placées sous le feu de l'ennemi.

Malgré une certaine réticence et un peu de surprise au début, nous avons été bien accueillies à la 2e DB. Nous faisions partie du bataillon médical. Nous avons reçu une instruction comme tout soldat de 2e classe au camp d'Assi Ben-Okba, près de Mers el-Kébir (Algérie). [...] Transportées en Angleterre, [...] nous avons été réparties au sein des unités de la 2e DB. [...]

Le 1er août 1944, nous avons débarqué en Normandie et fait mouvement vers le sud. Je me souviens de l'accueil extraordinaire que nous avons reçu à Sainte-Mère-Église où des gens qui avaient tout perdu sortaient des ruines pour nous acclamer. Ce fut une émotion énorme. Nous avons été pour la première fois confrontées à des combats près du Mont-Saint-Michel. Nous avons fait nos premières évacuations de blessés et les Rochambelles y ont subi leurs premières pertes. Nous avons alors pris conscience de la réalité de la guerre...

Extrait de l'interview de Rosette Peschaud (1920-2015), ambulancière de la Division Leclerc, Union locale des Anciens Combattants de la ville de Bagnolet (Seine-Saint-Denis), ufacbagnolet.over-blog.com, consulté le 5 décembre 2019.

Itinéraire 1

- **1.** Montrez la détermination du général Leclerc à poursuivre le combat au nom de la France. (doc. 1)
- **2.** Décrivez la photographie : pourquoi parler de diversité des Français libres ? (doc. 2)
- **3.** Expliquez le rôle des femmes engagées dans la France combattante. (doc. 3)
- **4.** Comment ont-elles été accueillies et quels risques prenaient ces femmes en s'engageant ? (doc. 3)

Itinéraire 2

- À partir des documents et de la double-page Repères, **racontez** dans un court texte la vie des soldats et des femmes au sein de la colonne Leclerc.

Vous pouvez montrer leur action, les objectifs poursuivis et les difficultés rencontrées.

C De Gaulle et la France combattante : refonder la République

› Comment le général de Gaulle établit-il des liens avec la Résistance intérieure pour préparer le rétablissement de la République ?

1 › L'union des Résistances

Affiche « Un seul combat pour une seule patrie » réalisée par les services de la France libre, 1944.

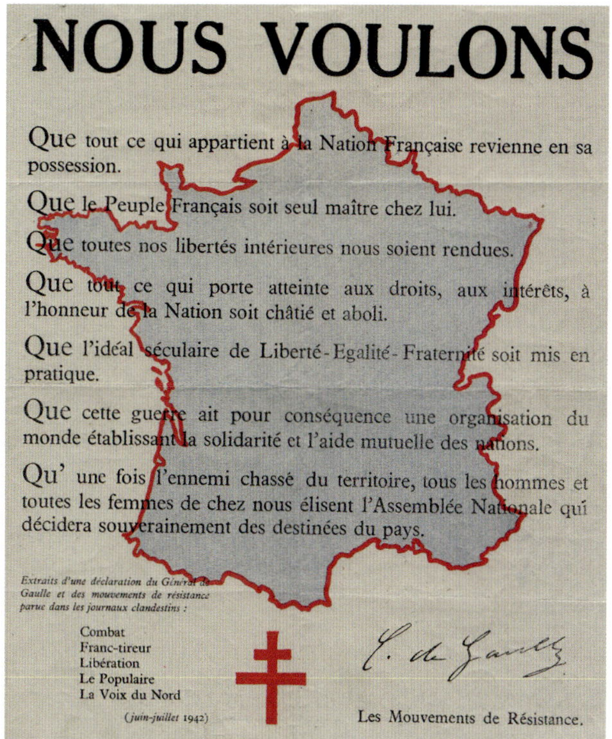

NOUS VOULONS

Que tout ce qui appartient à la Nation Française revienne en sa possession.

Que le Peuple Français soit seul maître chez lui.

Que toutes nos libertés intérieures nous soient rendues.

Que tout ce qui porte atteinte aux droits, aux intérêts, à l'honneur de la Nation soit châtié et aboli.

Que l'idéal séculaire de Liberté-Egalité-Fraternité soit mis en pratique.

Que cette guerre ait pour conséquence une organisation du monde établissant la solidarité et l'aide mutuelle des nations.

Qu' une fois l'ennemi chassé du territoire, tous les hommes et toutes les femmes de chez nous élisent l'Assemblée Nationale qui décidera souverainement des destinées du pays.

Extraits d'une déclaration du Général de Gaulle et des mouvements de résistance parue dans les journaux clandestins :

Combat
Franc-tireur
Libération
Le Populaire
La Voix du Nord

(juin-juillet 1942)

C. de Gaulle

Les Mouvements de Résistance.

2 › Un programme pour une France libérée

Tract diffusé au printemps 1942 en France par les journaux *Combat, Libération, Franc-Tireur, Le Populaire* et *La Voix du Nord*.

3 › La reconnaissance de De Gaulle par la Résistance intérieure

Le Conseil de la Résistance [...] constate avec une joie immense la libération totale de l'Afrique du Nord. [...] La France, déjà présente sur tous les fronts, aspire à rentrer plus intensément encore dans la guerre libératrice et à y jeter toutes les ressources de son Empire libéré.

Pour atteindre pleinement son but, [...] elle entend que [son] gouvernement [...] soit confié au général de Gaulle [...] qui n'a cessé depuis le 18 juin 1940 de préparer [...] la renaissance de la Patrie détruite comme des libertés républicaines déchirées.

Extraits de la motion du Conseil national de la Résistance (CNR) lors de sa première réunion à Paris, le 27 mai 1943.

Itinéraire 1

1. Décrivez les deux personnages de l'affiche. Sur quel territoire chacun est-il engagé et dans quel but ? (doc. 1)

2. Dans ce tract, relevez les souhaits des résistants pour la France libérée. Classez-les selon 3 idées : un nouveau système politique, les valeurs républicaines et un monde meilleur à construire. (doc. 2)

3. Quels sont les deux combats que le CNR compte mener au sein de la France libre à partir de mai 1943 ? (doc. 3)

4. En quoi le soutien apporté par le Conseil national de la Résistance au général de Gaulle est-il important ? (doc. 3)

Itinéraire 2

Recopiez et **complétez** le tableau ci-dessous présentant la lutte de la France combattante pour refonder la République.

	Doc. 1	Doc. 2	Doc. 3
Valeurs et principes mobilisés			
Moyens pour y parvenir			

L'ESSENTIEL

A Donner un visage et une légitimité à la France libre

L'appel du 18 juin 1940, lancé par le général de Gaulle, est le fondement de la France libre. Il réunit des hommes et des femmes refusant l'armistice et déterminés à poursuivre la guerre et à libérer la France. Reconnu comme chef légitime par les Britanniques, de Gaulle bénéficie du ralliement de l'Empire français (AEF) qui lui offre un ancrage territorial pour organiser la Résistance extérieure.

B De la France libre à la France combattante

Engagés sur le front militaire en Afrique, les Français libres sont victorieux. Les soldats de la 2e DB, commandés par le général Leclerc, combattent jusqu'à la libération de Paris en 1944 et à la capitulation allemande. Les Rochambelles, des femmes engagées, participent également aux combats comme ambulancières.

C De Gaulle et la France combattante : refonder la République

Dès 1941, de Gaulle prépare le retour à la République. Il charge Jean Moulin d'unir les résistances au sein du « Conseil national de la Résistance » formé en mai 1943 par les mouvements de la Résistance, les partis politiques et les syndicats. Avec cet acte politique fort, de Gaulle obtient une légitimité. Le programme du CNR vise à rétablir et refonder la République dans un sens social.

MISE EN PERSPECTIVE

Le combat mené par de Gaulle et les Français libres, associés aux résistants de l'intérieur, a permis de refonder la République à la Libération, tout en offrant l'opportunité à la France de figurer dans le rang des vainqueurs de la Seconde Guerre mondiale. En créant l'Ordre de la Libération dès 1940, le général de Gaulle a voulu perpétuer la mémoire de la Résistance extérieure, en honorant les « compagnons de la Libération » et les « villes martyrs ». De nombreux monuments et sites, tel le mont Valérien avec le mémorial de la France combattante, leur sont consacrés.

Podcast
liennathan.fr/rtk155

APPRENDRE AUTREMENT

Schéma à télécharger
liennathan.fr/lrp787

Recopiez et complétez le schéma ci-dessous à l'aide des expressions suivantes :
droit de vote des femmes – ralliement des colonies – les FFL – la défaite – l'appel du 18 juin – les Alliés – la sécurité sociale – reconnaissance du gouvernement britannique – le Conseil national de la Résistance.

LES ACTIONS DU GÉNÉRAL DE GAULLE ET DE LA FRANCE LIBRE PENDANT LA SECONDE GUERRE MONDIALE

Une participation militaire :
- une armée :
……………………………………
……………………………………
- des actions de renseignements et de secours
- des combats
- une place dans les débarquements
- la libération de la France avec
……………………………………
……………………………………

Un ralliement et une reconnaissance progressive :
- 28 juin 1940 : ……………………………
……………………………………
- été-hiver 1940 : des volontaires et des militaires
- été 1940 en Outre-mer :
……………………………………
……………………………………
- 27 mai 1943 : ……………………………
……………………………………
……………………………………

De Gaulle et la France libre : un espoir pour les Français de poursuivre le combat

Les raisons :
Le refus de l'armistice et de
……………………………………

Un acte fondateur :
……………………………………
……………………………………

Un projet pour la France libérée :
- un programme :
- ……………………………………
……………………………………
- ……………………………………
……………………………………
- le retour de la République et de ses valeurs

VERS LE BAC

Sujet d'étude 1

La Guerre d'anéantissement à l'Est et le génocide des Juifs

Étude de document

Génocide et résistance juive

Chil Rajchman est l'un des 57 survivants du camp de Treblinka, au sein duquel entre 480 000 et 600 000 Juifs ont été exterminés. Il parvient à s'évader en août 1943 et il rédige immédiatement ses souvenirs.

Dans la seconde quinzaine d'avril [1943], l'état-major du camp vint sur le terrain muni de plans. Ils prennent des mesures à quelques mètres des dix grandes chambres à gaz. Le lendemain, des Juifs sont désignés pour creuser, sous les ordres d'un SS. Il s'agit de construire un bûcher d'une capacité nettement supérieure aux autres, à proximité directe des chambres à gaz, afin de brûler immédiatement les suppliciés. La construction prend dix jours. [...] Les assassins s'agitent comme des chiens en furie, ils nous battent, ils beuglent en permanence.

[...] Quelques jours après, un convoi est arrivé. Presque tous les assassins, un fouet entre les mains, étaient au rendez-vous pour accueillir les nouveaux arrivants. [...] Les assassins se montrent plus cruels que jamais. Ils ont extrait trois femmes du convoi et les ont affectées à la lingerie. [...] Les trois femmes mettent quelques jours à reprendre leurs esprits, elles ne comprennent pas ce que nous leur disons. Elles nous racontent ensuite que les Juifs de Varsovie ont résisté héroïquement et ne se sont pas laissé assassiner sans réagir[1]. Le ghetto est en flammes et les Juifs combattent l'arme au poing.

Lorsque ces femmes nous apprennent que le ghetto brûle, cela nous fait très mal. Mais elles sont fières de nous raconter que les Juifs ont combattu et que des Allemands sont tombés sous leurs balles.

Chil Rajchman, *Je suis le dernier Juif. Treblinka (1942-1943)*, Les Arènes, 2009.

1. Le ghetto de Varsovie s'est soulevé du 19 avril au 16 mai 1943, avant que les forces nazies finissent par le vider et le raser.

Questions

1. Présentez le document en précisant le parcours de son auteur.

2. Dans quel lieu a été déporté l'auteur ?

3. Quelle est la fonction de ce lieu ?

4. À quelle tâche sont affectés certains déportés ?

5. Quelle nouvelle apportent les trois femmes au sujet du ghetto de Varsovie ? Rappelez ce qu'est un ghetto.

6. Relevez une expression qui évoque la résistance juive.

VERS LE BAC

Sujet d'étude 2

De Gaulle et la France libre

Étude de document

Le manifeste de Brazzaville, 27 octobre 1940

Brazzaville est la capitale fédérale de l'Afrique équatoriale française (AEF).

La France traverse la plus terrible crise de son Histoire. Ses frontières, son Empire, son indépendance et jusqu'à son âme sont menacés de destruction. [...] Cependant [...] des milliers de Français ou de sujets français ont décidé de continuer la guerre jusqu'à la libération. [...]

Or, il n'existe plus de Gouvernement proprement français. En effet, l'organisme à Vichy [...] ne peut être et n'est [...] qu'un instrument utilisé par les ennemis de la France contre l'honneur et l'intérêt du pays.

[...] J'exercerai mes pouvoirs au nom de la France et uniquement pour la défendre, et je prends l'engagement solennel de rendre compte de mes actes aux représentants du peuple français dès qu'il lui aura été possible d'en désigner librement. Pour m'assister dans ma tâche, je constitue, à la date d'aujourd'hui, un Conseil de défense de l'Empire[1]. Ce Conseil [...] représente auprès de moi le pays et l'Empire qui se battent pour leur existence.

J'appelle à la guerre, c'est-à-dire au combat ou au sacrifice, tous les hommes et toutes les femmes des terres françaises qui sont ralliées à moi. En union étroite avec nos Alliés, qui proclament leur volonté de contribuer à restaurer l'indépendance et la grandeur de la France, il s'agit [...] d'attaquer l'ennemi partout où cela sera possible, et de mettre en œuvre toutes nos ressources militaires, économiques, morales, de maintenir l'ordre public et de faire régner la justice.

Charles de Gaulle, *Discours et messages*, tome 1, Plon, 1981.

1. Le Conseil de défense de l'Empire sert de gouvernement à la France libre entre 1940 et 1941. Il est ensuite remplacé par le Comité national français, puis par le Comité français de libération nationale (CFLN) en 1943.

Questions

1. Présentez le document en précisant son auteur, sa date et le contexte dans lequel il est rédigé.
2. Pourquoi ce manifeste est-il prononcé depuis Brazzaville ?
3. De quelle manière dénonce-t-il le régime alors établi en France ?
4. Quels sont les objectifs politiques et militaires du général de Gaulle pour la France libre ?
5. Quel rôle de Gaulle souhaite-t-il tenir dans la lutte pour la libération de la France ?

THÈME

2 Du monde bipolaire au monde multipolaire

LES ENJEUX

- Après 1945, les deux grandes puissances issues de la Seconde Guerre mondiale se livrent une guerre froide pour dominer le monde, alors que les pays colonisés accèdent à l'indépendance. (Question obligatoire)
- La compétition des deux grands se poursuit même dans l'espace, de Gagarine à la guerre des étoiles. (Sujet d'étude 1)
- Après 1991, les États-Unis s'affirment comme les « gendarmes du monde » mais sont visés par les attentats du 11 septembre 2001. (Sujet d'étude 2)
- Aujourd'hui, de nouvelles puissances émergent, alors que l'Union européenne demeure un pôle important, mais fragile, dans un monde multipolaire.

La question obligatoire

PAGE 48 ▼ PAGE 65

Le monde de 1945 à nos jours

Comment évoluent les relations internationales depuis la fin de la Seconde Guerre mondiale ?

Les sujets d'étude au choix

1 De Youri Gagarine à la guerre des étoiles

PAGE 66 ▼ PAGE 73

En quoi la conquête spatiale est-elle une des manifestations des rapports de force entre puissances ?

2 Le 11 septembre 2001

PAGE 74 ▼ PAGE 79

Pourquoi cette journée est-elle devenue le symbole de l'émergence d'un monde nouveau ?

En quoi suis-je concerné ?

1. Quel programme a été créé par l'Union européenne pour favoriser la mobilité internationale des étudiants ?
2. Quelles sont les grandes puissances qui dominent le monde aujourd'hui ?

REPÈRES D'un monde bipolaire à un monde multipolaire

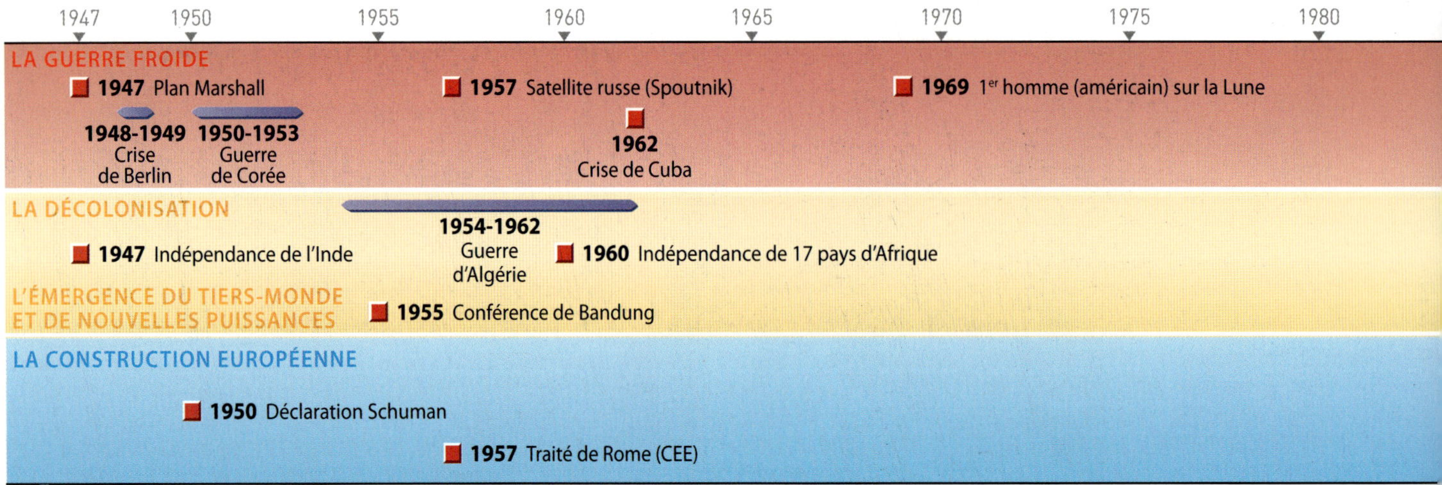

1 L'évolution des relations internationales

1. Quand commence la construction européenne ?
2. En quelle année de nombreux pays africains accèdent-ils à l'indépendance ?
3. Pourquoi les années 1989-1991 marquent-elles une rupture dans les relations internationales ?
4. En quelle année ont eu lieu les attentats du 11-Septembre ?

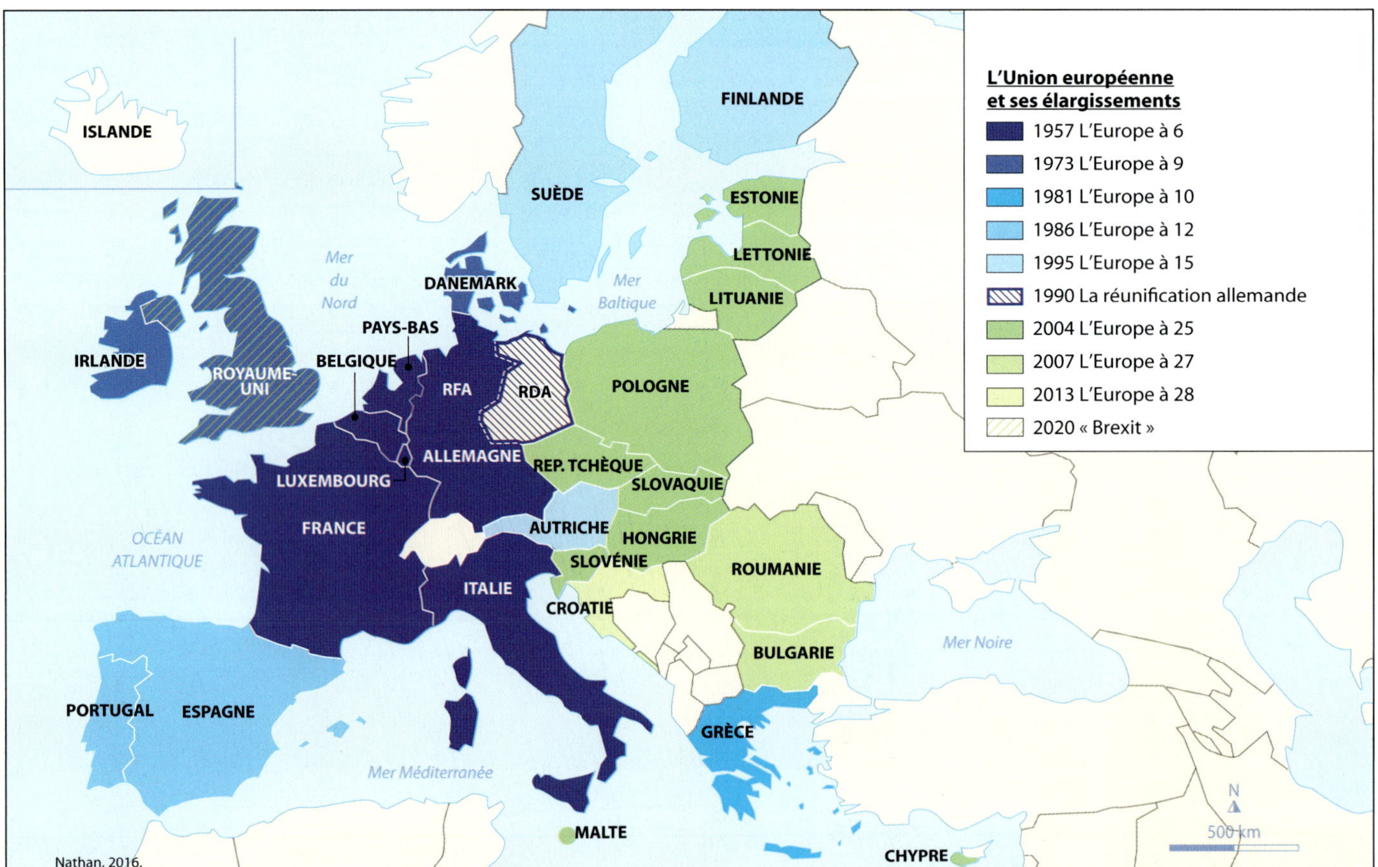

2 Les étapes de la construction européenne

Carte interactive liennathan.fr/sq39m6

1. Quels pays sont les fondateurs de la construction européenne ?
2. En quelle année a eu lieu le plus gros élargissement de l'Union européenne ?
3. Quel pays a choisi de quitter l'UE en 2016 ?

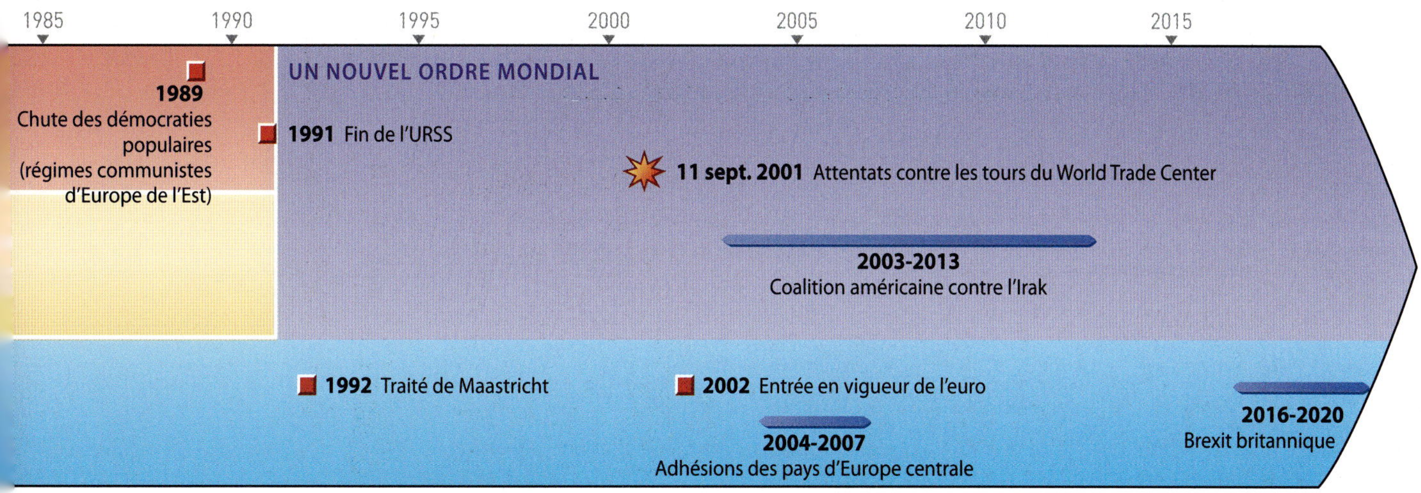

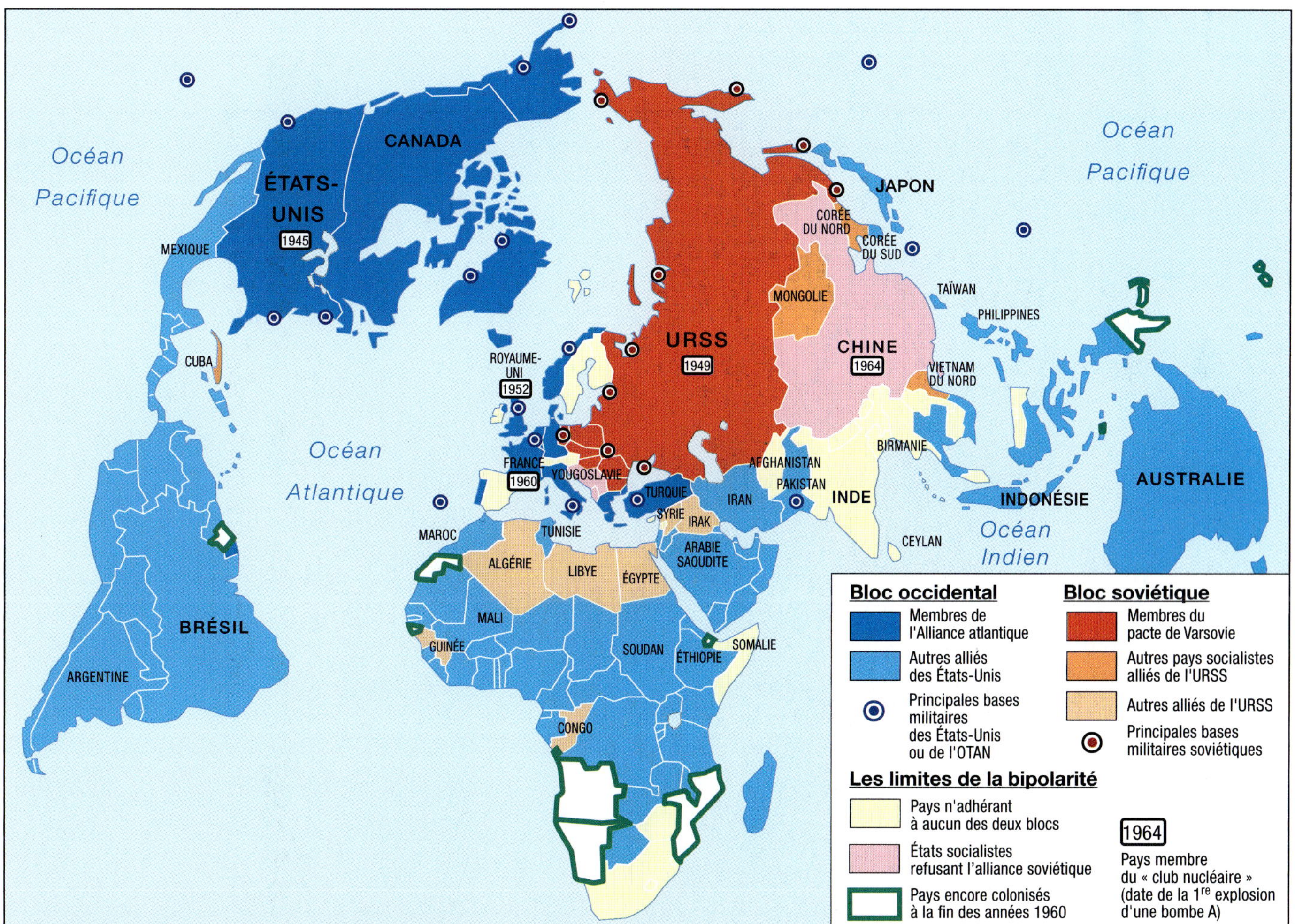

3 **Le monde de 1945 aux années 1970**

1 Quels sont les signes de la division du monde en deux blocs concurrents ?

2 Nommez trois grandes crises de la guerre froide. Comment expliquer leur localisation ?

3 Citez des pays n'appartenant à aucun des deux blocs.

REPÈRES Un monde plus complexe et conflictuel

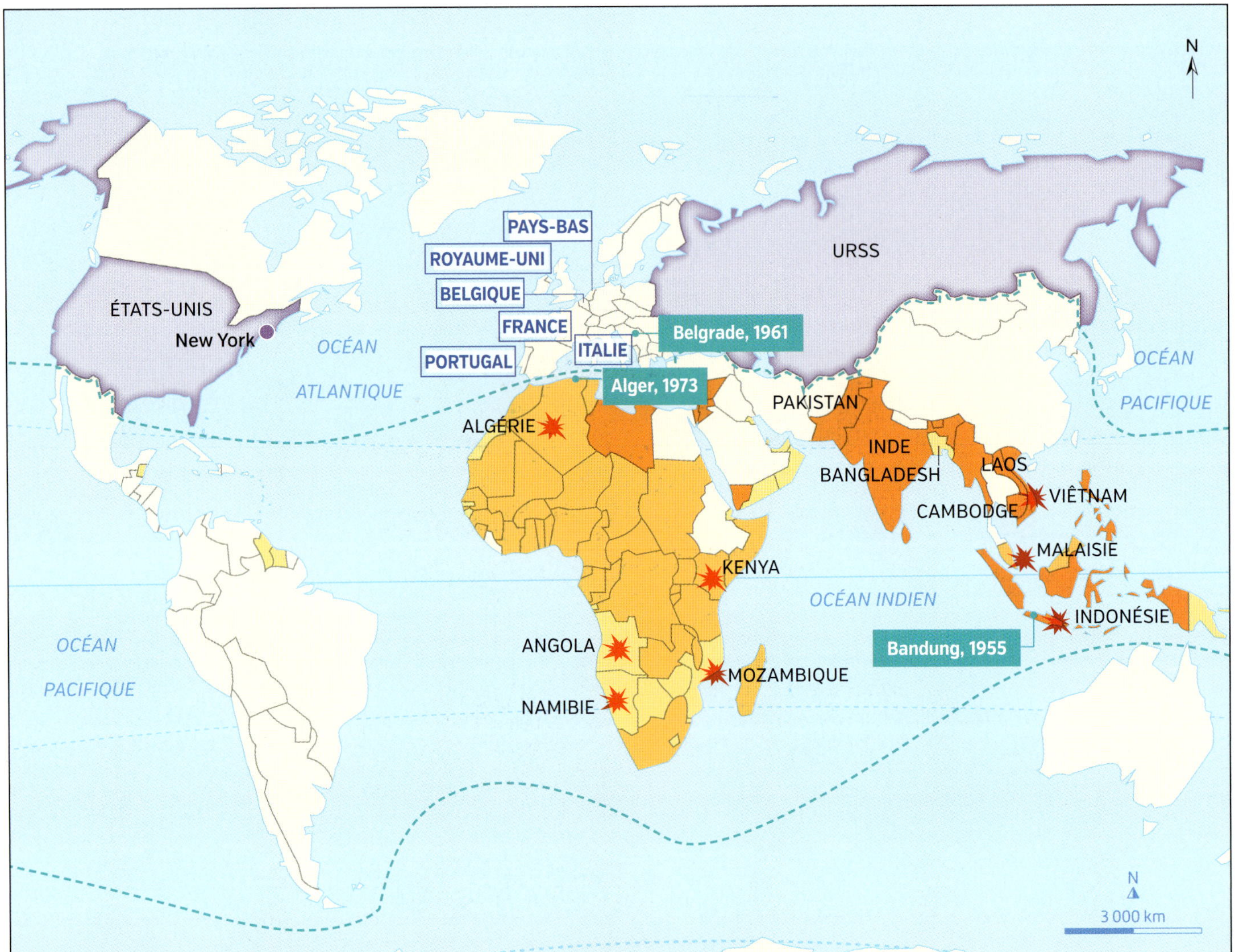

Un contexte international favorable à la décolonisation

ITALIE Les puissances coloniales affaiblies par la Seconde Guerre mondiale

Les deux grandes puissances, hostiles à la domination coloniale

Siège de l'ONU, tribune de la décolonisation

Les étapes de la décolonisation

Entre 1945 et 1955

Entre 1956 et 1965

Après 1966

Principales guerres d'indépendance

L'émergence du tiers-monde

Bandung 1955 Grandes conférences

Limites du tiers-monde

1 Les décolonisations et l'émergence du tiers-monde (1945-1980)

1 Quelles grandes puissances sont hostiles à la domination coloniale ?

2 Sur quels continents successifs se déroulent les indépendances entre 1945 et 1965 ?

3 Quel nouveau groupe de pays, qui ne se situent ni à l'ouest et ni à l'est, apparaît à partir de 1955 ?

Une « communauté internationale » ?

FRANCE — Membre permanent du Conseil de sécurité de l'ONU

Principales missions de l'ONU depuis 1990

Missions en cours en 2010

BRICS, puissances émergentes

La puissance des États-Unis

Membres de l'OTAN (Organisation du Traité de l'Atlantique Nord)

Flotte américaine

Base militaire américaine

La Chine, une puissance rivale des États-Unis

Les tensions actuelles du nouvel ordre mondial

Pays ou régions ayant connu la guerre ou de graves troubles intérieurs entre 1990 et 2010

Conflit à dimension internationale

Principaux attentats revendiqués par les groupes islamistes

SAHEL — Principales zones de tensions actuelles

2 Le monde en 2020 : une communauté internationale ?

Carte interactive liennathan.fr/17rsw6

1 Quelles régions du monde sont aujourd'hui touchées par les guerres civiles ?

2 Quels sont désormais les principaux risques pour la paix et la sécurité dans le monde ?

3 Quel est le but des principales interventions de l'ONU ? Regardez bien où celle-ci envoie des missions.

COURS

Comment évoluent les relations internationales depuis la fin de la Seconde Guerre mondiale ?

Portfolio liennathan.fr/f7b4f2

Podcast liennathan.fr/4vt55z

A Une longue guerre froide (1947-1991) succède à la Seconde Guerre mondiale

■ **Les États-Unis et l'URSS apparaissent comme les grands vainqueurs de la Seconde Guerre mondiale.** Ils se divisent, notamment sur le sort de l'Allemagne et des pays d'Europe orientale, libérés par l'Armée rouge. Les États-Unis dénoncent la tombée d'un rideau de fer sur l'Europe et mettent en place une aide économique avec le plan Marshall, pour permettre la reconstruction de l'Europe.

■ **Cette opposition** entre les deux puissances rivales **prend la forme d'une guerre froide**, entre deux blocs structurés en un réseau d'alliances politiques, militaires (OTAN et pacte de Varsovie) et économiques, se livrant à une compétition dans les domaines scientifique, technologique, mais également sportif. Tout affrontement direct entre les deux grands est évité en raison de la menace atomique. Cependant, des tensions voire des conflits ont lieu dans les régions périphériques, comme à Berlin ou en Corée entre 1950 et 1953. Le **monde** est devenu **bipolaire**.

■ **La mort de Staline en 1953 se traduit par un dégel des relations internationales. Mais les tensions persistent**, comme pendant la crise des missiles de Cuba en 1962 ou pendant la guerre du Vietnam qui fragilise la puissance états-unienne. **Une période de détente entre les deux superpuissances permet d'apaiser les tensions** entre 1962 et 1975.

■ **Le président Reagan**, qui dirige les États-Unis entre 1980 et 1988, **relance la course aux armements** à laquelle l'URSS, affaiblie par son intervention en Afghanistan, ne peut pas faire face. La chute des démocraties populaires en 1989 et la dislocation du bloc soviétique entraînent l'éclatement de l'URSS à la fin de 1991. C'est la fin de la guerre froide.

1 Les Berlinois de l'Ouest découvrent la construction du mur le 13 août 1961

B La **décolonisation** permet l'émergence du tiers-monde

■ La Seconde Guerre mondiale fragilise les puissances coloniales et renforce **la volonté d'indépendance des peuples colonisés** qui bénéficient du soutien des États-Unis et de l'URSS, hostiles à la domination coloniale. Enfin, l'ONU devient une tribune anticoloniale au nom du droit des peuples à disposer d'eux-mêmes.

■ **De nombreuses indépendances sont acquises** après de longues guerres, comme en Algérie, entre 1954 et 1962.

■ **À la conférence de Bandung en 1955**, les pays nouvellement décolonisés se définissent comme une 3e force, que l'on qualifie de « **tiers-monde** » et qui s'affranchit de la logique des blocs.

■ Mais, rapidement, des tensions apparaissent au sein du mouvement, notamment entre la Chine et l'Inde, affaiblissant le mouvement.

Notions

Construction européenne : processus de rapprochement des États européens pour fonder une union d'États défendant les mêmes valeurs et les mêmes grands principes économiques et sociaux.

Décolonisation : passage d'un territoire du statut de colonie dominée par une puissance extérieure à celui d'État indépendant. Ce processus s'est généralement accompagné de violences plus ou moins intenses.

Guerre froide : affrontement fondé sur une opposition idéologique entre les États-Unis et l'URSS (1947-1991). Des crises, voire des conflits armés, ont lieu sur les zones périphériques.

Monde bipolaire : monde dominé par les deux grands vainqueurs de la Seconde Guerre mondiale. Les États-Unis et l'URSS mettent en place un système d'alliance diplomatique, économique et militaire pour structurer leurs blocs.

Monde multipolaire : situation dans laquelle plusieurs pays (ou ensembles de pays) jouent un rôle mondial dans les domaines économique, diplomatique, militaire, culturel…

C Vers un monde plus complexe et multipolaire

■ À la suite de l'effondrement de l'URSS, **les États-Unis deviennent la seule superpuissance** et les « gendarmes du monde ». Cependant, cette hégémonie américaine suscite des oppositions, parfois violentes, comme les attentats du 11 septembre 2001 commis par l'organisation terroriste Al-Qaïda, au nom d'un islam radical.

■ En réaction, les États-Unis mettent en place deux grandes coalitions pour intervenir en Afghanistan à partir d'octobre 2001, puis en Irak en 2003, où ils se montrent incapables de réellement s'imposer.

■ Conscient des difficultés, le président Obama met en place, entre 2008 et 2016, une politique multilatérale de collaboration avec ses pays alliés, mais également de repli sur les intérêts états-uniens.

■ Pendant cette période, **de nouvelles puissances émergent**, comme les BRICS, acronyme pour Brésil, Russie, Inde, Chine et Afrique du Sud (ou South Africa).

D Le projet européen, du succès aux doutes

■ À la fin de la Seconde Guerre mondiale, **la volonté de construction européenne est relancée**. La déclaration Schuman de 1950 entraîne la création de la **Communauté européenne du charbon et de l'acier** (CECA) **en 1951**. L'objectif des six pays fondateurs est de coordonner les efforts de reconstruction, d'éviter toute nouvelle guerre européenne et d'assurer une certaine puissance au continent.

■ Devant ce succès, le projet est élargi en une **Communauté économique européenne (CEE) en 1957**, puis en **Union européenne (1992)** aux compétences progressivement étendues, avec libre circulation des marchandises, des capitaux et des personnes. Le nombre de pays membres passe progressivement de 6 à 28, à la suite de l'adhésion des pays d'Europe orientale, entre 2004 et 2013. Certains des membres se dotent d'une monnaie commune (l'euro) et d'une gestion commune des frontières (l'espace Schengen).

■ Cependant, le ralentissement économique ou la crise de l'euro en 2008 entraînent **la contestation du projet européen**, accusé de favoriser une mondialisation libérale et de limiter la souveraineté des États. Ce malaise est exploité par les partis populistes. La victoire du « non » au référendum sur l'adhésion britannique à l'Union européenne de 2016 entraîne le départ du Royaume-Uni de l'Union européenne.

2 Les dirigeants des BRICS réunis en 2016 à Hangzhou, en Chine

De gauche à droite : Michel Temer (Brésil), Narendra Modi (Inde), Xi Jinping (Chine), Vladimir Poutine (Russie) et Jacob Zuma (Afrique du Sud).

Questions

1. Proposez une définition de la guerre froide (dates, caractéristiques).
2. Expliquez pourquoi les revendications d'indépendance sont plus importantes après la Seconde Guerre mondiale.
3. Expliquez l'expression « tiers-monde ». Quels pays sont concernés ?
4. Citez de nouvelles puissances émergentes.
5. Quels sont les objectifs de la construction européenne ?

DOCUMENTS 1

Une longue guerre froide (1947-1991) succède à la Seconde Guerre mondiale

NOTIONS TRAVAILLÉES : guerre froide, monde bipolaire
CAPACITÉ : savoir lire, comprendre et critiquer une carte, un croquis, un document iconographique, une série statistique

Vocabulaire

Endiguement : politique américaine visant à stopper l'expansion du communisme par une aide économique et militaire aux pays alliés des États-Unis.

Notions

Guerre froide : affrontement fondé sur une opposition idéologique entre les États-Unis et l'URSS (1947-1991). Des crises voire des conflits armés ont lieu sur les zones périphériques.

Monde bipolaire : monde dominé par les deux grands vainqueurs de la Seconde Guerre mondiale. Les États-Unis et l'URSS mettent en place un système d'alliance diplomatique, économique et militaire pour structurer leurs blocs.

1 Aux origines de la guerre froide

La doctrine Truman

Dans ce discours, le président américain définit la nouvelle politique extérieure américaine (endiguement).

En ce moment présent, presque toutes les nations se trouvent placées devant le choix entre deux modes de vie. Et, trop souvent, ce choix n'est pas un libre choix.
L'un de ces modes de vie est basé sur la volonté de la majorité. Ses principaux caractères sont des institutions libres, des gouvernements représentatifs, des élections libres, des garanties pour la liberté individuelle, la liberté d'expression et de religion, et pour être libre de toute oppression politique.
Le second mode de vie est basé sur la volonté d'une minorité imposée à la majorité. Il s'appuie sur la terreur et l'oppression, sur une radio et une presse contrôlées, sur des élections dirigées et sur la suppression de la liberté individuelle.
Les États-Unis doivent pratiquer une politique d'aide aux peuples libres qui résistent actuellement aux manœuvres de certaines minorités armées, ou à la pression extérieure.

Harry Truman, discours au Congrès des États-Unis, 12 mars 1947.

La doctrine Jdanov

En septembre 1947, lors d'une réunion des Partis communistes européens, le délégué soviétique, bras droit de Staline, Andreï Jdanov fait approuver une nouvelle doctrine.

Deux camps se sont formés dans le monde : d'une part, le camp impérialiste et antidémocratique qui a pour but l'établissement de la domination mondiale de l'impérialisme américain et l'écrasement de la démocratie, et, d'autre part, le camp anti-impérialiste et démocratique, dont le but essentiel consiste à saper l'impérialisme, à renforcer la démocratie, à liquider les restes du fascisme [...].

Communiqué publié à l'issue de la conférence communiste internationale de Szklarska Poreba (Pologne), octobre 1947.

Itinéraire 1

1. Présentez les deux textes. Quels sont leurs points communs et leurs différences ? En quoi la comparaison est-elle intéressante ? (doc. 1)
2. Décrivez le personnage central : qui représente-t-il et que fait-il ? (doc. 2)
3. Expliquez la réaction de J. F. Kennedy lors de la découverte des missiles soviétiques sur l'île de Cuba. (doc. 3)
4. Comment réagit Khrouchtchev ? Quelle est l'issue de la crise ? (doc. 3)

Itinéraire 2

Journaliste français(e), vous devez **écrire** un article pour célébrer les 58 ans de la crise de Cuba.
– Partez des documents ;
– Replacez cette crise dans le contexte de la guerre froide ;
– Expliquez son déroulement et ses particularités à vos lecteurs.

2 **La puissance américaine vue de Moscou**

« Des phrases et… des bases », affiche de propagande soviétique de 1952.
Le *speaker* à la radio américaine dit : « Paix, défense, désarmement. »

3 **La crise des missiles de Cuba (octobre 1962) : de l'affrontement des superpuissances au dialogue**

John F. Kennedy explique la crise aux Américains

Cette décision soudaine et clandestine d'implanter pour la première fois des armes stratégiques hors du sol soviétique constitue une modification délibérément provocatrice et injustifiée du statu quo[1], qui ne peut être accepté par notre pays si nous voulons que notre courage et nos engagements soient reconnus comme valables par nos amis comme par nos ennemis.

John F. Kennedy, déclaration télévisée du 22 octobre 1962.

Khrouchtchev présente sa version de la crise

Le président Kennedy, dans un ultimatum, exigea que nous retirions les fusées et les bombardiers amenés à Cuba. Je garde un souvenir très vif de ces journées […], particulièrement cet échange avec Kennedy parce que j'en pris moi-même l'initiative et que c'est moi qui envoyais les messages et recevais les réponses. Je revendique l'entière responsabilité du contact direct qui s'établit entre le président Kennedy et moi-même au moment le plus crucial et le plus dangereux de la crise.

Nikita Khrouchtchev, *Souvenirs*, Paris, 1971.

1. Statu quo : situation qui ne change pas.

Chronologie

14 octobre 1962 : découverte par un avion espion américain d'une base de missiles nucléaires soviétiques à Cuba.
22 octobre 1962 : discours télévisé du président Kennedy annonçant le début du blocus naval américain de l'île de Cuba.
25 octobre 1962 : les navires soviétiques en route pour Cuba sont bloqués et font demi-tour.
28 octobre 1962 : Khrouchtchev accepte le retrait des missiles à Cuba en échange du retrait des missiles américains en Turquie qui menaçaient l'URSS.
1963 : une liaison téléphonique (Télex) directe est établie entre Moscou et Washington.

Pour mémoriser

1. Donner les dates de début et de fin de la guerre froide.
2. Dire ce qu'est la crise de Cuba.
3. Donner le nom des deux alliances militaires en Europe.

DOCUMENTS 2

La décolonisation permet l'émergence du tiers-monde

NOTION TRAVAILLÉE : décolonisation

CAPACITÉ : savoir lire, comprendre et critiquer une carte, un croquis, un document iconographique, une série statistique

Notion

Décolonisation : passage d'un territoire du statut de colonie dominée par une puissance extérieure à celui d'État indépendant. Ce processus s'est généralement accompagné de violences plus ou moins intenses.

1 Le Vietnam proclame son indépendance

Ho Chi Minh, chef du Parti communiste vietnamien, revendique l'indépendance du Vietnam.

« Tous les hommes naissent égaux. Le Créateur nous a donné des droits inviolables, le droit de vivre, le droit d'être libres et le droit de réaliser notre bonheur. » Cette parole immortelle est tirée de la Déclaration d'indépendance des États-Unis d'Amérique en 1776. Prise dans un sens plus large, cette phrase signifie : tous les peuples sur la Terre sont nés égaux ; tous les peuples ont le droit de vivre, d'être heureux, d'être libres.

La Déclaration des droits de l'homme et du citoyen de la Révolution française de 1791 proclame également : « Les hommes naissent et demeurent libres et égaux en droits. »

Ce sont là des vérités indéniables. Et pourtant, pendant plus de quatre-vingts années, les colonialistes français, abusant du drapeau de la liberté, de l'égalité, de la fraternité, ont violé notre terre et opprimé nos compatriotes. [...] Ils nous ont privés de toutes les libertés. Ils nous ont imposé des lois inhumaines. [...]

Pour ces raisons, nous proclamons solennellement au monde entier : le Vietnam a le droit d'être libre et indépendant.

Ho Chi Minh, discours à Hanoï, le 2 septembre 1945.

2 Aimé Césaire évoque la conférence de Bandung (du 18 au 24 avril 1955)

La conférence de Bandung réunit en Indonésie les représentants de vingt-neuf pays africains et asiatiques. Elle marque l'entrée sur la scène internationale des pays du tiers-monde qui ne souhaitent pas intégrer l'un des deux blocs.

On se souvient de la conférence de Bandung. Que s'est-il passé de mémorable à Bandung ? Ceci : qu'un milliard cinq cent millions d'hommes se sont réunis dans une ville d'Asie pour proclamer solennellement que l'Europe n'avait plus vocation pour diriger unilatéralement le monde, pour proclamer que la domination européenne sur les parties non européennes du globe avait conduit le monde à une impasse dont il importait de sortir. [...]

Le monde entier sait [...] que le temps du régime colonial est passé.

Aimé Césaire, poète et homme politique martiniquais, *Les Temps Modernes*, mars-avril 1956.

Itinéraire 1

1. Sur quels grands principes Ho Chi Minh justifie-t-il ses revendications d'indépendance et en quoi cela est-il particulièrement convaincant ? (doc. 1)
2. Que revendiquent les pays réunis à Bandung et comment interprètent-ils la colonisation européenne ? (doc. 2)
3. Décrivez le document et montrez comment il témoigne des violences qui accompagnent l'indépendance de l'Inde et du Pakistan. (doc. 3)
4. Quelle stratégie adopte N'Krumah pour conduire le Ghana à l'autonomie puis à l'indépendance ? (doc.4)
5. Que revendiquent exactement les habitants du Congo belge en juillet 1960 ? (doc. 5)

Itinéraire 2

À partir des informations issues des documents, **réalisez** un schéma récapitulant le processus de décolonisation.

Créez trois cadres :
- Les origines,
- Les différents moyens utilisés,
- La naissance du tiers-monde à Bandung.

3 Les conséquences de la partition des Indes

Une de *Time* du 27 octobre 1947. « Inde : Liberté et mort ».
Les estimations évoquent un nombre de morts allant de 200 000 à 1 million.

1. La déesse hindoue Kali avec ses quatre bras armés pour évoquer la partition de l'Empire des Indes en deux États.
2. L'Inde (en jaune).
3. Le Pakistan (en vert).

4 N'Krumah et la stratégie pour conquérir l'indépendance

Nkrumah est le leader indépendantiste puis le Premier ministre de la Côte-de-l'Or. Après l'octroi de l'autonomie interne en 1951, cette colonie britannique obtient son indépendance totale en 1957 et prend le nom de Ghana.

Je signalai qu'il y avait deux manières d'acquérir l'autonomie, l'une par la révolution armée et l'autre par les méthodes non-violentes, constitutionnelles et légitimes. [...] Nous préconisons la seconde méthode. La liberté, on ne l'avait cependant jamais accordée à aucun pays colonial sur un plateau d'argent ; on ne l'avait gagnée qu'après d'amères et vigoureuses luttes. [...] Je décrivis l'action positive comme l'adoption de tous les moyens [...] par lesquels nous pouvions attaquer les forces de l'impérialisme[1] dans le pays. [...] [C'était] l'agitation politique, des campagnes de presse et comme dernière ressource l'application [...] de grèves, de boycottages et de non-coopération basés sur le principe de la non-violence.

Kwame N'Krumah, « La naissance de mon parti et son programme d'action positive », *Présence africaine, Revue culturelle du monde noir*, n° 12, février-mars 1957.

1. Impérialisme : domination politique, économique et culturelle exercée par un pays sur un autre.

5 Le Congo belge devient indépendant (1960)

Manifestation à Léopoldville (capitale du Congo belge) au moment de l'indépendance en juillet 1960.

Pour mémoriser

1. Citer deux causes de la décolonisation.
2. Nommer deux leaders nationalistes qui réclament l'indépendance de leur pays.
3. Montrer quelles sont les conséquences de la décolonisation en Inde.
4. Définir et expliquer l'expression « tiers-monde ».

DOCUMENTS 3

Vers un monde plus complexe et multipolaire

Vocabulaire

Multilatéralisme : volonté d'un État de privilégier la coopération pour régler les affaires internationales.

Unilatéralisme : attitude d'un État qui agit seul pour défendre ses propres intérêts, sans rechercher l'accord des autres pays ou des organisations internationales.

G20 : groupe formé de 19 pays associés à l'Union européenne pour coordonner la politique économique mondiale.

Notion

Monde multipolaire : situation dans laquelle plusieurs pays (ou ensembles de pays) jouent un rôle mondial dans les domaines économique, diplomatique, militaire, culturel...

NOTION TRAVAILLÉE : monde multipolaire

CAPACITÉ : savoir lire, comprendre et critiquer une carte, un croquis, un document iconographique, une série statistique

1 L'impuissance de la communauté internationale face à la guerre civile en Syrie (de 2011 à nos jours)

Caricature de Plantu parue dans *Le Monde*, 2012.

Ce conflit a débuté par des manifestations majoritairement pacifiques en faveur de la démocratie. Durement réprimé par le régime de Bachar el-Assad, le mouvement se transforme en une rébellion armée dans laquelle des groupes islamistes jouent un rôle croissant, de même que l'Iran et la Russie.

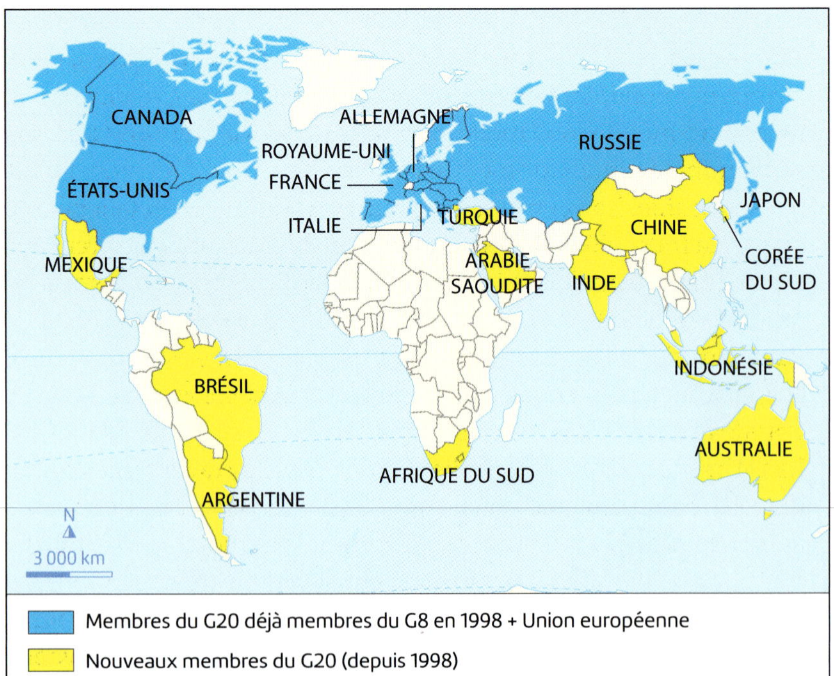

2 Quel rôle pour le G20 dans le monde actuel ?

Les membres du G20 (créé en 1999) représentent :
- 85 % du PIB mondial ;
- 2/3 de la population mondiale ;
- 75 % du commerce mondial ;
- 80 % de l'investissement global ;
- 92 % des dépenses mondiales en R&D.

Itinéraire 1

1. Décrivez et identifiez les différents personnages. Que symbolise l'oiseau endormi ? (doc. 1)
2. Qu'est-ce que le G20 ? En quoi est-il représentatif du monde actuel ? (doc. 2)
3. Décrivez le document 3. Quels sont les objectifs et les moyens qui expliquent la montée en puissance de la Chine ? (docs 3 et 4)
4. Quelles sont les 3 grandes visions qui émergent aujourd'hui dans les relations internationales ? (doc. 4)
5. Quelle est la position américaine ? (doc. 4)

Itinéraire 2

Chargé(e) de mission au Ministère des Affaires étrangères, vous **rédigez** un rapport sur le monde multipolaire actuel.

– Présentez les grandes puissances d'aujourd'hui (à partir d'exemples précis) ;
– Citez les lieux où se rencontrent les différents pays ;
– Montrez que différentes visions des relations internationales s'opposent.

3 Chine, la nouvelle puissance mondiale : la base militaire de Djibouti

La Chine a inauguré mardi 1er août 2017 sa première base militaire à l'étranger, à Djibouti. Dans ce minuscule pays de la Corne de l'Afrique, elle souhaite assurer la liberté et la sécurité de la navigation sur la grande route maritime mondiale. Pour les spécialistes, la construction de la base témoigne également des ambitions mondiales de la Chine.

4 Le monde entre multilatéralisme et unilatéralisme

Au premier jour de l'assemblée générale des Nations unies, deux visions du monde se sont affrontées. Donald Trump a réaffirmé son refus d'un monde multipolaire. « Nous n'abandonnerons jamais la souveraineté américaine à une bureaucratie mondiale non élue et irresponsable. La première puissance mondiale a déclenché une guerre en Irak (2003-2013) sans le soutien des Nations unies, renoncé au traité sur le nucléaire iranien et quitté plusieurs organismes tel que l'Unesco ou le conseil des droits de l'homme. »
Par opposition à l'unilatéralisme, le multilatéralisme est un ensemble de mécanismes qui régissent la coopération entre États, autour de grandes conventions internationales. [...]
La Chine défend son approche multilatérale à travers une contribution croissante aux Casques bleus, la hausse de ses dépenses au budget des Nations unies. Elle adhère à de nombreux traités à condition qu'ils n'empiètent pas sur leur souveraineté. Les Européens assument davantage la notion d'interdépendance et d'un ordre mondial qui réponde à des principes. Si la France est intervenue militairement à plusieurs reprises, notamment en Afrique, elle a pris soin de le faire avec l'aval de l'ONU ou à tout le moins avec le soutien de larges coalitions, au cours des vingt dernières années.

Olivier Tallès, « Qu'est-ce que le multilatéralisme ? », *La Croix*, le 26 septembre 2018.

Pour mémoriser

1. Citer les reproches adressés aujourd'hui à l'ONU.
2. Dire quel État apparaît comme la nouvelle grande puissance.
3. Expliquer quelles visions des relations internationales s'opposent aujourd'hui.

DOCUMENTS 4

Le projet européen, du succès au doute

NOTION TRAVAILLÉE : construction européenne
CAPACITÉ : savoir lire, comprendre et critiquer une carte, un croquis, un document iconographique, une série statistique

Notion

Construction européenne : processus de rapprochement des États européens pour fonder une union d'États défendant les mêmes valeurs et les mêmes grands principes économiques et sociaux.

1 Entreprendre la construction européenne

En 1950, Robert Schuman est ministre des Affaires étrangères. Il est conseillé par Jean Monnet et en rapport avec le chancelier allemand Konrad Adenauer et le ministre belge Paul-Henri Spaak.

L'Europe ne se fera pas d'un coup, elle se fera par des réalisations concrètes créant d'abord une solidarité de fait. [...] Dans ce but, le gouvernement français propose de placer l'ensemble de la production franco-allemande de charbon et d'acier sous une Haute Autorité commune, dans une organisation ouverte à la participation des autres pays d'Europe. La mise en commun des productions de charbon et d'acier assurera immédiatement l'établissement de bases communes de développement économique, première étape de la Fédération européenne. La solidarité de production qui sera ainsi nouée manifestera que toute guerre entre la France et l'Allemagne devient non seulement impensable, mais matériellement impossible. L'établissement de cette unité puissante de production ouverte à tous les pays qui voudront y participer [...] jettera les fondements réels de leur unification économique. [...] La circulation du charbon et de l'acier entre les pays adhérents sera immédiatement affranchie de tout droit de douane.

Extrait de la déclaration Schuman du 9 mai 1950.

2 L'Union européenne en débat

Affiche électorale du Parti socialiste lors du référendum sur le traité de Maastricht en 1992.

Itinéraire 1

1. Présentez le document (nature, auteur, contexte). Que propose Robert Schuman ? Quels sont les avantages espérés ? **(doc. 1)**

2. Décrivez l'affiche. Que symbolisent les deux personnages ? Pourquoi sont-ils barrés ? **(doc. 2)**

3. Selon le document, quels sont les effets positifs du programme Erasmus pour les Européens ? **(doc. 3)**

4. Quelles sont les principales raisons données par Nigel Farage pour quitter l'Union européenne ? **(doc. 4)**

Itinéraire 2

Député(e) européen(ne), vous **écrivez** une réponse aux discours de Nigel Farage. **(doc. 4)**
- Utilisez les différents documents pour développer vos arguments ;
- Montrez quels sont les objectifs de la construction européenne ;
- Expliquez comment celle-ci est vécue au quotidien grâce au programme Erasmus.

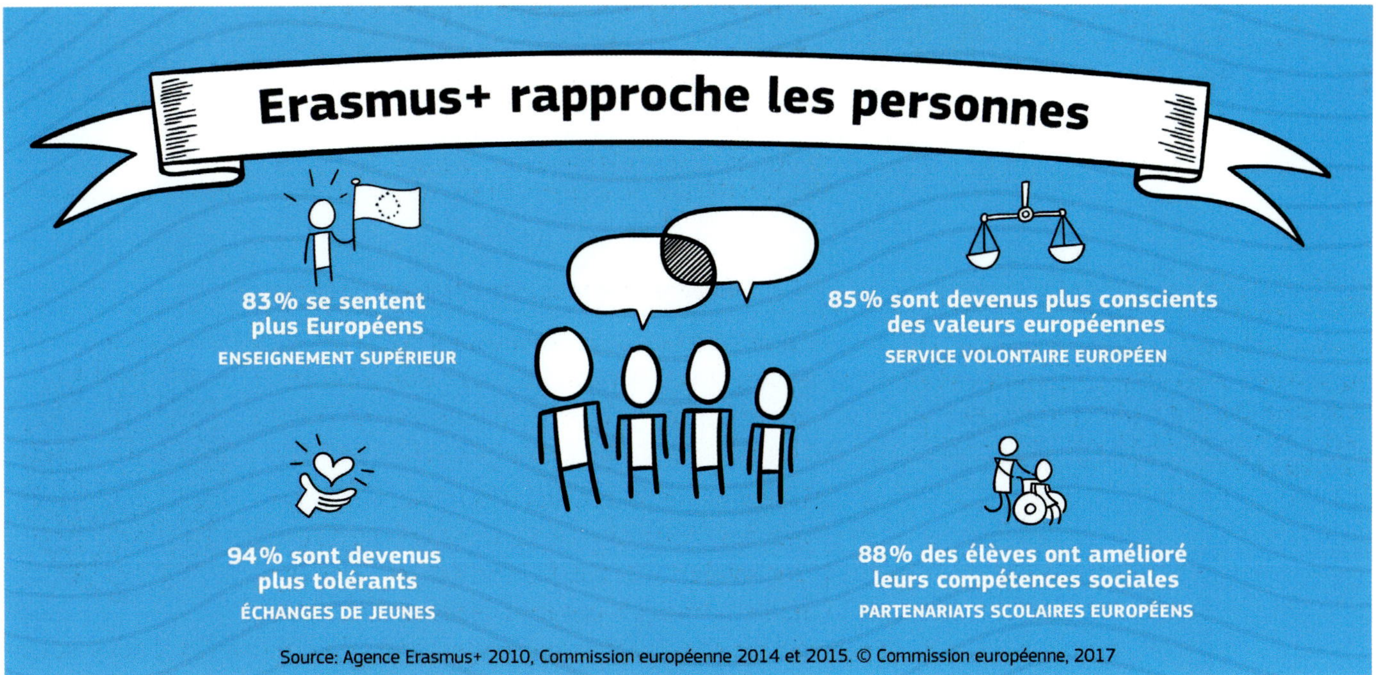

3 L'Union européenne au quotidien : le programme Erasmus

Le programme Erasmus, créé en 1987, consiste en un échange d'étudiants entre les différents pays ayant signé l'accord.

4 Les arguments justifiant le Brexit

Député européen depuis 1999, Nigel Farage est à l'origine de la création du Parti pour l'indépendance du Royaume-Uni (UKIP) demandant le départ de la Grande-Bretagne de l'Union européenne.

Ce qui s'est passé jeudi dernier[1] constitue un résultat remarquable... Un résultat sismique. Et pas seulement pour la politique britannique, pour la politique européenne, mais peut-être même pour la politique globale. Car ce qu'ont fait les petites gens, les gens ordinaires – ceux qui ont été opprimés au cours de ces dernières années, et qui ont vu leur niveau de vie baisser – c'est de rejeter les multinationales, les banques marchandes, la grosse politique, et en fait ils ont dit : "Nous voulons récupérer notre pays, nos zones de pêche, nous voulons retrouver nos frontières". Nous voulons être une nation indépendante, souveraine et normale. Voilà ce que nous avons fait, et c'est ce qui doit maintenant se faire. Ce faisant nous avons créé une balise d'espoir pour les démocrates sur le reste du continent européen. Je ferai une seule prédiction ce matin : le Royaume-Uni ne sera pas le dernier État membre à quitter l'Union européenne.

Discours de Nigel Farage au Parlement européen après le vote du Brexit, le mardi 21 juin 2016.

1. Le référendum du jeudi 23 juin 2016 consacre la victoire des partisans du départ de la Grande-Bretagne de l'Union européenne. On emploie le terme de « Brexit » (British exit from the European Union).

Pour mémoriser

1. Donner le nom de l'homme politique qui relance l'idée de construction européenne après la fin de la Seconde Guerre mondiale.
2. Dire quel traité élargit les objectifs de la construction européenne.
3. Indiquer combien de pays sont actuellement membres de l'Union européenne.
4. Donner le nom du processus de retrait de la Grande-Bretagne du projet européen.

ZOOM La guerre froide, une guerre idéologique

1 « Danse caucasienne », affiche d'origine française, vers 1955

Affiche du mouvement antisoviétique « Paix et liberté » dénonçant la politique d'annexion forcée de Staline, au lendemain de la Seconde Guerre mondiale. À l'arrière-plan, les dirigeants du parti communiste français de l'époque (Marcel Cachin, Jacques Duclos, André Marty et Maurice Thorez) l'accompagnent à la balalaïka.

2 **« La liberté à l'américaine », affiche soviétique de 1949**

Affiche dessinée par Efim Dolgorouki. Les vignettes autour du dessin principal abordent les différentes libertés « bafouées » : la liberté de la presse, la liberté d'opinion, la liberté de l'individu et la liberté de manifester.

ACTIVITÉS

> Document 1

1 Qui est le personnage principal et que fait-il ?

2 Que représentent les taches rouges et le poignard sur les différents pays ?

3 Pourquoi l'Allemagne est-elle coupée en deux ? Quelle menace pèse sur la France ?

4 Quel est l'objectif de cette affiche ?

> Document 2

5 Décrivez et expliquez précisément la partie centrale de l'image.

6 Choisissez deux vignettes et montrez quelle critique du système américain est formulée.

7 Quel message veut diffuser cette affiche ?

APPRENDRE AUTREMENT

Schéma à télécharger
liennathan.fr/k4i11c

Recopiez et complétez le schéma ci-dessous à l'aide des mots et expressions suivants : déclaration Schuman – États-Unis – Jdanov – URSS – Pacte de Varsovie – conférence de Bandung – OTAN – 1957 – Truman – Inde – Cuba – guerre d'Algérie – Berlin.

Le monde de la guerre froide

1 UN MONDE BIPOLAIRE

Deux grandes puissances dominantes :
.... et
....

Des crises importantes :
1948-1949 ....
1962 ....

Deux doctrines opposées :
....
....

Des réseaux d'alliances militaires :
....
....

2 COMPLEXIFIÉ PAR L'APPARITION DE NOUVEAUX ACTEURS

La décolonisation et l'émergence du tiers-monde
1947 : Indépendance de l'.................
1954-1962 : ....
1955 : ....

Les débuts du projet européen
1950 : ....
.... : Création de la CEE

VERS LE BAC

Question obligatoire

VÉRIFICATION DES CONNAISSANCES

1 Donnez le nom des deux doctrines opposées (américaines et soviétiques) à l'origine de la guerre froide.

2 Donnez le nom des deux systèmes d'alliance politique et militaire existant au temps de la bipolarité. Lequel existe encore ?

3 Définissez et donnez les dates de la période de la détente.

4 Donnez le nom du président américain qui relance la course aux armements dans les années 1980.

5 Citez les nouvelles puissances émergentes.

6 Que signifie le terme multilatéral ? Quel est le terme opposé ?

7 Quelle conférence internationale marque l'entrée du tiers-monde dans les relations internationales ?

8 Expliquez en quoi la déclaration Schuman marque le début de la construction européenne.

9 Que signifient les termes CEE et UE ? Donnez les dates de leur création.

10 Quel État a quitté l'Union européenne ?

SUJET D'ÉTUDE 1 De Youri Gagarine à la guerre

CAPACITÉ : employer les notions et le lexique acquis en histoire à bon escient

En quoi la conquête spatiale est-elle une des manifestations des rapports de force entre puissances ?

Des clés POUR COMPRENDRE

Contexte

Les progrès techniques du début du XXe siècle permettent d'imaginer des voyages spatiaux. Pendant la Seconde Guerre mondiale, les premiers missiles connaissent un usage militaire. Puis, dans le cadre de la guerre froide, les deux superpuissances se lancent dans une compétition scientifique et de propagande : la conquête spatiale. Après la disparition de l'URSS, d'autres puissances spatiales apparaissent, tandis que les usages de l'espace se diversifient.

Chronologie

- 1957 Spoutnik (URSS), premier satellite mis en orbite
- 1961 Youri Gagarine (URSS), premier homme dans l'espace
- 1962 1962 Valentina Terechkova (URSS), première femme dans l'espace
- 1969 Neil Armstrong (États-Unis), premier homme sur la Lune
- 1975 Mission spatiale américano-soviétique Apollo-Soyouz
- 1981 Premier vol de la navette spatiale (États-Unis)
- 1983 Lancement du projet d'IDS ou « guerre des étoiles » par le Président américain Reagan
- 1998 Assemblage de la station spatiale internationale (ISS)

Qui est Youri Gagarine ?

Issu d'une famille de paysans, Gagarine (1934-1968) devient pilote de chasse et est sélectionné en 1960 pour devenir cosmonaute. Le 12 avril 1961, il devient le premier homme dans l'espace. Il acquiert une renommée internationale et est présenté comme un héros par la propagande soviétique. Il meurt dans un accident d'avion alors qu'il s'entraîne pour retourner dans l'espace à bord de Soyouz 3.

Qu'est-ce que la guerre des étoiles ?

La « guerre des étoiles » ou « *Star Wars* » fait référence au programme américain de défense antimissiles nommé « Initiative de défense stratégique » (IDS) qui a été lancé par le président Ronald Reagan en mars 1983. Il s'agissait d'un projet de réseau de satellites dont le rôle aurait été la destruction de missiles lancés contre les États-Unis. Ce programme a été officiellement abandonné en 1993.

Vocabulaire

Fusée : missile capable de propulser un satellite jusqu'à sa mise en orbite.

Satellite : objet en orbite autour d'un astre, comme la Lune autour de la Terre, ou comme les satellites artificiels placés par les hommes depuis le XXe siècle.

Astronaute (États-Unis) / cosmonaute (URSS) / spationaute (Europe) / taïkonaute (Chine) : noms donnés aux hommes et femmes qui accomplissent des missions spatiales.

A L'avance soviétique dans la conquête spatiale (1957-1963)

› Pourquoi les Soviétiques prennent-ils l'avantage au début de la conquête spatiale ?

1 › L'URSS en avance dans la conquête de l'espace

Une de *Paris Match* n° 445 du 19 octobre 1957.
L'URSS envoie dans l'espace le premier satellite (Spoutnik, le 4 octobre 1957) et le premier être vivant (la chienne Laïka, le 3 novembre 1957).

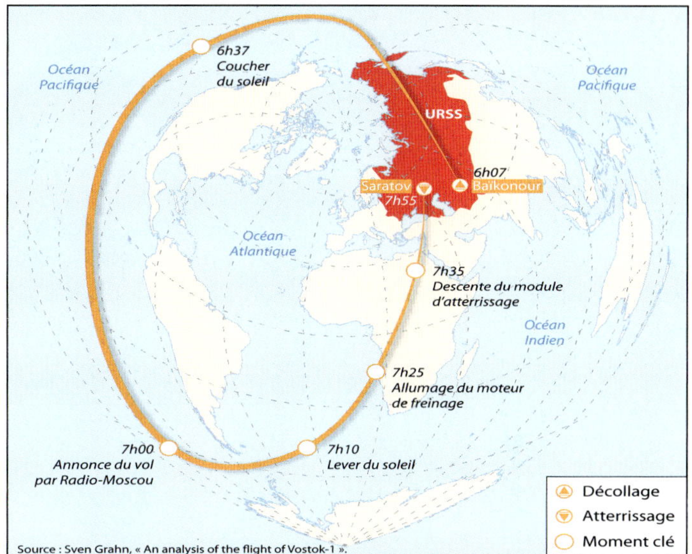

2 › Le vol orbital de Youri Gagarine à bord de Vostok 1 (12 avril 1961)

Grâce à sa petite taille (1m58), Youri Gagarine peut rentrer dans la capsule Vostok 1, une sphère d'aluminium de 1,6 m^3. Le vaisseau décolle de la base secrète de Baïkonour et effectue un tour de la terre à 28 000 km/h. Puis, Youri Gagarine s'éjecte de la capsule et achève sa descente en parachute.

3 › Khrouchtchev définit la compétition spatiale entre les États-Unis et l'URSS

Khrouchtchev est le dirigeant de l'URSS entre 1956 et 1964.

Les États-Unis n'ont pas de fusée balistique intercontinentale, autrement ils auraient pu, eux aussi, lancer sans difficulté leur satellite. Quant à nous, nous pouvons lancer les satellites car nous possédons l'engin porteur de tels satellites. [...] Si les États-Unis ne possèdent pas aujourd'hui la fusée, ils l'auront un jour car la science ne cesse de se développer. On peut dire la même chose de l'Union soviétique : si nous n'avons pas aujourd'hui quelque chose que vous avez, nous l'aurons à notre tour. C'est également là une sorte de compétition.

Nikita Khrouchtchev, interview dans le *New York Times* en 1957.

Itinéraire 1

1. Quels exploits technologiques réalisent les Soviétiques dans l'espace en 1957 ? **(doc. 1)**

2. Pourquoi le vol de Gagarine est-il exceptionnel ? **(docs 2 et 3)**

3. Pourquoi le trajet effectué par Gagarine est-il préoccupant pour les États-Unis dans le cadre de la guerre froide ? **(doc. 2)**

4. Quelle phrase de Khrouchtchev peut définir la concurrence entre Soviétiques et Américains dans la course à l'espace pendant la guerre froide ? **(doc. 3)**

Itinéraire 2

À partir des documents, **montrez** comment l'URSS prend une importante avance dans la conquête spatiale entre 1957 et 1963.
– Présentez tout d'abord les exploits spatiaux accomplis par l'URSS en 1957.
– Expliquez pourquoi l'exploit de Gagarine sert l'URSS dans le contexte de la guerre froide.

ZOOM

Propagande et conquête spatiale dans le cadre de la guerre froide

1 Affiche soviétique de 1962 commémorant l'exploit de Youri Gagarine

Le slogan est le suivant : « Gloire au peuple soviétique, pionnier du cosmos ! »
Youri Gagarine, le 8 avril 1961, à l'issue de la commission qui le choisit pour pilote, déclare : « Je saurai me montrer digne de la mission qui m'est confiée et, s'il devait y avoir des problèmes, je saurai les surmonter comme doit le faire un bon communiste. »

1 Présentez le document en insistant sur la date et le contexte.

2 Décrivez l'affiche en identifiant les principaux éléments qui la constituent.

3 Quelle image du vol de Gagarine veut donner l'URSS ?

2 Une du magazine américain *Time* du 6 décembre 1968 évoquant la course à la Lune

L'astronaute américain au premier plan porte une tenue de la NASA.
En juillet 1958, le président Dwight Eisenhower signe le National Aeronautics and Space Act qui ouvre la voie à la naissance officielle de la NASA quelques mois plus tard, en octobre. C'est une manière pour les États-Unis de répondre à l'avance prise par les Soviétiques dans la conquête spatiale.

1 Présentez le document en insistant sur sa date.
2 Décrivez l'image. Quels éléments sont symboliques de la conquête spatiale ?
3 Quelle image veut donner ce magazine des ambitions spatiales américaines ?

CAPACITÉ : employer les notions et le lexique acquis en histoire à bon escient

B Les États-Unis prennent l'avantage (1963-1975)

Comment les États-Unis réussissent-ils à dépasser l'URSS dans la conquête spatiale ?

1 La réaction des États-Unis : la Lune comme objectif

Le Président Kennedy inaugure à Houston un centre de recherche spatial.

[Les] États-Unis n'ont pas été construits par des hommes qui attendaient sans agir. Ce pays a été conquis par des hommes qui allaient de l'avant ; il en sera de même pour l'espace. [...] L'exploration de l'espace va se poursuivre, que nous y prenions part ou non, c'est l'une des plus grandes aventures de tous les temps et aucune nation aspirant au premier rang parmi les nations ne peut se permettre de prendre du retard dans la course à l'espace. [...] Nous avons l'intention d'y prendre part, nous avons l'intention d'en prendre la tête. [...] Nous choisissons d'aller sur la Lune. Nous choisissons d'aller sur la Lune avant la fin de la décennie, [...] non parce que c'est facile mais parce que c'est difficile, parce que cet objectif permettra d'organiser et de mesurer le meilleur de nos énergies et de nos talents. [...] [Il s'agit de] l'aventure la plus incertaine, la plus risquée et la plus grande de toutes celles que l'homme ait jamais entreprises.

Discours de John F. Kennedy à Houston, le 12 septembre 1962.

2 La mission Apollo sur la Lune

Le 21 juillet 1969, la mission Apollo 11 alunit avec à son bord les astronautes Neil Armstrong, qui pose le premier le pied sur la Lune, et Edwin « Buzz » Aldrin, ici pris en photo. L'événement est retransmis en direct à la télévision.

3 La Détente dans l'espace

Le 1er mars 1975 démarre une première mission spatiale conjointe entre l'Union soviétique et les États-Unis : les deux vaisseaux Soyouz et Apollo/Saturn s'amarrent dans l'espace le 17 juillet.
L'astronaute américain Thomas Stafford (à gauche) et le cosmonaute soviétique Alexeï Leonov se saluent après avoir ouvert les sas entre Soyouz et Apollo.

Itinéraire 1

1. Expliquez la phrase soulignée dans le texte dans le contexte de la guerre froide. (doc. 1)

2. Selon le Président américain, quels sont les atouts qui permettent à son pays d'espérer atteindre ses objectifs dans la conquête spatiale ? (doc. 1)

3. Montrez que la mission Apollo est une aventure technologique démontrant que les États-Unis prennent l'avantage dans le domaine spatial. (doc. 2)

4. Comment les États-Unis et l'URSS démontrent que leurs relations se sont améliorées, même dans le domaine de la conquête spatiale ? (doc. 3)

Itinéraire 2

À partir des documents, **rédigez** un paragraphe montrant comment les États-Unis réussissent à dépasser les Soviétiques dans la course à l'espace.

- Dans un premier temps, vous montrerez quels objectifs sont fixés par le Président Kennedy.
- Ensuite, vous décrirez la mission Apollo de 1969.
- Enfin, vous expliquerez comment les Soviétiques et les Américains détendent leurs relations dans l'espace.

C Les États-Unis gagnent la guerre froide dans l'espace (1975-1991)

› Comment la maîtrise de l'espace permet-elle aux États-Unis de s'imposer face à l'URSS ?

1 › La navette spatiale américaine, une innovation technologique exceptionnelle

Les navettes spatiales permettent de transporter de grandes quantités de matériel (satellites) et un équipage de plusieurs personnes. Elles volent de 1981 à 2011 mais, du fait de leur coût, et suite à deux accidents mortels, les vols sont abandonnés.

2 › La guerre des étoiles à la une des magazines

Une de *Time Magazine*, avril 1983. « Défendre la défense. Batailles budgétaires et guerre des étoiles »

3 › Reagan annonce la « guerre des étoiles »

Laissez-moi vous faire part d'une vision de l'avenir offrant un espoir. Celle où nous nous engageons dans un programme pour contrer la formidable menace des missiles soviétiques par des mesures défensives. [...] Qu'en serait-il si les peuples libres pouvaient vivre en sécurité, tout en sachant que cette dernière ne repose pas sur la menace de représailles instantanées pour empêcher une attaque soviétique ; si nous pouvions intercepter et détruire les missiles balistiques stratégiques[1] avant qu'ils n'atteignent notre propre sol et celui de nos alliés ? [...] Cela ne vaudrait-il pas tous les investissements nécessaires pour libérer le monde de la menace d'une guerre nucléaire ? Nous savons qu'il en est ainsi ! [...] Mes chers compatriotes, ce soir nous lançons un effort pouvant nous assurer un changement dans le cours de l'histoire humaine.

R. Reagan, discours du 23 mars 1983 sur l'« empire du Mal ».

1. Missile balistique stratégique : missile nucléaire intercontinental.

Itinéraire 1

1. Quels sont les avantages de la navette spatiale ? (doc. 1)

2. Pourquoi les États-Unis ont-ils finalement abandonné les vols spatiaux par navettes ? (doc. 1)

3. De quelle manière le président des États-Unis compte-t-il utiliser la puissance technique de son pays dans l'espace pour gagner la guerre froide ? (docs 2 et 3)

4. Quelles difficultés le Président Reagan doit-il surmonter pour lancer son projet ? (doc. 3)

Itinéraire 2

À partir des documents, **rédigez** une carte mentale ou un schéma montrant qu'entre 1975 et 1991, les États-Unis imposent à l'URSS leur supériorité technologique dans l'espace.

– Employez le vocabulaire appris sur la guerre froide.
– Placez les États-Unis au centre et positionnez autour les différentes innovations américaines destinées à remporter la course à l'espace et la guerre froide.

L'ESSENTIEL

A L'avance soviétique dans la conquête spatiale

Après la Seconde Guerre mondiale, les deux superpuissances qui se font face se livrent à un conflit sans combat : la « guerre froide ». Parmi les éléments de la compétition, la conquête de l'espace présente à la fois une dimension stratégique et une dimension de propagande. Dans les premières années, l'URSS prend l'avantage sur les États-Unis : elle met en orbite le premier satellite artificiel dès 1957, puis envoie le premier homme dans l'espace en 1961. Dans le contexte de la guerre froide, les Soviétiques retirent un immense prestige de leurs exploits dans l'espace.

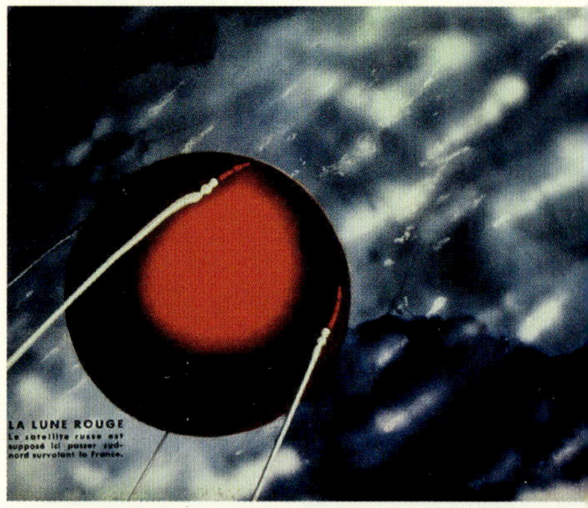

B Les États-Unis prennent l'avantage

Afin de répondre à l'avance soviétique, les États-Unis lancent un défi technologique spectaculaire, celui du voyage vers la Lune. À partir de 1969, les États-Unis envoient plusieurs missions sur la Lune, prenant ainsi la tête de la conquête de l'espace. La mission Apollo-Soyouz en 1975 démontre que les deux superpuissances peuvent coopérer dans le domaine spatial.

C Les États-Unis gagnent la guerre froide dans l'espace

Les États-Unis augmentent encore leur avance en développant la navette spatiale qui permet des vols habités de longue durée et la tenue d'expériences scientifiques. En 1983, le président Reagan annonce un programme de « guerre des étoiles ». Pour la première fois, l'armement dans l'espace est sérieusement envisagé. La crise et l'effondrement de l'URSS rendent ce programme inutile mais la perspective existe désormais.

MISE EN PERSPECTIVE

Depuis la fin de l'URSS, les acteurs spatiaux se sont multipliés. La Russie occupe la place de l'ex-URSS, tandis que l'Europe et maintenant la Chine et des acteurs privés disposent de programmes ambitieux. D'autres puissances, comme l'Inde et le Japon, ont développé des programmes autonomes de lancement de satellites. L'espace est désormais largement investi par les grandes puissances, qui ont placé, depuis 1957, plusieurs milliers de satellites en orbite, et qui envoient régulièrement des missions habitées. Plus de 500 hommes et femmes sont allés dans l'espace depuis le vol précurseur de Gagarine en 1961.

Podcast
liennathan.fr/w689mb

APPRENDRE AUTREMENT

Schéma à télécharger
liennathan.fr/6m6k6y

Recopiez et complétez le schéma à l'aide des indications suivantes :
1re femme – Neil Armstrong – Apollo – militariser l'espace – Youri Gagarine – navette spatiale – mission commune – Spoutnik.

La guerre des étoiles

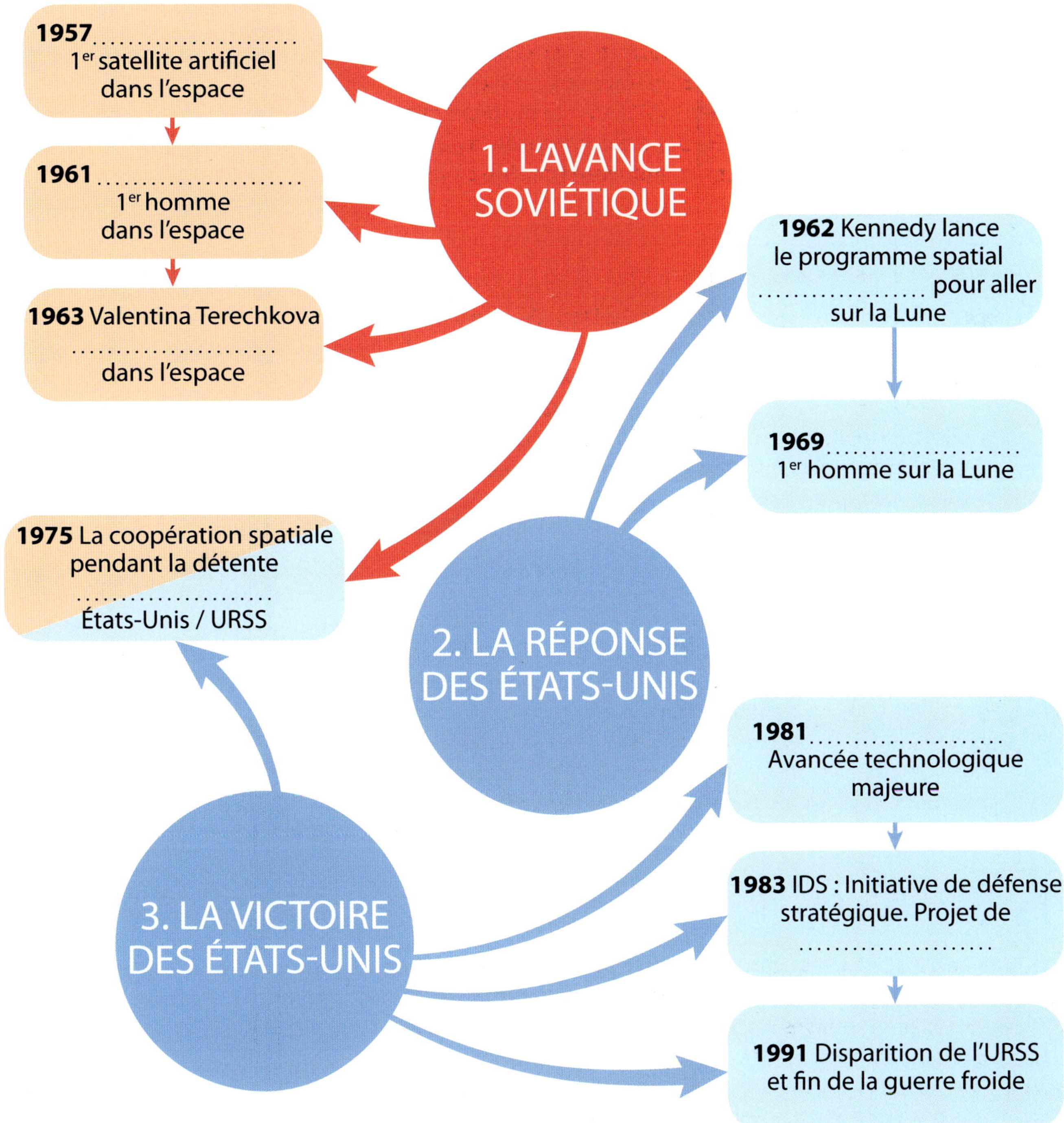

SUJET D'ÉTUDE

2 Le 11 septembre 2001

CAPACITÉ : utiliser une approche historique pour mener une analyse ou construire une argumentation

Pourquoi cette journée est-elle devenue le symbole de l'émergence d'un monde nouveau ?

Des clés POUR COMPRENDRE

Contexte

Depuis la guerre du Golfe (1990-1991), des groupes se réclamant d'un islam radical apparaissent au Proche et Moyen-Orient et s'organisent. Leur objectif est d'instaurer un climat de terreur de masse pour imposer leur conception du monde. New York, ville-monde où se concentrent de nombreux symboles de la suprématie américaine, symbolise pour ces groupes la domination du monde occidental sur la planète.

Chronologie

- **1991** Guerre du Golfe. Les troupes américaines stationnent en Arabie saoudite.
- **1998** Attentats revendiqués par Al-Qaïda contre des ambassades américaines en Afrique de l'Est.
- **2001** **11 septembre.** Des attentats commandités par le groupe Al-Qaïda visent New York et Washington.
  7 octobre. La coalition internationale mandatée par l'ONU attaque l'Afghanistan.
- **2003** Les États-Unis envahissent l'Irak.

Vocabulaire

Al-Qaïda : terme arabe qui signifie « la base ». Organisation terroriste islamiste, créée en 1987 en Afghanistan par le Saoudien Oussama Ben Laden. Elle se bat pour l'instauration d'un régime islamiste dans les pays musulmans et pour la destruction des puissances occidentales présentent dans le monde musulman. Elle incarne une nouvelle forme de terrorisme global.

Djihad : souvent traduit dans les langues occidentales par « guerre sainte » des musulmans contre les « infidèles », à savoir les non-musulmans.

Guerre asymétrique : conflit qui oppose un État avec une armée structurée à des groupes non étatiques, irréguliers et plus faibles, qui utilisent la guérilla ou le terrorisme.

Islamisme : mouvement radical qui souhaite instaurer un État et une société organisés selon les normes de l'islam.

Talibans : musulmans radicaux en Afghanistan.

Biographies

Oussama Ben Laden (1957-2011)
Issu d'une très riche famille saoudienne, il est le fondateur et le chef d'Al-Qaïda, groupe terroriste, commanditaire des attentats du 11-Septembre. Il est exécuté par un commando américain au Pakistan, où il se cachait.

George W. Bush (né en 1946)
Membre du Parti républicain et fils de président, il devient président des États-Unis de 2000 à 2008 (deux mandats). Il mène la guerre contre le terrorisme. Sa politique extérieure est très critiquée.

Qu'est-ce que le terrorisme ?

C'est une pratique très ancienne dans l'histoire de l'humanité. C'est un ensemble d'actes de violence commis par une organisation pour créer parmi la population un climat de terreur et d'insécurité de manière à déstabiliser un État, une société.

A L'événement : des attaques terroristes contre les États-Unis

› Comment se déroule la journée du 11 septembre 2001 ?

Les quatre détournements
4 avions, 19 terroristes, 2977 morts.

Vol 11 American Airlines
1 7h59 : décolle de Boston.
5 8h46 : percute la tour Nord du World Trade Center.

Vol 175 United Airlines
2 8h14 : décolle de Boston.
6 9h03 : percute la tour Sud du World Trade Center.

Vol 77 American Airlines
3 8h20 : décolle de Washington.
7 9h37 : crash sur le Pentagone.

Vol 93 United Airlines
4 9h42 : décolle de Newark.
9 10h03 : crash à Shanksville.

World Trade Center
8 9h59 : effondrement de la tour Sud.
10 10h28 : effondrement de la tour Nord.

Source : Nathan (2020)

1 › Les événements du 11 septembre 2001

2 › Les attentats du 11 septembre 2001 : un événement ultra médiatisé

Capture d'écran de la chaîne Fox News. New York, 9 h 03, un deuxième avion percute la tour Sud. Les Twin Towers du World Trade Center sont le centre de la puissance financière des États-Unis. Dans ces immeubles travaillent des personnes issues de 93 nationalités différentes.
Les télévisions du monde entier ont retransmis en direct les attentats.

Itinéraire 1

1. Qui attaque les États-Unis et à quelle date ? (doc. 1)

2. Quelles sont les cibles choisies par les agresseurs ? (docs 1 et 2)

3. Que symbolisent-elles ? Justifiez votre réponse. (docs 1 et 2)

4. Expliquez l'expression « médiatisation mondiale ». (doc. 2)

Itinéraire 2

À partir des documents, **réalisez** un reportage MP3 sur la journée du 11 septembre 2001.

Suivez le plan suivant :
– Décrivez l'événement et son déroulement ;
– Montrez que les images des attentats sont diffusées rapidement dans le monde entier.

CAPACITÉ : utiliser une approche historique pour mener une analyse ou construire une argumentation

B La réaction américaine et les conséquences sur les relations internationales

Comment réagissent les États-Unis et leurs alliés ?

1 La guerre des États-Unis contre les « ennemis de la liberté »

Le 11 septembre, les ennemis de la liberté ont commis un acte de guerre contre notre pays. Les Américains ont connu des guerres, mais depuis 136 ans ces guerres ont toujours eu lieu à l'étranger [...]. Les Américains ont subi des pertes humaines causées par la guerre, mais non pas dans le centre d'une grande ville par un matin calme. Ils ont connu des attaques surprises, mais jamais auparavant contre des milliers de civils. Tout cela nous est arrivé en un seul jour, et la nuit est tombée sur un monde différent, un monde où la liberté elle-même fait l'objet d'une attaque. [...]

Nous consacrerons toutes les ressources à notre disposition – tous les moyens diplomatiques, tous les outils du renseignement, tous les instruments des forces de l'ordre, toutes les influences financières et toute arme nécessaire de guerre – à la dislocation et à la défaite du réseau terroriste mondial. [...]

Nous poursuivrons les nations qui assurent une aide ou un asile au terrorisme. [...] Cette lutte n'est cependant pas celle de la seule Amérique. [...] Cette lutte est celle du monde entier. C'est une lutte de civilisation. C'est la lutte de tous ceux qui croient au progrès et au pluralisme, à la tolérance et à la liberté.

George W. Bush, discours devant le Congrès des États-Unis, 20 septembre 2001.

2 L'interventionnisme américain : l'exemple de l'Afghanistan

Soldats américains en Afghanistan en 2015.
Les États-Unis, à la tête d'une coalition internationale, sont intervenus en Afghanistan à partir d'octobre 2001 pour contrer Al-Qaïda qui s'y était installé. Il s'agit d'une guerre asymétrique.

3 L'unilatéralisme des États-Unis est contesté

Au début de 2003, George W. Bush manifeste l'intention d'envahir l'Irak et de renverser Saddam Hussein, accusé de soutenir le terrorisme international. Un débat a lieu au Conseil de sécurité de l'ONU.

L'autorité de notre action repose aujourd'hui sur l'unité de la communauté internationale. Une intervention militaire [...] pourrait avoir des conséquences incalculables pour la stabilité de cette région meurtrie et fragile. Elle renforcerait le sentiment d'injustice, aggraverait les tensions et risquerait d'ouvrir la voie à d'autres conflits. [...]

Il y a dix jours, le secrétaire d'État américain, M. Powell, a évoqué des liens supposés entre Al-Qaïda et le régime de Bagdad. En l'état actuel de nos recherches et informations menées en liaison avec nos alliés, rien ne nous permet d'établir de tels liens. [...] Une telle intervention ne risquerait-elle pas d'aggraver les fractures entre les sociétés, entre les cultures, entre les peuples, fractures dont se nourrit le terrorisme ?

Discours prononcé par Dominique de Villepin, ministre des Affaires étrangères français, au Conseil de sécurité des Nations unies, le 14 février 2003.

Itinéraire 1

1. Comment les États-Unis pensent-ils contrer le terrorisme ? (docs 1 et 2)
2. Pourquoi les États-Unis interviennent-ils en Afghanistan avec une coalition internationale à partir d'octobre 2001 ? (doc. 2)
3. Quelle est la position de la France par rapport à la politique américaine concernant l'Irak en février 2003 ? (doc. 3)

Itinéraire 2

Journaliste, vous **racontez** la réaction américaine et les réactions qu'elle suscite.
– Les décisions prises par le président Bush,
– La contestation de certains de ces choix par la communauté internationale.

C Le combat contre le terrorisme dans un monde déstabilisé

› Qu'est-ce que le terrorisme et comment le combattre ?

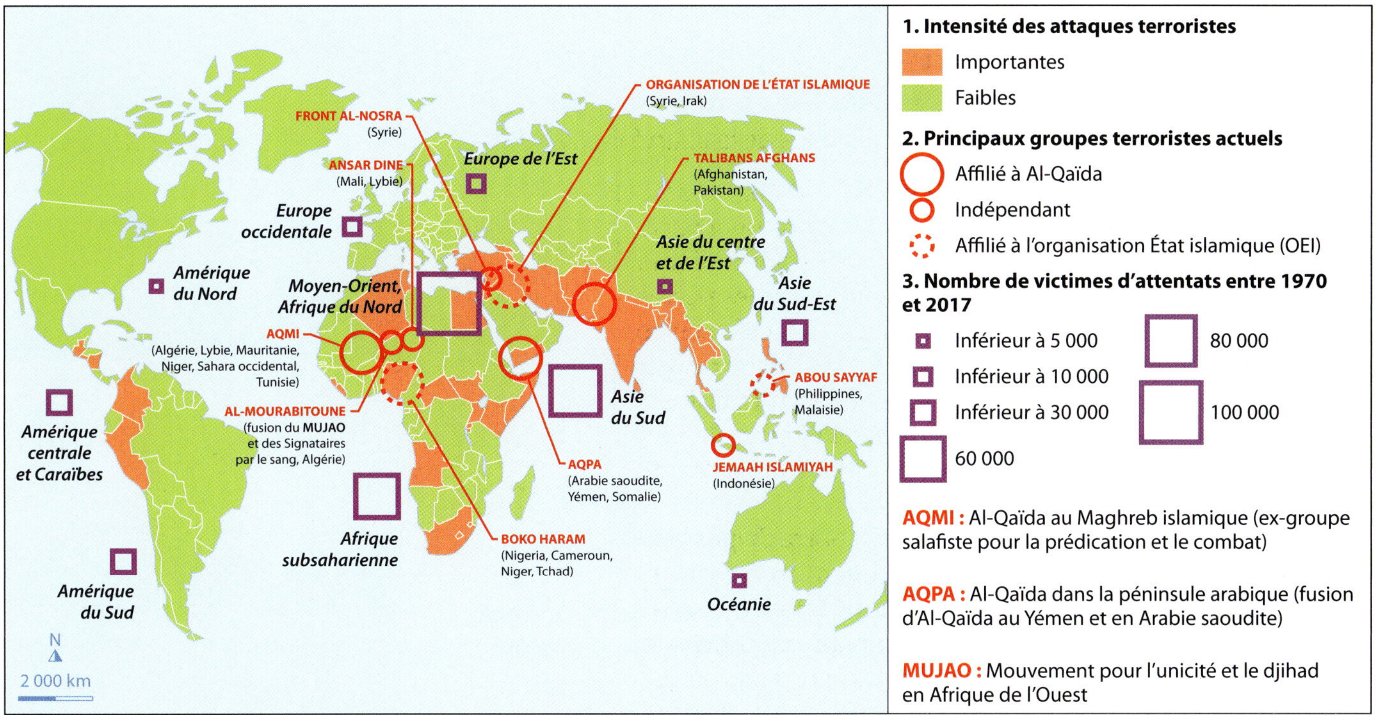

1 › 20 ans après, le terrorisme perdure à l'échelle planétaire

2 › Le terrorisme : une menace

Contrairement à la guerre classique, le terrorisme peut frapper chacun d'entre nous dans l'exercice de ses activités quotidiennes : transports, travail, courses, loisirs. Il n'y a, *a priori*, pas de lieu qui puisse être à l'abri du terrorisme. [...] Si les attentats contre le World Trade Center et le Pentagone ont tant frappé les esprits, c'est non seulement parce que les attaques ont touché les États-Unis sur leur sol, mais surtout parce qu'ils ont fait un nombre très important de victimes (près de 3 000 morts) et ont été suivis en direct par des millions de téléspectateurs de par le monde. L'effet d'identification avec les victimes a été total. [...] Ainsi, l'effet du terrorisme et sa réussite sont avant tout psychologiques. De plus, il est vécu d'autant plus douloureusement par les puissances industrielles que celles-ci se considèrent en paix et en sécurité depuis plusieurs décennies, et que ce type de guerre asymétrique crée une menace [...] contre laquelle leur arsenal militaire classique n'est pas adapté.

Pascal Boniface, *50 idées reçues sur l'état du monde*, Armand Colin, 2007.

Itinéraire 1

1. Pourquoi le terrorisme est-il une nouvelle menace ? Citez trois arguments du texte. (doc. 2)

2. Citez quatre organisations terroristes et signalez leur zone d'action. (doc. 1)

3. Montrez que d'autres groupes ont remplacé Al-Qaïda pour mener des attentats terroristes. Que constatez-vous ? (doc. 1)

4. À l'aide de la carte 2 page 51, expliquez de quelle manière le terrorisme est aujourd'hui combattu à l'échelle de la planète.

Itinéraire 2

Rédigez une carte mentale ou un schéma expliquant pourquoi le terrorisme constitue une menace pour la paix dans le monde.

– Placez le titre de la carte mentale au centre ;
– Ajoutez des bulles que vous compléterez avec des informations : « Qu'est-ce que le terrorisme ? », « Une menace sur plusieurs continents » et « La lutte contre le terrorisme ».

L'ESSENTIEL

a L'événement : des attaques terroristes contre les États-Unis

Le 11 septembre 2001, les États-Unis sont frappés par des attentats terroristes islamistes. Les cibles sont des lieux à forte connotation symbolique et stratégique (New York et Washington). Cet événement est retransmis en direct à travers le monde et constitue un véritable choc psychologique.

B La réaction américaine et les conséquences sur les relations internationales

Pour les États-Unis, la priorité est désormais de combattre le terrorisme. À la tête d'une coalition internationale et avec l'accord de l'ONU, ils envahissent dès 2001 l'Afghanistan pour chasser les talibans. La coalition internationale se fissure en 2003 avec la guerre d'Irak. La France et l'Allemagne refusent d'intervenir, car les preuves qui font de l'Irak un « État terroriste » sont jugées insuffisantes.

C Le combat contre le terrorisme dans un monde déstabilisé

Depuis 2001, un nouveau monde semble surgir. La menace terroriste est présente dans de nombreux territoires sur la planète.
Les États occidentaux sont touchés, mais ce sont les pays du Sud, et notamment l'espace arabo-musulman, qui sont les plus atteints par les attentats terroristes. Le monde est entré dans une guerre asymétrique.

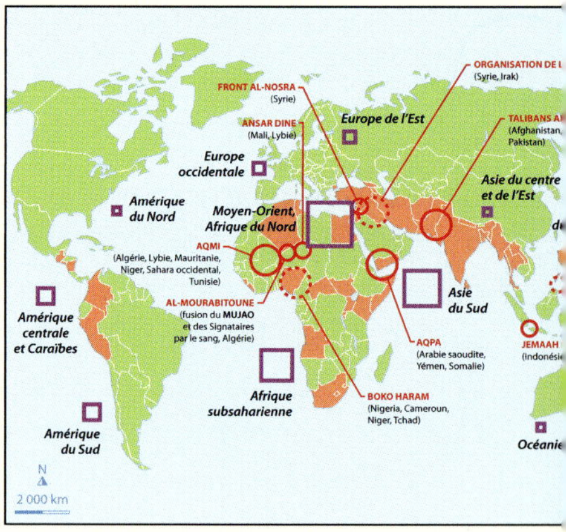

MISE EN PERSPECTIVE

Depuis septembre 2001, l'adversaire désigné est le terrorisme global qui nécessite une coopération internationale qu'il est difficile de rendre concrète. Pour certains États, la lutte contre le terrorisme entre parfois en conflit avec la garantie des libertés démocratiques. Certains pays sont également soupçonnés d'être des « États voyous », qui soutiennent la cause terroriste et empruntent leur stratégie offensive. Le monde est devenu encore plus complexe.

Podcast
liennathan.fr/u89d8r

APPRENDRE AUTREMENT

Schéma à télécharger
liennathan.fr/o2yq86

Recopiez et complétez le schéma ci-dessous.

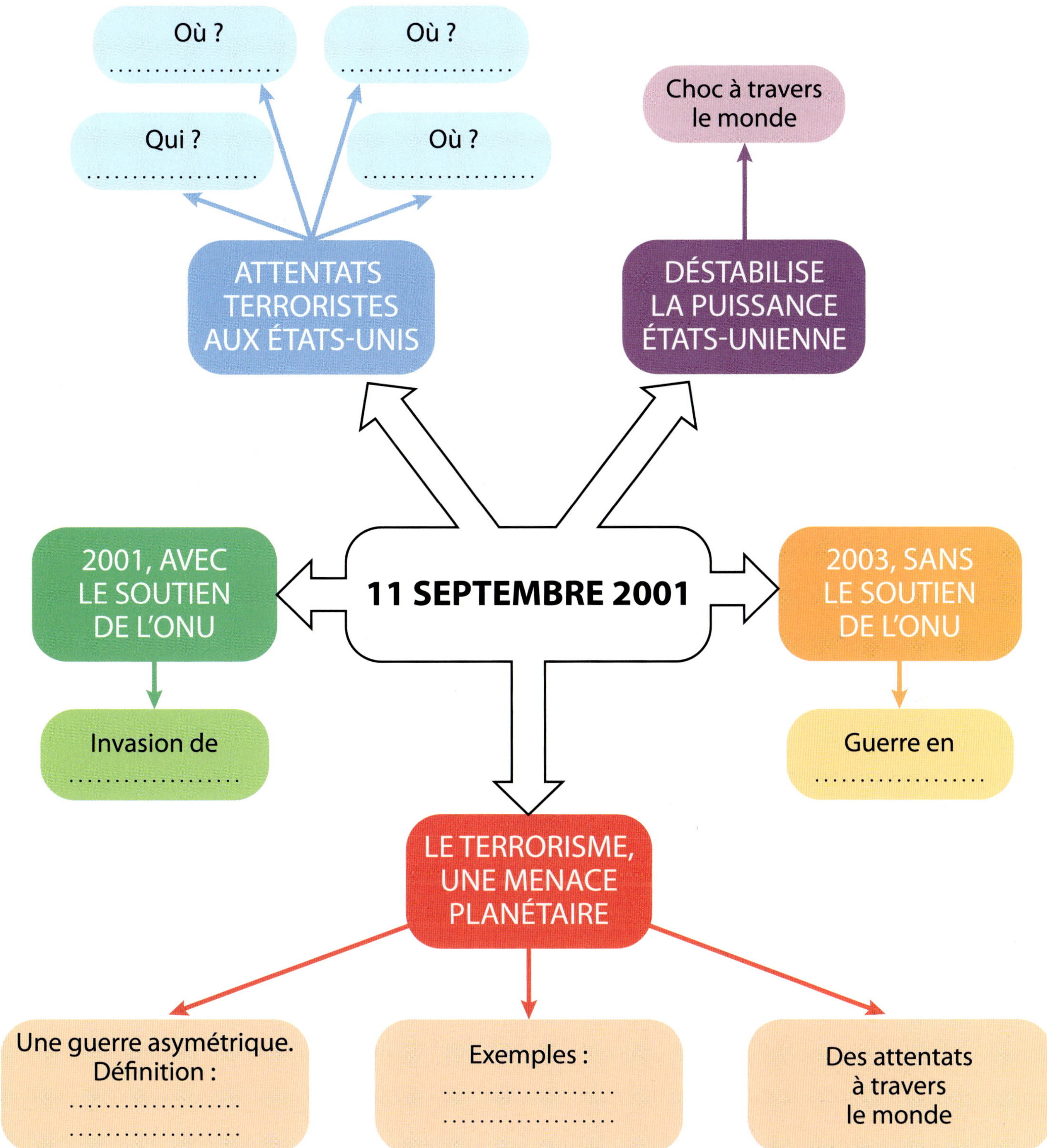

VERS LE BAC

Sujet d'étude 1

De Youri Gagarine à la guerre des étoiles

Étude de documents

RADIO-MOSCOU DOIT DIFFUSER EN FRANÇAIS à partir de 10 h. 15 des reportages sur l'accueil de la capitale soviétique à Gagarine

l'Humanité

ORGANE CENTRAL DU PARTI COMMUNISTE FRANÇAIS

VENDREDI 14 AVRIL 1961

PRIX CHOCS MARS

Le Camping c'est TRIGANO

TOUT MOSCOU ATTEND LE HÉROS DU COSMOS

2.500 écoles rurales sont menacées de fermeture

400 déjà ont été supprimées en 1960

CET APRÈS-MIDI YOURI GAGARINE ARRIVERA A L'AÉRODROME DE VNOUKOVO où il sera accueilli par N. Khrouchtchev et le gouvernement soviétique

Page 10 :

Le premier homme de l'espace répond lui-même aux questions que vous vous posez

Page 9 :

LES AMÉRICAINS : Les Soviétiques ont prouvé qu'ils sont les plus forts

De l'utopie d'hier à la réalité de demain

René ANDRIEU

APPEL PARALLÈLE DES FÉDÉRATIONS CGT ET CFTC DE LA MÉTALLURGIE

FRIC-FRAC dans un club

16 millions raflés

OU VA LA BELGIQUE ?

CONFERENCE PUBLIQUE

Gaston MOULIN

Roland LEROY

ALGÉRIE : UNE NOUVELLE MISSION POURRAIT ÊTRE CONFIÉE A BOULHAROUF

Souvenirs personnels sur Youri Alexievitch GAGARINE

AMIS CAMPEURS

1 Le retentissement international du vol de Gagarine

Le mercredi 12 avril 1961, Youri Gagarine réalise le premier vol spatial d'un humain. Le surlendemain, le récit de son exploit fait la « une » de *L'Humanité*, le journal du Parti communiste français.

2 La conquête spatiale au service de la propagande

Non, ce n'est pas un hasard si l'Union soviétique vient d'affirmer une fois de plus, et avec quel éclat, sa supériorité dans la compétition pacifique avec le système capitaliste. Ce n'est pas l'effet d'un miracle si la Russie des tsars analphabète et misérable est devenue aujourd'hui ce puissant État qui fait l'admiration du monde par la maîtrise de sa technique et le génie de ses savants. Ou plutôt ce miracle a un nom : il s'appelle le socialisme, qui a permis d'imprimer un rythme sans précédent au développement des forces productives et à l'essor de la culture et du bien-être. Faut-il rappeler pour s'en tenir à ces quelques remarques qu'en quarante années la production industrielle a été multipliée par quarante, qu'il y avait avant la révolution 80 % d'illettrés en Russie alors qu'aujourd'hui elle forme chaque année près de 120 000 ingénieurs ?

René Andrieu, extrait de l'éditorial de *L'Humanité*, 14 avril 1961.

Questions

1. Présentez les documents en insistant sur leur nature et leur date.

2. Quels sont les éléments choisis par le journal qui présentent Gagarine de manière positive ?

3. Comment l'éditorial fait-il le lien entre le régime soviétique et le succès du vol de Gagarine ?

4. Relevez les éléments de l'éditorial qui montrent les progrès spectaculaires que l'URSS aurait accomplis selon l'auteur.

5. Que peut-on reprocher aux documents ?

VERS LE BAC

Sujet d'étude 2

Le 11 septembre 2001

Étude de document

1 L'aigle américain
Dessin de Jeff Parker, *Florida Today*, 2001.

Questions

1. Présentez le document en insistant sur sa nature et sa date.
2. Que s'est-il passé en septembre de cette année-là ?
3. Expliquez ce que symbolise le vautour nommé « terrorisme ».
4. Que s'apprête à faire l'aigle, symbole des États-Unis ?
5. Comment le document décrit-il la situation internationale à partir d'octobre 2001 ?

THÈME

3 La France de 1945 à nos jours : une démocratie

LES ENJEUX

- De 1945 à nos jours, sous le Gouvernement provisoire de la République française, la IVe puis la Ve République, la démocratie française est consolidée (Question obligatoire).
- La place de la France dans le monde évolue, en lien avec les décolonisations et la construction européenne (Sujet d'étude 1). La société française change également de visage durant cette période (Sujet d'étude 2).

La question obligatoire

PAGE 84 ▼ PAGE 97

La France depuis 1945 : politique et société

Comment évoluent le modèle républicain et la place de la France dans le monde depuis 1945 ?

Les sujets d'étude au choix

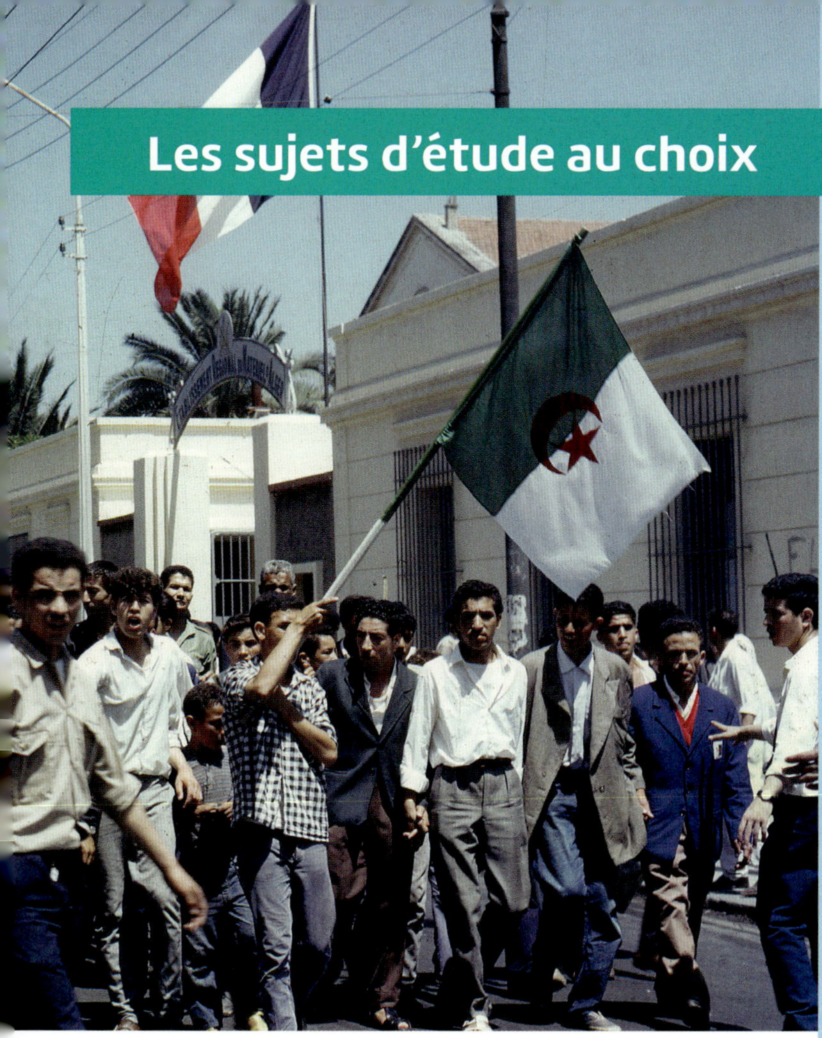

1 La guerre d'Algérie

PAGE 98 ▼ PAGE 105

Comment l'Algérie devient-elle indépendante ?

2 L'évolution de la place et des droits des femmes dans la société française

PAGE 106 ▼ PAGE 113

Dans quels domaines les Françaises ont-elles affirmé leur place et renforcé leurs droits depuis 1945 ?

En quoi suis-je concerné ?

1. De quand date la Vᵉ République ? Et notre constitution ?
2. La situation faite aux femmes en France est-elle conforme à la devise républicaine ?

REPÈRES La France depuis 1945 : politique et société

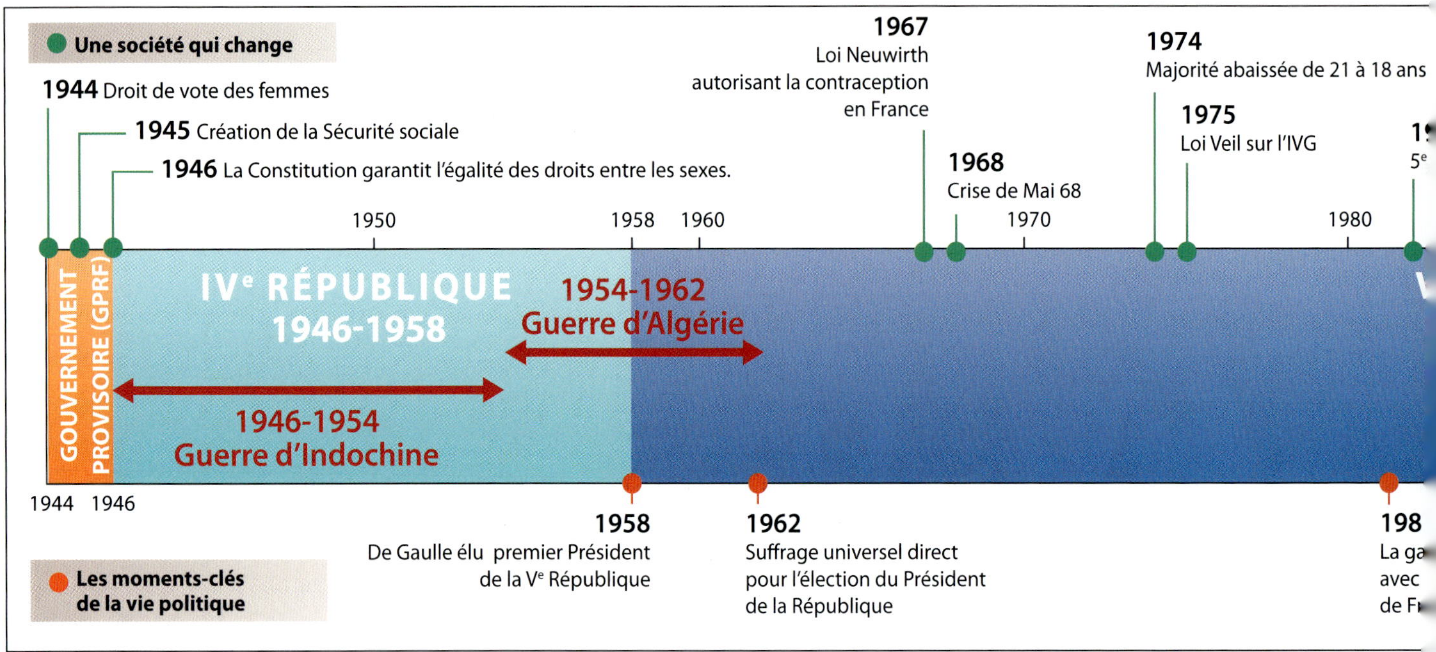

1 La France depuis 1945 : politique et société

1. À quels types de guerres la IVe République est-elle confrontée ?
2. Depuis quand le président de la République est-il élu par les Françaises et les Français au suffrage universel direct ?
3. Quelles lois sociales font évoluer la place des femmes dans la société ?

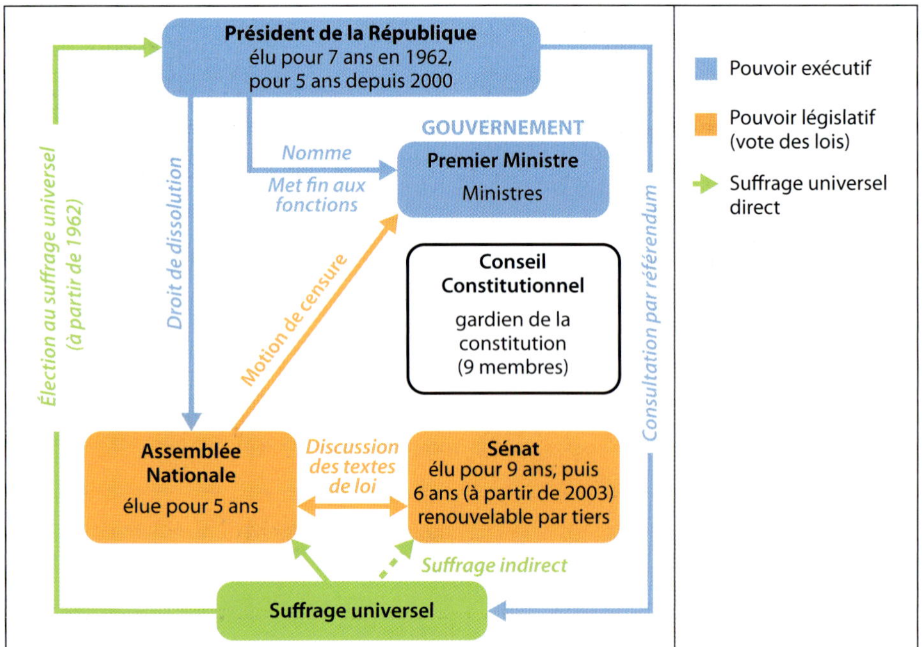

2 Les institutions de la République

1. Quels personnages incarnent le pouvoir exécutif ?
2. Quelles institutions incarnent le pouvoir législatif ?
3. Pour qui un(e) citoyen(ne) peut-il (elle) voter ?

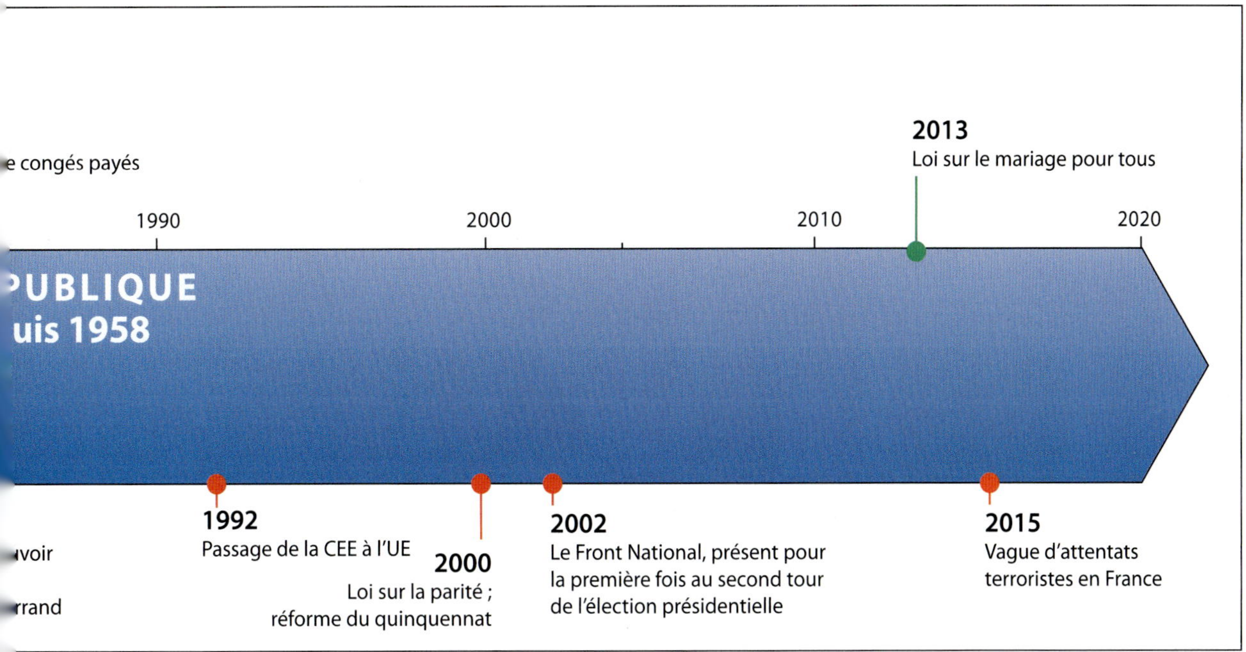

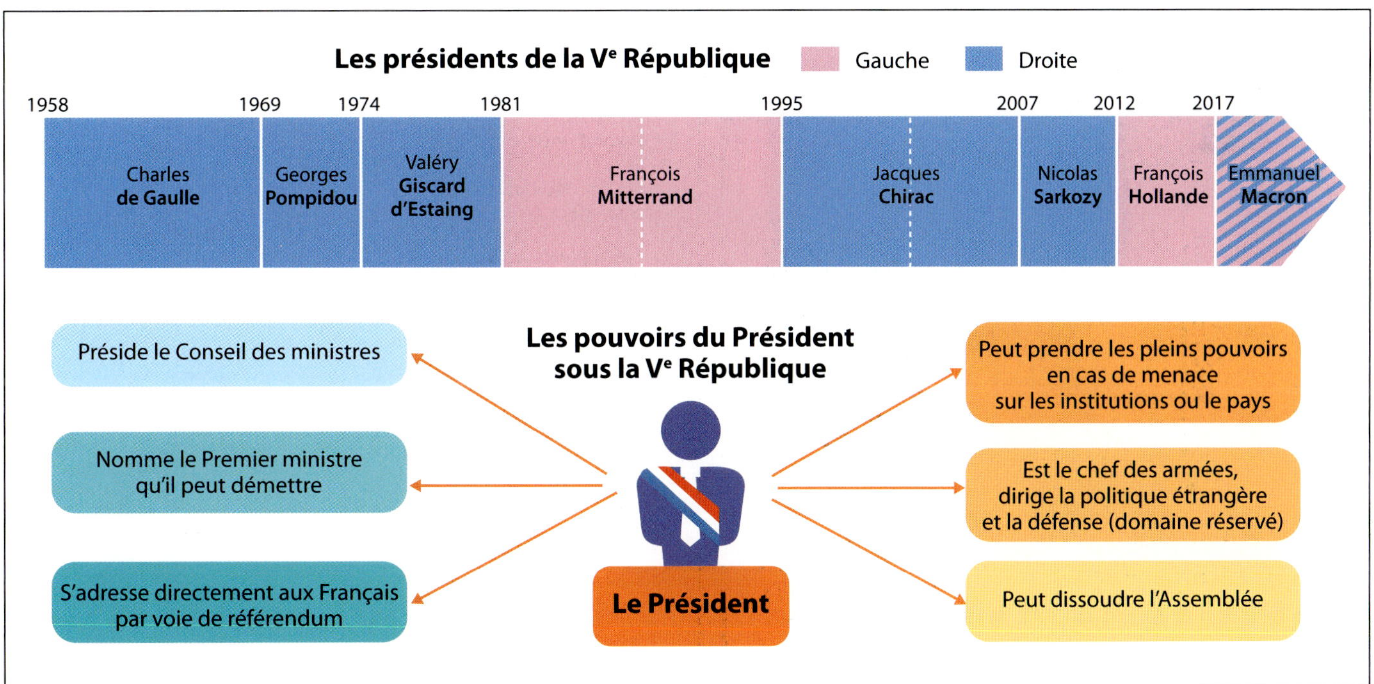

3 Les présidents de la Vᵉ République

1. Combien de fois Charles de Gaulle a-t-il été élu président de la République ?
2. Citez les deux présidents de la Vᵉ République appartenant à la gauche.
3. Qu'appelle-t-on l'alternance en 1981 ?
4. Citez deux pouvoirs du président de la République sous la Vᵉ République.

ZOOM

Portraits de présidents de la Ve République

Depuis l'Ancien Régime, on représente le chef de l'État sur un portrait officiel qui permet d'incarner le pouvoir exécutif. Les présidents de la Ve République prolongent cette tradition encore jusqu'à aujourd'hui.

1 Portrait officiel de Charles de Gaulle, réalisé par Jean-Marie Marcel dans la bibliothèque de l'Élysée en 1959

Le général est en tenue militaire de gala d'officier général.

Il porte le collier de grand maître de l'ordre de la Libération.

Il arbore également et l'insigne de grand maître de la légion d'honneur.

Il appuie sa main sur deux ouvrages : la *Constitution de la Ve* République et l'*Histoire de la légion d'honneur*.

Charles de Gaulle (1890-1970)
Élu président de la République en 1958 par les assemblées au suffrage indirect pour un premier septennat, il est réélu en 1965 au suffrage universel direct. Il démissionne en 1969 sans achever son deuxième septennat.

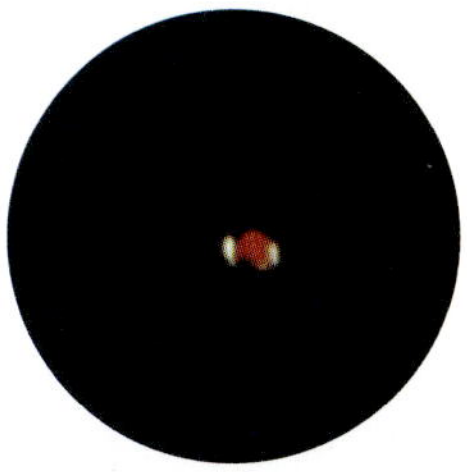

Le petit insigne (la « rosette ») rappelle qu'il est membre de l'Ordre de la Légion d'honneur.

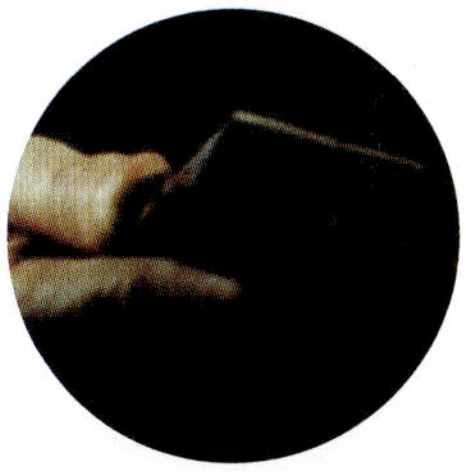

Il ouvre les *Essais* de Montaigne pour rappeler son attachement aux Arts et aux Lettres.

2 Portrait officiel de François Mitterrand, réalisé par Gisèle Freund dans la bibliothèque de l'Élysée en 1981

François Mitterrand (1916-1996)
Élu en 1981, il est réélu en 1988, c'est le seul Président de la Ve République à avoir effectué deux septennats.

ACTIVITÉS

1. Confrontez ces deux portraits de présidents en recherchant les similitudes et les différences : cadre, attributs (costume, accessoires…), attitude des deux personnages.
2. Qualifiez l'impression que cherche à susciter chacun de ces deux portraits. Vous pouvez par exemple utiliser les termes suivants : empathie, distance, autorité, proximité.
3. En utilisant un moteur de recherche à partir des entrées « Hyacinthe Rigaud » et « portraits des présidents de la République », montrez en quoi ces portraits officiels s'inscrivent en France dans une tradition historique.

COURS

Comment évoluent le modèle républicain et la place de la France dans le monde depuis 1945 ?

Portfolio
liennathan.fr/1i1ze8

Podcast
liennathan.fr/903uyz

1 Au lendemain de la guerre, une démocratie sociale (1945)
Affiche en faveur de la Sécurité sociale en 1945.

Vocabulaire

Francophonie : le terme désigne l'ensemble des personnes et des institutions qui utilisent le français comme langue dans le monde entier. Il désigne aussi l'organisation internationale créée en 1970 pour assurer la promotion de la langue et de la culture françaises.

République sociale : république qui met en œuvre des politiques sociales (lutte contre la pauvreté, pour l'emploi et le logement, redistribution des richesses, etc.) visant à améliorer le sort des populations et à promouvoir l'égalité entre les citoyen(ne)s.

Soft power **:** voir définition page 185.

A Les évolutions du modèle républicain depuis 1944

■ **Au lendemain de la Seconde Guerre mondiale, la démocratie renaît** avec le Gouvernement provisoire de la **République** française qui met en place d'importantes réformes politiques et sociales : droit de vote pour les femmes en 1944, Sécurité sociale, caisses de retraite et assurance chômage en 1945. C'est donc une **République sociale** qui se met en place.

■ **La Constitution de la IVe République** (1946-1958) accorde beaucoup de poids au pouvoir législatif. Marqué par une grande instabilité gouvernementale et enlisé dans les guerres de **décolonisation**, ce **régime politique** se trouve rapidement fragilisé.

■ Née **en 1958** lors du retour de De Gaulle au pouvoir, la Ve République réforme les **institutions**. Le nouveau régime politique réduit les pouvoirs du Parlement et accorde la première place au président de la République. Élu pour sept ans, ce dernier nomme le gouvernement et donne les grandes orientations de la politique ; chef des armées, il dispose de pouvoirs exceptionnels en cas de grave danger (article 16 de la Constitution).

■ **En 1962, le pouvoir du Président est renforcé** lorsque son élection au suffrage universel direct est décidée. Au fil des décennies, le régime prouve sa force et sa stabilité en surmontant les crises comme celle de Mai 68 et en s'adaptant à l'alternance en 1981.

■ **En 2000**, deux importantes réformes institutionnelles sont adoptées avec le passage du septennat au quinquennat (le mandat présidentiel passe de sept à cinq ans) et l'adoption de la loi sur la **parité**.

B La France, une puissance internationale dans un monde en recomposition

■ **En 1945, la France compte sur son empire colonial pour maintenir son rang de grande puissance.** Mais le mouvement des **décolonisations** est en marche et la France doit renoncer à son empire. Certaines se font au terme de conflits importants : guerre d'Indochine entre 1946 et 1954, guerre d'Algérie de 1954 à 1962.

■ **La France est à l'initiative de la construction européenne.** En 1951, Jean Monnet et le ministre des Affaires étrangères Robert Schuman ont l'idée de créer la première institution européenne, la Communauté européenne du charbon et de l'acier. De la Communauté européenne en 1957 à l'Union européenne à partir de 1992, la France a toujours été, avec l'Allemagne, un moteur de la construction européenne. Les élargissements successifs (de six pays en 1957 à vingt-sept aujourd'hui) ont dilué la puissance de la France en Europe. Fragilisée par le « Brexit » et l'essor des nationalismes, l'UE est à la recherche d'un second souffle que la France peine à lui donner.

Notions

Décolonisation : processus par lequel une colonie devient un État indépendant.

Démocratie : régime politique fondé sur la souveraineté populaire, qui s'exprime par le vote. La démocratie repose aussi sur la séparation des pouvoirs et la pluralité des tendances politiques, le respect des droits et des libertés des individus.

Immigration : du latin *in-migrare* signifiant « rentrer dans un lieu », ce terme désigne l'entrée dans un pays de personnes étrangères qui viennent s'y installer plus ou moins durablement.

Institutions : ensemble des organisations politiques mises en place par la Constitution et les lois afin de gouverner un État.

Parité : principe de l'égalité de l'accès des hommes et des femmes aux responsabilités (sociales, politiques ou économiques).

Puissance : capacité d'un État à exercer une influence politique, économique ou culturelle sur d'autres États.

Régime politique : l'expression désigne l'organisation des pouvoirs au sein d'un État. Régime totalitaire, régime autoritaire ou démocratie libérale sont des grands types de régimes politiques.

République : forme originale que prend, en France depuis le XIXe siècle, la démocratie.

■ **La France est une puissance démographique et économique moyenne.** Mais elle peut compter sur la richesse de son patrimoine et la puissance de ses industries culturelles (cinéma, gastronomie, luxe). La francophonie reste en outre un moyen d'assurer son *soft power*. La puissance française se manifeste aussi par sa présence comme membre permanent au sein du Conseil de sécurité de l'ONU et par la possession de l'arme nucléaire.

C Les transformations de la société française

■ **Encore profondément rurale et ouvrière en 1945**, la France est devenue un pays où les classes moyennes constituent l'essentiel de la population et où les villes structurent le territoire. Les progrès des transports favorisent la mobilité croissante des populations.

■ Liée aux décolonisations, **l'immigration a joué un rôle dans la croissance économique** entre 1945 et 1975 (période dite des « Trente Glorieuses »). Les populations d'origines immigrées sont diverses. Si elle peut être vue comme une chance pour la France, certains partis politiques la considèrent comme une menace : l'immigration est devenue une question politique.

■ **La place des femmes dans la société française a changé** depuis les années 1960 ; l'égalité est en marche mais le processus est loin d'être achevé.

■ **La loi change pour répondre aux évolutions des modes de vie des Français.** Depuis 2013, la loi sur le mariage pour tous permet aux personnes du même sexe de se marier. Aujourd'hui, des débats portent sur l'ouverture de la PMA (procréation médicalement assistée) à toutes les femmes.

2 La naissance de la Ve République (1958)

Charles de Gaulle présente la Constitution de la Ve République à Paris le 4 septembre 1958. La cérémonie est organisée place de la République. On observe les « V » qui rappellent la Ve République et la « Victoire » lors de la Seconde Guerre mondiale.

Questions

1. Quelles grandes réformes ont transformé les institutions de la Ve République depuis 1958 ?
2. Quels sont les territoires sur lesquels la puissance française peut s'exercer en 1945 ? Aujourd'hui ?
3. Quelles grandes transformations ont affecté la société française depuis 1945 ?

DOCUMENTS 1

Les évolutions du modèle républicain depuis 1944

NOTIONS TRAVAILLÉES : institutions, parité, régime politique
CAPACITÉ : utiliser une approche historique pour mener une analyse ou construire une argumentation

Vocabulaire

République sociale : république qui met en œuvre des politiques sociales (lutte contre la pauvreté, pour l'emploi et le logement, redistribution des richesses, etc.) visant à améliorer le sort des populations et à promouvoir l'égalité entre les citoyen(ne)s.

Notions

Institutions : ensemble des organisations politiques mises en place par la Constitution et les lois afin de gouverner un État.

Parité : principe de l'égalité de l'accès des hommes et des femmes aux responsabilités (sociales, politiques ou économiques).

Régime politique : l'expression désigne l'organisation des pouvoirs au sein d'un État. Régime totalitaire, régime autoritaire ou démocratie libérale sont des grands types de régimes politiques.

Itinéraire 1

1. Décrivez cette scène. Quelle importante évolution démocratique illustre-t-elle ? (doc. 1)
2. Pourquoi peut-on parler de République sociale au lendemain de la guerre ? (doc. 2)
3. Quelle réforme constitutionnelle est proposée aux Français en 1962 et comment cette affiche tente-t-elle de convaincre les électeurs de voter « oui » ? (doc. 3)
4. Dites quelle évolution des institutions inquiète Pierre Mendès France et explique son rejet de la réforme. (doc. 4)
5. Décrivez cette caricature et expliquez ce que veut montrer son auteur. (doc. 5)

Itinéraire 2

À l'aide des documents, et en vous appuyant sur la double-page Repères pages 84-85, **construisez** une carte mentale ou un schéma qui rend compte des grandes évolutions du modèle républicain depuis 1945.

1 Les femmes votent
Un bureau de vote lors du référendum du 21 octobre 1945.

2 Le retour de la démocratie

Art. 1. Au lendemain de la victoire remportée par les peuples libres sur les régimes qui ont tenté d'asservir et de dégrader la personne humaine, le peuple français proclame à nouveau que tout être humain, sans distinction de race, de religion ni de croyance, possède des droits inaliénables et sacrés. Il réaffirme solennellement les droits et libertés de l'homme et du citoyen consacrés par la Déclaration des droits de 1789 et les principes fondamentaux reconnus par les lois de la République.
Art. 2. Il proclame, en outre, comme particulièrement nécessaires à notre temps, les principes politiques, économiques et sociaux ci-après.
Art. 3. La loi garantit à la femme, dans tous les domaines, des droits égaux à ceux de l'homme.
Art. 5. Chacun a le devoir de travailler et le droit d'obtenir un emploi. Nul ne peut être lésé, dans son travail ou son emploi, en raison de ses origines, de ses opinions ou de ses croyances.
Art. 11. Elle [la nation] garantit à tous, notamment à l'enfant, à la mère et aux vieux travailleurs, la protection de la santé, la sécurité matérielle, le repos et les loisirs. [...]

Extraits du Préambule de la Constitution de la IVe République, 1946.

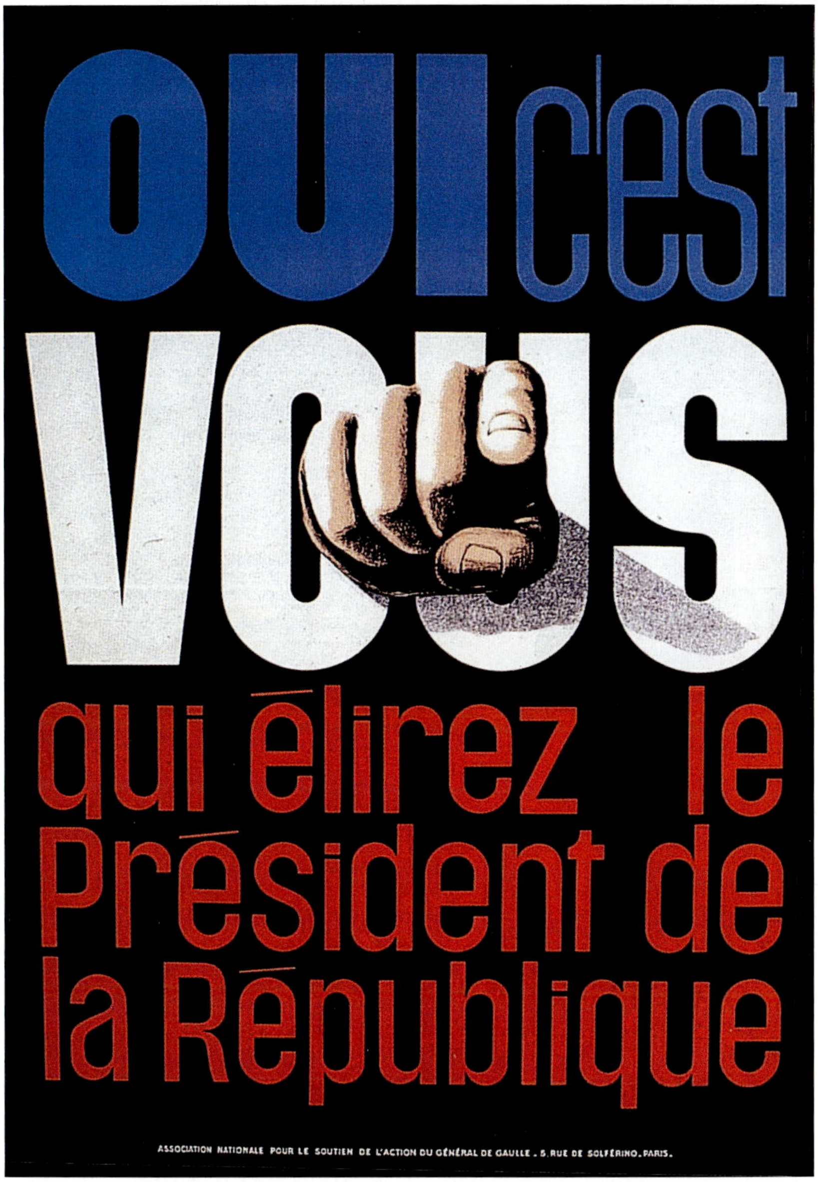

3 Pour la réforme de 1962

Affiche en faveur du « oui » au référendum qui propose de modifier la Constitution pour élire le président de la République au suffrage universel direct.

4 Contre la réforme de 1962

Homme politique de gauche, Pierre Mendès France fut plusieurs fois ministre et président du Conseil (chef du gouvernement) sous la IVᵉ République.

Sous la Vᵉ République, il n'y a qu'un pouvoir : l'exécutif, le Gouvernement ou plutôt le Président. L'Assemblée ne joue aucun rôle, sinon de pure figuration. On est passé d'un extrême à l'autre[1]. Je ne pense pas qu'il soit sain et démocratique de donner, comme aujourd'hui, des moyens aussi larges et aussi incontrôlés à un seul homme et pour sept ans. Un homme élu par trente millions d'électeurs est forcément très puissant ; or, volontairement, on n'a prévu aucun contrepoids, aucun partage, aucune institution de contrôle.

Pierre Mendès France, *Choisir*, Stock, 1974.

1. Sous la IVᵉ République, l'Assemblée avait des pouvoirs très étendus.

5 Un enjeu politique majeur : la parité

Caricature de Deligne, parue dans *Nice-Matin*, 2011.

Pour mémoriser

1. Rappeler le texte fondamental sur lequel la IVᵉ République s'appuie.
2. Préciser l'année de la réforme de l'élection du président de la République au suffrage universel direct.
3. Présenter deux réformes importantes concernant la place des femmes dans la vie politique.

DOCUMENTS 2

La France, une puissance internationale dans un monde en recomposition

Notions

Décolonisation : processus par lequel une colonie devient un État indépendant.

Puissance : capacité d'un État à exercer une influence politique, économique ou culturelle sur d'autres États.

NOTIONS TRAVAILLÉES : décolonisation, puissance

CAPACITÉ : utiliser une approche historique pour mener une analyse ou construire une argumentation

Itinéraire 1

1. Décrivez cette affiche. Que dégage-t-elle ? (doc. 1)
2. Comment Robert Schuman justifie-t-il la nécessité de construire l'Europe ? (doc. 2)
3. Décrivez cette photographie. (doc. 3)
4. Expliquez le choix de Verdun pour cette cérémonie devant rapprocher les deux pays. (doc. 3)
5. Dressez une liste des initiatives prouvant que la France mène une « diplomatie culturelle » en Chine. (doc. 4)
6. Décrivez ce timbre. Quel aspect de la puissance française illustre-t-il ? (doc. 5)

Itinéraire 2

À l'aide des documents, **construisez** un tableau à double entrée qui récapitule les différents aspects (politique, militaire, culturelle) de la puissance française et ses limites depuis 1945, aux échelles européenne et mondiale.

1 La décolonisation

Affiche de Paul Colin pour le mouvement Paix et Liberté. En mai 1954, la France perd la bataille de Diên Biên Phu qui annonce sa défaite dans la guerre d'Indochine. Cette affiche commémore cette défaite française. La guerre coloniale menée par la France n'était pas approuvée par tous les partis politiques. Ainsi, les communistes parlaient de « sale guerre ».

2 La France à l'initiative de la construction européenne

Vous savez combien mon gouvernement est attaché, de plus en plus attaché, aux solutions européennes, parce qu'il est convaincu qu'aucune autre politique n'est capable de sauver les pays européens de leurs divisions, de leurs antagonismes et de l'impuissance. Le démembrement de l'Europe est une cause permanente et croissante de faiblesses dans tous les domaines : politique, économique et militaire. La mise en commun de nos ressources serait, au contraire, une garantie de prospérité, de puissance et de paix. [...] Ce procédé n'implique pas la création d'un super-État, mais se borne à prévoir certaines institutions particulières dans un domaine délimité. Nous l'avons appliqué dans notre Plan de mise en commun de la production du charbon et de l'acier[1].

Robert Schuman, ministre des Affaires étrangères, discours de Strasbourg du 24 novembre 1950.

1. Allusion à la Communauté européenne du charbon et de l'acier (CECA), alors en cours de création.

3 Le couple franco-allemand, moteur de la construction européenne

Le 22 septembre 1984, le Président François Mitterrand et le chancelier allemand Helmut Kohl célèbrent à Verdun le 70e anniversaire du début de la Première Guerre mondiale. Un cercueil recouvert des drapeaux français et allemand symbolise les morts des deux pays.

4 La culture française s'exporte en Chine

La France qui s'affiche comme « le premier partenaire culturel de la Chine dans tous les domaines » entend bien le rester […]. L'inauguration à Shanghai, à l'automne prochain, sans doute par Emmanuel Macron lui-même, d'un Centre Pompidou West Bund destiné à mettre en valeur l'art contemporain chinois, devrait constituer le point d'orgue de cette diplomatie culturelle. C'est d'ailleurs notamment en raison de l'importance de son service culturel que l'ambassade de France à Pékin est désormais celle qui compte le plus d'employés dans le monde. […] Organisé dans pas moins de 35 villes chinoises – 29 en 2018 –, le festival multidisciplinaire Croisements sera aussi l'occasion de présenter aux Chinois des artistes moins connus en Asie comme l'acteur Vincent Lacoste ou, dans le cadre de la fête de la musique, la chanteuse Joyce Jonathan.

Frédéric Lemaître, « Arts : la culture française s'exporte en Chine malgré la censure », *Le Monde*, 3 mai 2019.

5 La France devient une puissance nucléaire

Timbre français de 1969. Premier sous-marin français lanceur d'engins nucléaires, *Le Redoutable* est lancé à Cherbourg en mars 1967 en présence du général de Gaulle.

Pour mémoriser

1. Citer la défaite qui annonce la fin de l'Indochine française.
2. Montrer que la France prend des initiatives pour construire et consolider l'Europe.
3. Donner un exemple de la puissance française.

DOCUMENTS 3 Les transformations de la société française

Notions

Immigration : du latin *in-migrare* signifiant « rentrer dans un lieu », ce terme désigne l'entrée dans un pays de personnes étrangères qui viennent s'y installer plus ou moins durablement.

Vocabulaire

LGBT : acronyme désignant la communauté des lesbiennes, gays, bisexuels et transgenres.

Itinéraire 1

- **1.** Citez les différents domaines qui contribuent à mettre en place la « société des loisirs ». (doc. 1)
- **2.** Décrivez cette affiche et expliquez-en le sens. (doc. 2)
- **3.** Quelle évolution cet historien met-il en avant ? (doc. 3)
- **4.** Décrivez et expliquez cette affiche. (doc. 4)
- **5.** Pourquoi la marche pour l'égalité semble-t-elle nécessaire au début des années 1980 ? (docs 3 et 4)
- **6.** Décrivez et expliquez le visuel de cette affiche. (doc. 5)

Itinéraire 2

- À l'aide de vos réponses aux questions, **rédigez** un paragraphe présentant les grandes transformations de la société française depuis 1945.

Suivez le plan suivant : l'avènement de la société des loisirs, le poids grandissant des jeunes, la politisation du thème de l'immigration, la défense de nouveaux droits et la lutte contre toutes les formes de discrimination.

NOTION TRAVAILLÉE : immigration
CAPACITÉ : utiliser une approche historique pour mener une analyse ou construire une argumentation

1 La société des loisirs

La société dans laquelle nous vivons est une société où les activités de loisirs se sont largement développées. Pour des raisons diverses, elles ont pris une telle ampleur qu'elles sont devenues une des caractéristiques essentielles de notre temps. [...] La sortie d'un cinéma de quartier dans un faubourg populaire, alors qu'un peuple d'hallucinés reprend peu à peu contact avec la nuit et le réel [...]. La vision des antennes-râteaux qui, sur les toits d'un village, nous signalent la multiplicité des postes de télévision ; l'étalage multicolore d'un kiosque à journaux, le passage du Tour de France dans la poussière et les appels de la caravane publicitaire, achèvent de nous enseigner sur l'importance du fait social dont il s'agit.

Georges Hourdin, « Vers la société des loisirs », *Le Monde*, 25 juillet 1959.

2 Les jeunes au cœur du soulèvement de mai 68

Caricature réalisée par des jeunes de l'École des beaux-arts hostiles à de Gaulle lors du mouvement de mai 68. En mai 68 éclate dans les milieux universitaires et ouvriers une grave crise politique et générationnelle qui marque l'irruption des jeunes au cœur de la vie politique.

3 Les immigrés dans la société française

L'immigré, jusque dans les années 1970, était avant tout un travailleur, généralement venu seul, [...] une figure ouvrière définie par une position inférieure – la plus basse – dans les rapports de production. Vinrent ensuite, et notamment pour les Maghrébins, puis pour les Turcs et les Africains, la sédentarisation, le regroupement familial, en même temps que la crise économique et, plus profondément, le déclin de la société industrielle. L'immigration est devenue une composante renouvelée et stable de la population, introduisant des problèmes inédits et de nouvelles images se sont imposées, d'abord dans l'extrême droite et le discours du Front national puis, de plus en plus largement, dans l'ensemble de l'opinion publique. L'immigré aujourd'hui n'est plus perçu dans les catégories de la société industrielle, identifié à l'exploitation dans le travail et à la surexploitation dans le logement, il est de plus en plus défini comme un problème, une source d'inquiétude.

Michel Wieviorka, *La France raciste*, Le Seuil, Paris, 1992.

4 La marche pour l'égalité

Du 15 octobre au 3 décembre 1983, des enfants d'immigrés maghrébins nés en France entreprennent une marche pour alerter l'opinion sur les discriminations dont ils sont victimes. La Marche pour l'égalité et contre le racisme est bientôt surnommée par les médias la « Marche des beurs ».

5 Une initiative pour lutter contre les discriminations

Affiche en faveur de la Marche des fiertés en 2017. Cette manifestation défend la liberté et l'égalité des orientations sexuelles et des identités de genre. Plus largement, elle propose de lutter contre les discriminations et d'adapter la législation française en conséquence.

Pour mémoriser

1. Citer trois transformations sociales qui ont touché la France depuis les années 1960.
2. Expliquer comment le regard sur les immigrés a changé durant les cinquante dernières années.
3. Citer un exemple de revendication sociale et/ou politique qui traverse aujourd'hui la société française.

APPRENDRE AUTREMENT

Schéma à télécharger
liennathan.fr/92w8el

Reproduisez et complétez le schéma à l'aide des mots et expressions suivants :
Mai 68 – Sécurité sociale – président de la République élu au suffrage universel direct – francophonie – discriminations – couple franco-allemand – décolonisation.

La France depuis 1945 : politique et société

UN MODÈLE RÉPUBLICAIN QUI ÉVOLUE	UNE SOCIÉTÉ QUI CHANGE	UNE PUISSANCE INTERNATIONALE DANS UN MONDE EN RECOMPOSITION
GPRF Une République sociale : droit de vote des femmes, ..., caisses de retraite, assurance chômage.	Des jeunes qui occupent une place de plus en plus importante : ...., droit de vote à 18 ans en 1974.	La fin de l'Empire, ...: Indochine (1946-1954), Algérie (1954-1962).
IVe République Pouvoir fort de l'Assemblée nationale.	Des femmes qui luttent pour obtenir davantage de droits, des années 1970 à nos jours.	La construction européenne : CECA, ...
Ve République Pouvoir fort de l'exécutif - 1962 :................... .... - 2000 : loi sur la parité et réforme du quinquennat.	De nouveaux droits à conquérir, des	La puissance de la France dans le monde : puissance politique (ONU), militaire (arme nucléaire), culturelle (........................).

VERS LE BAC

Question obligatoire

VÉRIFICATION DES CONNAISSANCES

1 Définissez l'expression « République sociale » et expliquez pourquoi elle correspond bien à la France du lendemain de la Seconde Guerre mondiale.

2 Justifiez en quelques lignes l'affirmation suivante : En 1962 a lieu une importante réforme des institutions.

3 Citez des exemples qui montrent que les jeunes occupent une place de plus en plus importante dans la société française des années 1960 à nos jours.

4 Citez le nom du chef d'État qui a renforcé la construction européenne aux côtés du chancelier allemand Helmut Kohl.

5 Quel aspect de la puissance française dans le monde la francophonie favorise-t-elle en premier lieu ?

a. la puissance économique

b. la puissance militaire

c. la puissance culturelle

6 Précisez en quelle année et dans quel contexte la Ve République est née.

7 Expliquez ce que l'on appelle l'alternance.

8 Justifiez en quelques lignes l'affirmation suivante : La puissance de la France dans le monde change entre 1946 et 1962.

9 Définissez la parité.

10 Citez des exemples qui montrent que les femmes occupent une place de plus en plus importante dans la société française depuis 1944.

SUJET D'ÉTUDE 1 La guerre d'Algérie

CAPACITÉ : construire et vérifier des hypothèses sur une situation historique

› Comment l'Algérie devient-elle indépendante ?

Des clés POUR COMPRENDRE

Contexte

Colonie française depuis 1830, l'Algérie a connu de nombreuses révoltes contre la domination française qui ont été sévèrement réprimées. Le nationalisme algérien naît de ce mépris et de cette oppression. Les émeutes du 8 mai 1945 à Sétif et Guelma, suivies d'une répression, marquent la rupture entre la métropole et ses départements d'Algérie. Le 1er novembre 1954, le Front de libération nationale (FLN) lance la guerre d'indépendance.

Vocabulaire

Pied-noir : désigne après 1962 un Français d'Algérie (Européen vivant en Algérie).

Musulman : c'est ainsi qu'on appelle un Algérien dans l'Algérie coloniale.

Harkis : Algériens qui combattent pour la France.

Quelles sont les forces en présence dans la guerre d'Algérie ?

	Pour l'Algérie française	*Pour l'indépendance*
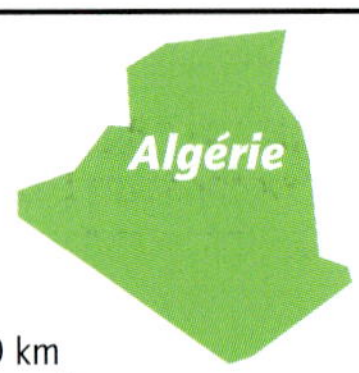	- **Français d'Algérie** - **Harkis** Arabo-musulmans se battant du côté de la France.	- **Front de libération nationale (FLN)** Fer de lance du combat pour l'indépendance, disposant également de réseaux en métropole.
	- **Les gouvernements de la IVe République,** de gauche comme de droite (1954 - 1958). - **Organisation armée secrète (OAS)** Organisation clandestine terroriste formée en 1961. Elle commet des attentats en métropole et en Algérie.	- Sous la **Ve République**, née en 1958, **de Gaulle** entreprend très progressivement de négocier avec les indépendantistes. - **PCF** - **Intellectuels de gauche**

Frise chronologique (1945 – 1962)

- ***8 mai 1945*** Émeutes à Sétif et à Guelma, suivies d'une répression.
- ***1er novembre 1954*** « Toussaint rouge » (attentats). Insurrection contre la France à la suite de la fondation du FLN.
- ***13 mai 1958*** Crise politique à Alger puis en métropole, qui conduit au retour du général de Gaulle et à la naissance de la Ve République.
- ***16 septembre 1959*** Proclamation par de Gaulle du droit à l'autodétermination des Algériens.
- ***17 octobre 1961*** Violente répression d'une manifestation des Algériens à Paris.
- ***18 mars 1962*** Accords d'Évian, qui mettent fin à la guerre en Algérie.
- ***5 juillet 1962*** Indépendance de l'Algérie.

1945 – 1950 – 1954 – 1955 – 1956 – 1957 – 1958 – 1959 – 1960 – 1961 – 1962

Guerre d'Algérie (1954 – 1962)

A Une guerre d'indépendance

› Pourquoi l'Algérie se soulève-t-elle contre la métropole ?

1 › Une rue d'Alger en 1960

2 › Le FLN déclenche l'insurrection

Cette déclaration, rédigée par neuf dirigeants du FLN, marque le début de la guerre d'indépendance et de la lutte armée. Dans la nuit du 31 octobre au 1er novembre 1954, 70 attentats vont avoir lieu simultanément sur le territoire algérien.

Au peuple algérien, aux militants de la cause nationale […]
But : l'indépendance nationale :
– par la restauration de l'État algérien souverain, démocratique et social dans le cadre des principes islamiques ;
– par le respect de toutes les libertés fondamentales sans distinction de races et de confession.
Objectifs intérieurs […] : liquidation du système colonial […], objectifs extérieurs : internationalisation du problème algérien.
Moyens de lutte […] : la continuation de la lutte par tous les moyens jusqu'à la réalisation de notre but.

Extrait de la déclaration de 1954 du FLN-ALN, diffusée dans la nuit du 31 octobre au 1er novembre 1954.

3 › Deux mondes qui s'ignorent

Le Français frais débarqué est toujours étonné de mesurer à quel point son compatriote installé dans le pays s'est si bien accoutumé à ce spectacle de mendiants, de bidonvilles, […] d'hommes marchant sans fin pieds nus dans la poussière au bord des routes, que littéralement il ne les voit plus. […] Deux systèmes économiques coexistent sur le même territoire, presque sans contacts entre eux. Les Européens[1] […] sont en Algérie un million, et huit cent mille musulmans environ se sont agrégés au système. Ensemble ils ne forment qu'un cinquième de la population, mais ils suffisent à assurer le fonctionnement de toute la partie moderne du pays. […] Leur niveau de vie est nettement plus élevé que la moyenne, malgré quelques brillantes exceptions musulmanes.
Les autres, soit plus de sept millions, continuent à vivre en circuit presque fermé : la majeure partie de ce qu'ils produisent est consommée à l'intérieur du cadre familial, lequel est plus large que le nôtre.

Philippe Minay, « Portrait de l'Algérie en 1955 », *Le Monde*, 24 novembre 1955.

1. Européens : appelés Français d'Algérie.

Itinéraire 1

1. Quelles différences de mode de vie opposent « Français d'Algérie » et « musulmans » ? (doc. 3)

2. Qu'est-ce qui distingue les Français d'Algérie des musulmans ? À l'aide des documents, relevez trois caractéristiques. (docs 1, 2 et 3)

3. Que revendique le FLN ? (doc. 2)

Itinéraire 2

Les principes de la République « Liberté, Égalité, Fraternité » sont-ils appliqués en Algérie ? **Apportez une réponse argumentée** pour chaque principe.

ZOOM L'Algérie, un territoire en guerre (1954-1962)

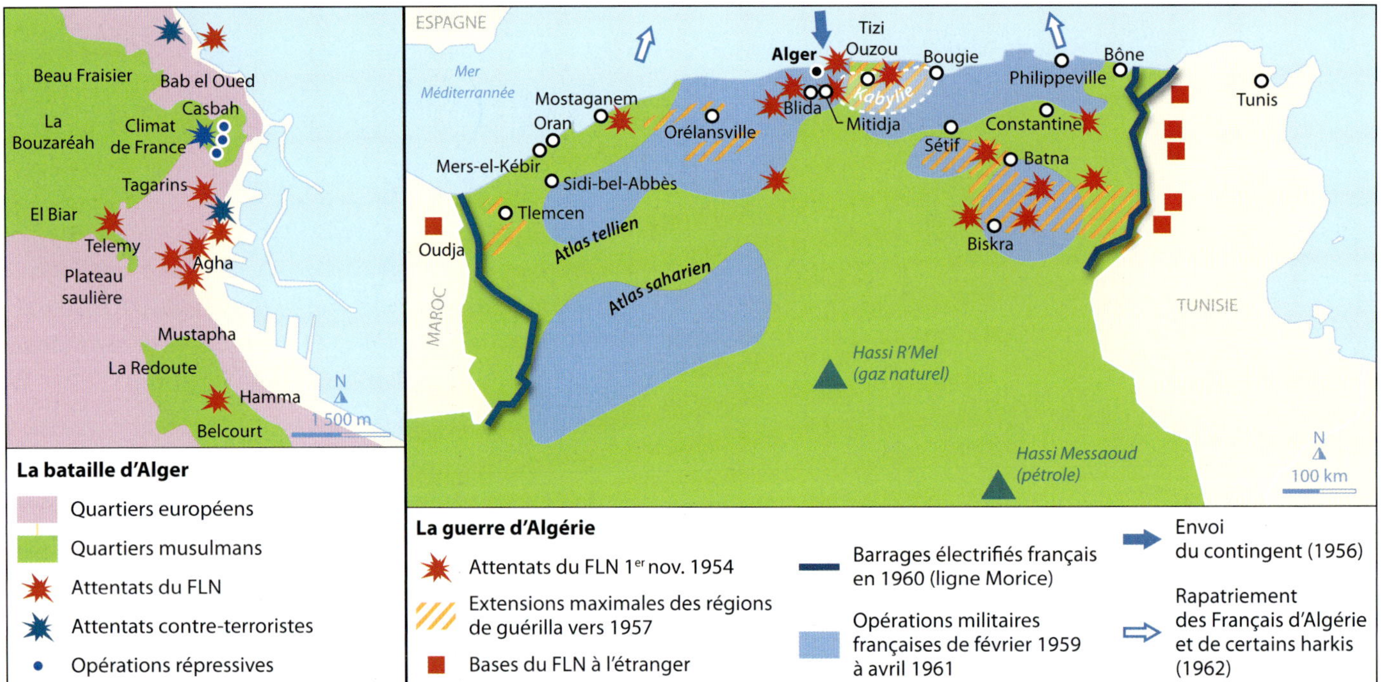

1 Un conflit à plusieurs échelles

Entre janvier et octobre 1957, la « bataille d'Alger » oppose les parachutistes du général Massu au FLN. Afin d'éliminer la menace terroriste dans Alger, le quartier de la Casbah est bouclé et fouillé. À cette occasion, il est parfois fait usage de la torture.

2 Le quotidien des habitants d'Alger pendant la « bataille d'Alger » en 1957

Un soldat français utilise un détecteur de mines sur les passants le 16 janvier 1957, pendant la bataille d'Alger. Il s'agit de retrouver ceux qui posent des bombes dans les quartiers européens d'Alger.

3 **Soldats de l'armée française en poste au camp de regroupement de Novi, en décembre 1959**

Pour mieux contrôler les régions rurales et empêcher le FLN de s'y ravitailler, l'armée française crée des villages et des camps où elle rassemble les populations.

4 **Le FLN évoque la guerre sur le territoire algérien**

Malgré le quadrillage [...], les généraux français sont obligés de reconnaître que la solution militaire est impossible pour résoudre le problème algérien. Nous devons signaler particulièrement la formation de nombreux maquis urbains qui constituent d'ores et déjà une seconde armée sans uniformes. Les groupes armés dans les villes et villages se sont notamment signalés par des attentats. [...] La négociation suit la lutte à outrance contre un ennemi impitoyable, elle ne la précède jamais.

Extrait de la résolution du Congrès de la Soummam, congrès clandestin du FLN, 20 août 1956.

ACTIVITÉS

1. Citez deux régions où les attentats menés par le FLN sont nombreux. (doc. 1)
2. Où le FLN a-t-il des bases ? Expliquez pourquoi cette localisation a été choisie. (docs 1 et 4)
3. Quelles opérations pratique l'armée française à Alger et sur tout le territoire algérien pour renforcer son contrôle ? (docs 1, 2, 3 et 4)
4. Quelles matières premières ont été découvertes dans le Sahara et ralentissent le processus d'indépendance ? (doc. 1)

CAPACITÉ : construire et vérifier des hypothèses sur une situation historique

B Un conflit long et multiforme

Comment se manifeste la violence du conflit en Algérie et en métropole ?

1 La réaction de la métropole : l'envoi du contingent

Des soldats de la 27e division d'infanterie d'Afrique débarquent à Alger en septembre 1955. De 1954 à 1962, le gouvernement envoie en Algérie un nombre de plus en plus important d'appelés, c'est-à-dire de jeunes soldats qui font leur service militaire. Sur la période, 1 343 000 appelés passeront par l'Algérie.

2 La torture dénoncée

Je ne prononcerai que trois mots, assez chargés de sens : camps de concentration, torture et répression collective. [...] Passant à la torture, je ne puis éviter de parler de « Gestapo » : partout en Algérie, la chose n'est niée par personne, ont été installés de véritables laboratoires de torture, avec baignoire électrique et tout ce qu'il faut, et cela est une honte pour le pays de la Révolution française et de l'affaire Dreyfus [...]. Oui, la grandeur française est en péril. Je m'adresse à tous ceux qui, comme moi, professeur, sont des éducateurs qui, comme moi, ont des enfants et des petits-enfants : il faut que nous puissions leur parler, sans être couverts d'humiliation, d'Oradour et des procès de Nuremberg[1].

Henri-Irénée Marrou (historien), « France, ma patrie », *Le Monde*, 5 avril 1956.

1. Allusions au massacre par les Waffen SS de la population civile du village d'Oradour-sur-Glane le 10 juin 1944, ainsi qu'au procès de Nuremberg intenté par les Alliés aux responsables du IIIe Reich en 1945-1946.

3 Les conséquences des attentats du FLN en France métropolitaine

Après l'assassinat d'un policier par le FLN à Colombes (banlieue parisienne), des Nord-Africains sont arrêtés et fouillés. Photographie d'avril 1960.

Itinéraire 1

1. Pourquoi les appelés du contingent sont-ils envoyés en Algérie ? (doc. 1)
2. Quels moyens utilise l'armée pour lutter contre les indépendantistes ? Quel est le sentiment de l'historien Marrou ? (doc. 2)
3. Comment le gouvernement réagit-il aux attentats du FLN en métropole ? (doc. 3)

Itinéraire 2

À partir des documents, **réalisez** une carte mentale qui évoque les caractéristiques du conflit algérien.

C La fin du conflit et ses conséquences

› Comment le conflit prend-il fin et avec quelles conséquences ?

1 › Les accords d'Évian permettent l'indépendance de l'Algérie

Manifestation du 3 juillet 1962 à Alger pour fêter l'indépendance de l'Algérie. Les accords d'Évian du 18 mars 1962 prévoient l'organisation d'un référendum d'autodétermination qui a lieu le 1er juillet 1962 : 92 % des électeurs approuvent l'indépendance.

2 › L'exode des Français d'Algérie qui deviennent « pieds-noirs »

Près d'un million de Français d'Algérie ont gagné la métropole, que beaucoup ne connaissent pas. Si la plupart des harkis sont abandonnés à leur sort, quelques-uns trouvent refuge en métropole, où ils seront tout d'abord hébergés dans des camps.

3 › Des mémoires conflictuelles

Le 13 mai 2008, 50e anniversaire du retour au pouvoir du général de Gaulle (le 13 mai 1958), des centaines de rapatriés d'Algérie (pieds-noirs, harkis et anciens combattants) manifestent à Marseille. Des massacres de Français d'Algérie ont eu lieu à Oran le 5 juillet 1962.

Itinéraire 1

- **1.** Décrivez le document. Que fête la population ? **(doc. 1)**
- **2.** Pourquoi cette foule embarque-t-elle ? Pour quelle destination ? **(doc. 2)**
- **3.** Que dénoncent les manifestants ? **(doc. 3)**
- **4.** Pourquoi les manifestants ont-ils écrit : « Espérance trahie » ? **(doc. 3)**

Itinéraire 2

- Vous êtes un journaliste et assistez aux fêtes de l'indépendance à Alger le 3 juillet 1962. **Rédigez** un article dans lequel vous décrivez ce qui se passe.

Suivez le plan suivant :
– les accords d'Évian ;
– le sort des Français d'Algérie et des harkis ;
– l'indépendance.

L'ESSENTIEL

A Une guerre d'indépendance

En Algérie, deux sociétés se côtoient et s'ignorent. Les inégalités socio-économiques sont criantes. Au sortir de la Seconde Guerre mondiale, le système colonial est contesté puis combattu. En 1954, nombreux sont ceux, parmi la population musulmane, qui revendiquent l'égalité entre tous les habitants de l'Algérie. Une partie des indépendantistes rejoint le FLN qui déclenche une guérilla.

B Un conflit long et multiforme

À partir de novembre 1954, attentats et répressions se succèdent. C'est l'engrenage. Le conflit s'amplifie, population musulmane et population européenne s'opposent.

La métropole recourt à l'envoi massif de troupes du contingent, alors que l'armée quadrille le territoire et utilise parfois la torture. Avec l'arrivée au pouvoir du général de Gaulle, qui énonce en 1959 le droit à l'autodétermination pour l'Algérie, c'est la voie vers l'indépendance qui s'ouvre.

C La fin du conflit et ses conséquences

Les accords d'Évian mettent fin aux hostilités ; un nouvel État naît en juillet 1962 : l'État algérien.

La population européenne, ainsi que les harkis qui le peuvent, quittent l'Algérie pour la métropole dans la précipitation. L'intégration de ces rapatriés dans la société française est difficile.

MISE EN PERSPECTIVE

De part et d'autre de la Méditerranée, on assiste à une guerre des mémoires, alors que les relations entre les deux États sont encore compliquées. Pour autant, les travaux historiques menés sur les deux rives de la Méditerranée permettent d'apaiser peu à peu les tensions.

Podcast liennathan.fr/r0y86x

APPRENDRE AUTREMENT

Schéma à télécharger
liennathan.fr/47caq3

Recopiez et complétez le schéma ci-dessous à l'aide des éléments suivants :
FLN – attentats – contingent – indépendance – rapatriés – 1954-1962 – Évian.

La guerre d'Algérie, une guerre d'indépendance

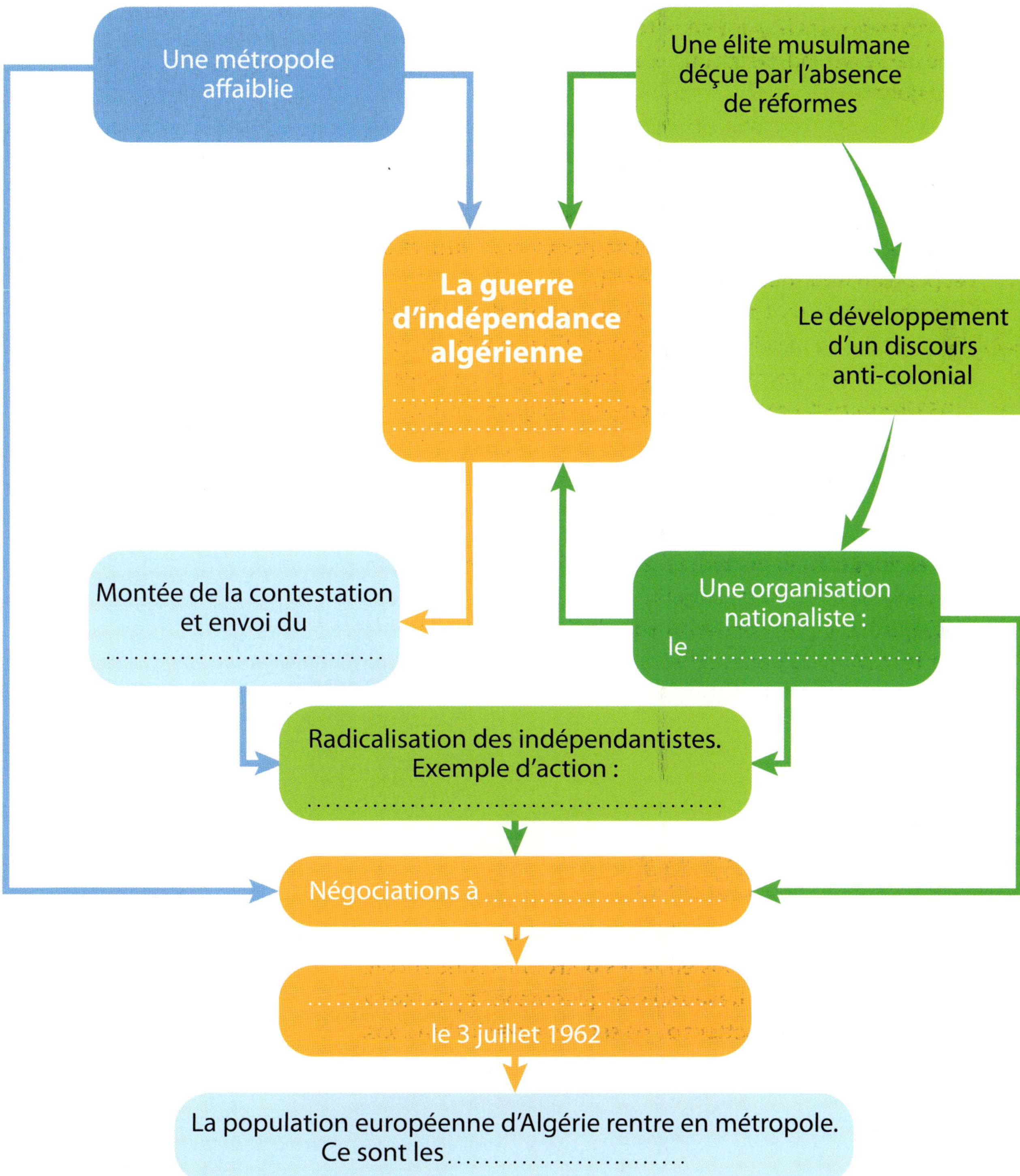

SUJET D'ÉTUDE

2 L'évolution de la place et

CAPACITÉ : identifier les contraintes et les ressources d'un événement, d'un contexte historique

Dans quels domaines les Françaises ont-elles affirmé leur place et renforcé leurs droits depuis 1945 ?

Des clés POUR COMPRENDRE

Contexte

Avant la Seconde Guerre mondiale, les femmes étaient largement privées de droits civils et politiques : elles n'étaient pas des citoyennes actives et demeuraient largement soumises à leurs époux. Depuis 1944, l'évolution de la société et les combats féministes, appuyés sur l'évolution du droit, ont permis d'affirmer la place des femmes dans la vie politique et sociale en France. Celle-ci s'est largement appuyée sur le droit.

L'évolution de la population active en France selon les sexes

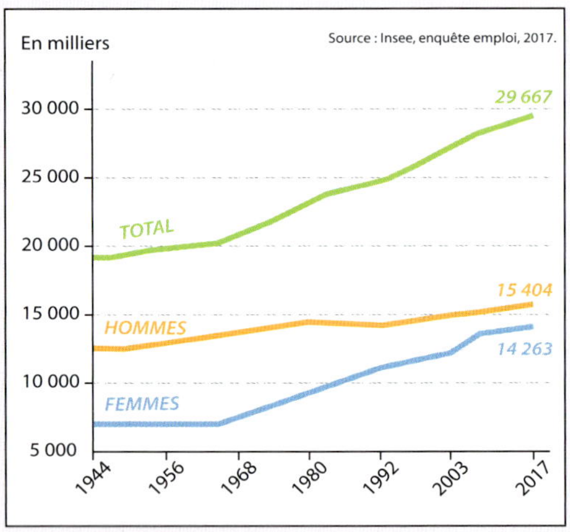

La **population active** désigne l'ensemble des personnes qui exercent une activité ou sont à la recherche d'un emploi.

Chronologie

1944	Ordonnance, signée du général de Gaulle, accordant le droit de vote et d'éligibilité aux femmes
1946	Le principe d'égalité des droits entre les hommes et les femmes est inscrit dans la Constitution
1967	Loi Neuwirth autorisant la pilule contraceptive
1975	Loi Veil autorisant l'avortement
1983	Loi Roudy sur l'égalité professionnelle
2008	Révision constitutionnelle intégrant la parité dans le monde politique, mais aussi économique et social
2014	Loi sur l'égalité réelle pour lutter contre les stéréotypes sexistes, inciter les pères à prendre un congé parental, et assurer aux mères isolées le paiement des pensions alimentaires
2019	Grenelle contre les violences conjugales organisé par le gouvernement

Vocabulaire

Condition féminine : situation des femmes dans un pays, déterminée par les libertés et les droits dont elles disposent dans divers domaines (famille, travail, politique…), par les rôles qu'elles assument (par contrainte ou par choix) et par la place qui leur est faite dans la société.

Émancipation : évolution vers la liberté, permettant à un groupe (ici, les femmes) de disposer librement de leur vie sans subir la domination d'un autre groupe (ici, les hommes).

Grenelle : en référence aux accords de Grenelle. Le nom vient de la rue de Grenelle, à Paris, où se trouvent plusieurs ministères et où sont organisées des rencontres autour de sujets importants.

Mouvement de libération des femmes (MLF) : créé en 1970 dans le sillage du mouvement contestataire de mai 1968, ce mouvement aspire à changer radicalement la société.

Parité : principe de représentation égale (paritaire) dans une institution entre les hommes et les femmes.

des droits des femmes dans la société française

A La condition féminine en France au milieu du XXe siècle

› Quelle est la situation des femmes en France dans la période d'après-guerre ?

1 La première participation des Françaises aux élections

En 1945, j'étais institutrice dans le petit village de Parçay-Meslay, près de Tours. [...] Pouvoir enfin voter, ce 29 avril 1945[1], c'était [...] une fierté, un sentiment de victoire, et la fin d'une énorme injustice que j'estimais totalement infondée. Je trouvais ça indécent d'être privée d'un tel droit. Il n'y avait aucune raison que les femmes ne votent pas. Je disais toujours : madame Curie[2] n'a pas le droit de voter alors que le premier « soulaud[3] » venu du secteur, lui, il a le droit d'aller s'exprimer ! Ça me révoltait ! Obtenir ce droit, c'était une reconnaissance de ce qu'avaient fait les femmes. Cela devenait difficile, à la Libération, de nous empêcher de voter au regard de ce que nous avions réalisé pendant la guerre, dans la Résistance notamment. [...]

Solange Ducol, propos recueillis par Sébastien Billard, « 70 ans du vote des femmes : ma première fois, c'était en 1945. Une fierté, une victoire », *Le Nouvel Obs*, 29 avril 2015.

1. Les élections municipales d'avril et mai 1945 sont les premières élections organisées à la suite de l'ordonnance de 1944.
2. Femme de science qui a reçu les prix Nobel de physique et de chimie en 1903 et 1911.
3. Terme populaire désignant un ivrogne.

2 Une analyse critique de la condition féminine

Au sortir de la guerre, l'ouvrage de Simone de Beauvoir fait scandale.

On ouvre aux femmes les usines, les bureaux, les facultés, mais on continue à considérer que le mariage est pour elles une carrière des plus honorables qui les dispense de toute autre participation à la vie collective. [...] Et la femme mariée est encouragée à se faire entretenir par son mari ; elle est en outre revêtue d'une dignité sociale très supérieure à celle de la célibataire. [...] Tout encourage encore la jeune fille à attendre du « prince charmant » fortune et bonheur plutôt qu'à tenter seule la difficile et incertaine conquête.

Simone de Beauvoir, *Le Deuxième Sexe*, Gallimard, 1949.

3 Une planche éducative des années 1960

« Le retour du père après sa journée de travail ». Des panneaux de ce genre étaient affichés dans les salles de classe. À cette époque, le Code civil précisait que le mari était le seul chef de la famille et que la femme mariée ne pouvait travailler seule qu'avec le consentement de son mari.

Itinéraire 1

1. D'après ce témoignage, quel « événement historique a favorisé l'extension du droit de vote aux femmes ? (doc. 1)

2. Quels sont les freins pouvant expliquer la faible place des femmes dans la population active au début des années 1950 ? (docs 2 et 3)

3. Quelle contradiction existe-t-il entre la Constitution de 1946 et le Code civil qui détermine les relations au sein du mariage et de la famille ? (doc. 3 et chronologie page 106)

4. À quel public ce document est-il destiné ? Décrivez la scène, en précisant les occupations attribuées aux personnages de chaque sexe. (doc. 3)

Itinéraire 2

Rédigez un texte faisant le bilan de la condition féminine en France au milieu du XXe siècle.
Suivez le plan indiqué.
– Un acquis récent : la citoyenneté politique (doc. 1)
– L'épouse et mère au foyer, un modèle valorisé (doc. 2)
– La femme mariée, un statut subordonné (doc. 3)

ZOOM Simone Veil, parcours d'une femme engagée

Dates clés

- **1927** Simone Jacob naît à Nice, dans une famille juive installée depuis plusieurs générations en France.
- **1944** Elle est arrêtée et envoyée à Auschwitz. Elle perd plusieurs membres de sa famille en déportation.
- **1956-1974** Elle poursuit une carrière de magistrate et devient la première femme secrétaire générale du Conseil supérieur de la magistrature.
- **1974** Elle est nommée ministre de la Santé dans le gouvernement de Jacques Chirac sous la présidence de Valéry Giscard d'Estaing
- **1975** Adoption de la loi Veil qui autorise le recours à l'IVG en France.
- **1979-1993** Simone Veil est élue plusieurs fois députée au Parlement européen. Elle en est la présidente de 1979 à 1982.
- **2000-2007** Elle préside la fondation pour la Mémoire de la Shoah.
- **2010** Simone Veil est reçue à l'Académie française.
- **2018** Un an après sa mort, elle est inhumée au Panthéon avec son époux Antoine Veil.

1 Une ministre de la Santé engagée

Une de *L'Express*, 25 novembre 1974.

Alors qu'elle était encore magistrate, Simone Veil remarque en 1960 à quel point il est difficile de concilier travail et vie de famille pour les femmes : « Les femmes de nos amis qui travaillent sont très rares. Aussi me regarde-t-on, d'une façon générale, avec étonnement… On me trouve extravagante, pour ne pas dire folle, de travailler ayant trois enfants, mais avec une considération certaine du fait qu'il s'agit de la magistrature […] ».

Alors que le débat sur le projet de loi sur l'avortement débute à l'Assemblée nationale, le 26 novembre 1974, Simone Veil précise : « Je voudrais vous faire partager une conviction de femme. Je m'excuse de le faire devant cette assemblée presque exclusivement composée d'hommes. Aucune femme ne recourt de gaieté de cœur à l'avortement. C'est toujours un drame, cela restera toujours un drame. »

2 Une ministre soucieuse de la condition féminine

Le 1er décembre 1975, Simone Veil et Françoise Giroud, successivement secrétaire d'État à la condition féminine et à la culture, quittent le palais de l'Élysée à l'issue du conseil des ministres.

ACTIVITÉS

1 Quelles différentes fonctions politiques Simone Veil a-t-elle exercées au cours de sa vie ?

2 À quelle loi importante pour les femmes est attaché son nom ?

3 À quelle difficulté s'est heurtée Simone Veil quand elle a voulu exercer un métier ?

4 Pour quelles raisons Simone Veil est-elle favorable à la construction européenne ?

5 Quel hommage a été rendu par la République à Simone Veil et son parcours d'engagements ?

Élue députée puis première présidente du Parlement européen, Simone Veil déclare : « Se fixant de grandes ambitions, l'Europe pourra faire entendre sa voix et défendre des valeurs fortes : la paix, la défense des droits de l'homme, davantage de solidarité entre les riches et les pauvres. »

3 L'engagement dans la construction européenne

Affiche pour les premières élections au suffrage universel direct des députés au Parlement européen, mai 1979.

4 L'inhumation au Panthéon

Le 5 septembre 2018, Simone Veil est inhumée au Panthéon. Son mari, décédé en 2013, l'y accompagne à la demande de la famille. Autrefois, les seules femmes à entrer au Panthéon étaient celles qui accompagnaient leur mari auquel la République voulait rendre hommage.

SUJET D'ÉTUDE **2. L'évolution de la place et des droits des femmes dans la société française**

CAPACITÉ : identifier les contraintes et les ressources d'un événement, d'un contexte historique

B Les luttes féminines et féministes dans la 2e moitié du XXe siècle

Quels combats sont menés pour l'émancipation et les droits des femmes après 1945 ?

1 Les luttes pour l'émancipation

Manifestation du MLF du 20 novembre 1971 pour l'abolition des lois contre l'avortement et en faveur de la contraception libre et gratuite. Le ministre Michel Debré y est opposé.

2 Un nouveau combat : la parité

Une du magazine *L'Express* du 6 juin 1996. Dans ce manifeste, dix femmes politiques de diverses tendances proposent des mesures concrètes afin d'améliorer la représentation des femmes dans la vie politique.

3 L'évolution de la législation

Réformes du Code civil	**1965.** Les femmes mariées sont libres de travailler, de gérer leurs biens et d'ouvrir un compte en banque sans l'autorisation du mari. **1970.** Suppression de la notion de « chef de famille » : le père et la mère partagent l'autorité parentale. **1975.** Réforme permettant le divorce par consentement mutuel.
Réformes du Code du travail	**1972.** Le principe d'égalité de rémunération (« À travail égal, salaire égal ») est inscrit dans le Code du travail. **1983.** La loi Roudy interdit à un employeur de refuser une embauche, une promotion ou une formation en raison du sexe ou de la situation de famille. **1992.** Loi sanctionnant le harcèlement sexuel sur le lieu de travail.
Réformes du Code pénal	**1975.** La loi Veil dépénalise l'IVG (interruption volontaire de grossesse). **1980.** Le viol est défini comme un crime. **1993.** Création du délit d'entrave à l'IVG. **1994.** En cas de violences, la qualité de conjoint ou de concubin est reconnue comme une circonstance aggravante.

Itinéraire 1

1. Décrivez la scène. Que revendiquent les manifestants ? (doc. 1)

2. À quelle date et dans quel contexte la loi Veil autorisant l'avortement a-t-elle été votée ? (docs 1 et 3)

3. Décrivez la Une : quelles fonctions occupent ces femmes et que souhaitent-elles ? Sont-elles soutenues par les Français ? (doc. 2)

4. Montrez l'évolution du statut de la femme dans la famille dans les années 1970. (doc. 3)

Itinéraire 2

À partir des documents, **réalisez** un schéma retraçant les luttes féministes dans la seconde moitié du XXe siècle en France.

Présentez les combats menés, les droits spécifiques obtenus.

C Progrès et limites de l'égalité et de l'émancipation

› Pourquoi les luttes féminines et féministes se poursuivent-elles ?

1 Les lois sur la parité

1999. Révision de l'article 3 de la Constitution : « La loi favorise l'égal accès des hommes et des femmes aux mandats électoraux et aux fonctions électives. »

2000. Loi sur la parité en politique : elle oblige les partis politiques à présenter autant de femmes que d'hommes sur leur liste de candidats aux élections municipales, régionales et européennes. Pour les élections législatives, une pénalisation financière sanctionne les partis qui ne respectent pas la parité.

2008. Révision de l'article 1er de la Constitution : « La loi favorise l'égal accès des femmes et des hommes aux mandats électoraux et fonctions électives ainsi qu'aux responsabilités professionnelles et sociales. » La loi sur la parité sociale et professionnelle permet notamment d'avoir recours à des quotas pour permettre un égal accès des femmes aux postes de décision.

2013. Loi réformant les élections aux conseils départementaux : chaque parti doit présenter comme candidats dans chaque canton un binôme composé d'un homme et d'une femme.

2 La lutte contre les violences faites aux femmes

Manifestation du 23 novembre 2019 à Paris dans le cadre de la Journée internationale pour l'élimination de la violence à l'égard des femmes (féminicides). La couleur mauve portée par les manifestantes est la marque du collectif #NousToutes, créé en 2018, ont libéré la parole des victimes d'agressions et de harcèlement sexuels.

3 Des inégalités persistantes

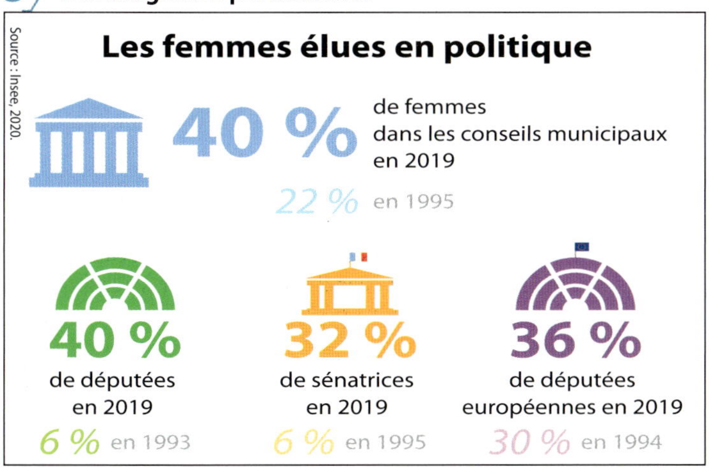

a. Dans le domaine politique

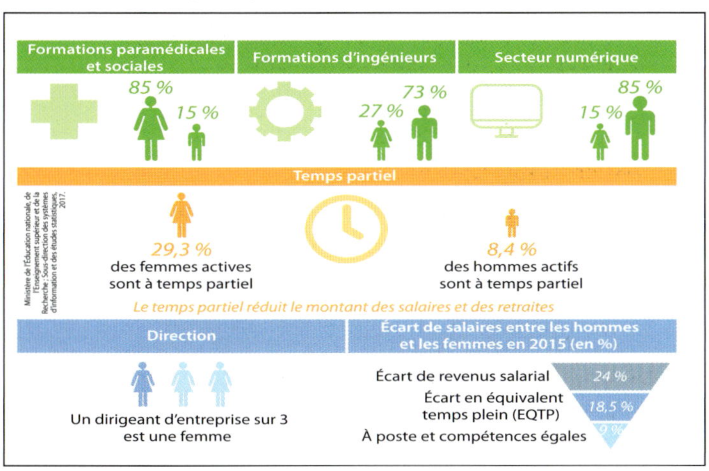

b. Dans le monde professionnel

Itinéraire 1

1. Dans quels domaines les lois sur la parité ont-elles eu un effet important ? **(docs 1 et 3)**

2. Quel chiffre montre qu'il existe des écarts de salaires injustifiés entre les femmes et les hommes ? Comment peut-on les expliquer ? **(doc. 3)**

3. Que dénoncent les manifestantes du 23 novembre 2019 ? D'après la chronologie page 106 et le document 3 p. 110, ces problèmes sont-ils pris en compte par l'État et le droit français ? Justifiez votre réponse. **(doc. 2)**

Itinéraire 2

À partir des documents, **rédigez** un texte répondant à la problématique de la page.

Suivez le plan suivant :
– Pour une meilleure représentation des femmes en politique **(docs 1 et 3)** ;
– Contre des inégalités professionnelles et économiques encore fortes **(doc. 3)** ;
– Pour la protection du corps des femmes, un combat continu **(doc. 2)**.

L'ESSENTIEL

A La condition féminine en France au milieu du XXe siècle

En 1944, les Françaises obtiennent le droit de vote et d'éligibilité. Le principe d'égalité des droits entre femmes et hommes est inscrit dans la Constitution de 1946, mais la part des Françaises dans la population active reste minoritaire, alors que le modèle de la femme « épouse et mère au foyer » est valorisé. Seul l'époux est alors considéré comme chef de famille : la femme est privée d'autorité et de la possibilité de gérer ses propres biens.

B Les luttes féminines et féministes dans la 2e moitié du XXe siècle

Sous l'impulsion de nouveaux mouvements féministes, la contraception et l'avortement sont autorisés (loi Neuwirth en 1967 et loi Veil en 1975), permettant d'éviter une grossesse indésirée. Des réformes du Code civil instaurent l'égalité entre les parents et facilitent le divorce. L'égalité de traitement avec les hommes est posée par la loi Roudy (1983) dans le domaine du travail.

C Progrès et limites de l'égalité et de l'émancipation

Les Françaises représentent désormais près de 50 % des actifs. Leur place dans la vie politique a progressé, grâce aux lois sur la parité qui favorisent la présence de candidates aux élections. Mais les femmes restent minoritaires dans toutes les fonctions dirigeantes. Elles sont davantage touchées par la précarité. Dans la sphère privée, elles assument encore la majorité des tâches domestiques et familiales. La lutte contre les stéréotypes et contre les violences sexistes et sexuelles se poursuit.

MISE EN PERSPECTIVE

Si, désormais, le principe d'égalité entre femmes et hommes est inscrit dans la loi, la réalité sociale n'a pas encore permis aux Françaises de s'émanciper totalement. Dans les faits, des inégalités et des discriminations persistent, en particulier pour les salaires et la représentation politique. En outre, les violences faites aux femmes nécessitent une mobilisation forte de chacun pour promouvoir enfin respect et égalité des droits pour les femmes en France.

Podcast
liennathan.fr/guq157

APPRENDRE AUTREMENT

Schéma à télécharger
liennathan.fr/3rd39j

Recopiez et complétez le schéma ci-dessous à l'aide des indications suivantes :
émancipation – contraception – familiale et domestique – fonctions dirigeantes – principe de la parité – précarité – loi Roudy – Code civil – stéréotypes – Constitution – mouvements féministes – harcèlement – loi Veil – violences – droit de vote et d'éligibilité.

Certains mots peuvent être utilisés plusieurs fois.

L'évolution de la place et des droits des femmes dans la société française depuis 1944

Au lendemain de la Seconde Guerre mondiale

Un droit enfin acquis : .... accordé en 1944

Le principe d'égalité des droits entre des femmes et des hommes reconnu dans la .... de 1946

Des blocages

Une vision encore trop traditionnelle des rôles sociaux : sphère publique pour les hommes ; sphère .... pour les femmes.

Une infériorité juridique de la femme mariée définie dans le ....

Changement des mentalités ; évolution des mœurs ; combats des .... pour l'....................., l'égalité et la parité

Sphère privée

- Loi Neuwirth (1967) : législation de la ....
- .... (1975) : légalisation de l'avortement
- Réformes du ....: autorité parentale partagée ; divorce facilité

Sphère professionnelle

- Augmentation du travail salarié féminin
- 1983 : .... sur l'égalité professionnelle
- 2008 : révision de la .... intégrant le .... dans le domaine économique et social

Vie politique

- 1999, 2000, 2008, 2013 : lois et révisions de la .... pour favoriser la candidature de femmes aux élections (................................)
- Progrès du pourcentage d'élues parmi les sénateurs, députés et conseillers municipaux

Limites à l'................. et à l'égalité

- Sur le plan économique : inégalités salariales ; femmes davantage touchées par la ....
- Inégalités dans la répartition des tâches ....
- Poids des ....
- Insécurité physique : ....

Limites à la parité

Peu de femmes aux ....

VERS LE BAC

Sujet d'étude 1

La Guerre d'Algérie

Étude de document

Albert Camus, témoin de la guerre d'Algérie

Albert Camus (1913-1960) est un écrivain et un des fondateurs du magazine L'Express. *Né en Algérie, il réside en métropole à partir de 1940.*

Il n'y a pas de jour où le courrier, la presse, le téléphone même, n'apportent de terribles nouvelles d'Algérie. De toutes parts, les appels retentissent, et les cris. Dans la même matinée, voici la lettre d'un instituteur arabe dont le village a vu quelques-uns de ses hommes fusillés sans jugement, et l'appel d'un ami pour ces ouvriers français, tués et mutilés sur les lieux mêmes de leur travail. Et il faut vivre avec cela, dans ce Paris de neige et de boue, où chaque jour se fait plus pesant ! Si, du moins, une certaine surenchère pouvait prendre fin ! À quoi sert désormais de brandir les unes contre les autres les victimes du drame algérien ? Elles sont de la même tragique famille.

Albert Camus, *L'Express*, 10 janvier 1956.

Questions

1. Présentez le document en insistant sur son auteur, sa date et sa source.
2. Que se passe-t-il alors en Algérie et depuis quand ?
3. Que dénonce l'auteur ?
4. À quelles différentes communautés appartiennent les victimes ?
5. Quel message veut faire passer l'auteur concernant l'Algérie ?

VERS LE BAC

Sujet d'étude 2

L'évolution de la place et des droits des femmes dans la société française

Étude de document

La situation des femmes et du féminisme en France au XXIe siècle

Dans un numéro consacré à la condition féminine et aux nouveaux combats des femmes en France, le magazine hebdomadaire Le 1 *interroge la politologue Janine Mossuz-Lavau, spécialiste du mouvement féministe.*

Quelles ont été les grandes victoires de la lutte des femmes depuis la publication du *Deuxième Sexe* de Simone de Beauvoir en 1949 ?
Nous avons acquis tout d'abord le droit d'échapper à la contrainte de procréation[1] [...]. L'impératif de procréation handicapait les femmes dans la poursuite de leurs études et dans leurs démarches professionnelles. Si elles décidaient d'avorter, elles mettaient leur santé ou leur vie en péril. [...] Autre fait marquant, la levée de la contrainte de la violence : les femmes hésitent à en parler et encore plus à porter plainte. En 1980, le viol est redéfini juridiquement comme un crime contre la personne, après un long combat. [...]

Le féminisme a-t-il aujourd'hui réalisé ses promesses ?
Il reste des inégalités salariales liées au fait que les femmes n'accèdent pas aux mêmes « postes de pouvoir ». Elles sont présentes dans tous les secteurs professionnels, mais plus on monte en hiérarchie, moins elles sont nombreuses. C'est la loi de la pyramide qui se confirme un peu partout. À l'Assemblée nationale, il y a moins de 30 % de femmes. [...]

La France est-elle toujours une société patriarcale[2] ?
Il ne faut pas être dans la caricature. Certes, la société française est encore pénalisante pour les femmes mais elles sont libres pour la plupart. Elles travaillent, elles sont autonomes financièrement. Globalement, elles ne sont plus soumises à un père ou à un mari, divorcent, disposent de leur corps. [...]

Janine Mossuz-Lavau, propos recueillis par Linda Caille et Laurent Greilsamer, *Le 1*, n° 122, mercredi 21 septembre 2016.

1. Le fait d'avoir des enfants. **2.** Société dominée par le pouvoir des hommes.

Questions

1. Expliquez le terme « contrainte de procréation » en relevant les difficultés rencontrées par les femmes.

2. D'après vos connaissances, quels droits ont été obtenus et ont permis de lever cette contrainte ?

3. Expliquez le passage souligné en rappelant comment le droit français et les mentalités ont évolué en France depuis les années 1950.

4. Relevez deux domaines dans lesquels les inégalités entre hommes et femmes demeurent importantes.

5. Quel est l'autre grand combat des mouvements féministes actuels ? Justifiez avec le document et vos connaissances.

THÈME

1 Mers et océans : au cœur de la mondialisation

LES ENJEUX

- Mers et océans occupent une place prépondérante dans les échanges internationaux et constituent des vecteurs essentiels de la mondialisation. La gestion des ressources de la mer, la sécurité des routes maritimes sont des enjeux majeurs (Question obligatoire).
- Les réseaux de câbles sous-marins sont l'infrastructure essentielle de la circulation mondialisée d'informations (Sujet d'étude 1).
- Les routes maritimes sont contraintes, dans leur tracé, par des points de passage obligés, les canaux et les détroits, comme celui de Malacca (Sujet d'étude 2).

La question obligatoire

PAGE 118 ▼ PAGE 131

Mers et océans : vecteurs essentiels de la mondialisation

Dans quelle mesure les mers et les océans sont-ils des vecteurs essentiels de la mondialisation ?

Les sujets d'étude au choix

1 Les réseaux de câbles sous-marins : des infrastructures essentielles de la mondialisation

PAGE 132 ▼ PAGE 139

En quoi les câbles sous-marins sont-ils essentiels pour la mise en relation des différents continents ?

2 Le détroit de Malacca : un point de passage majeur et stratégique

PAGE 140 ▼ PAGE 145

Quels sont les enjeux liés au détroit de Malacca, un des passages maritimes les plus fréquentés du monde ?

En quoi suis-je concerné ?

1. Selon votre lieu de résidence, quels usages faites-vous ou quels liens entretenez-vous avec la mer ou l'océan ?

2. Quelles sont les menaces pesant sur les mers et océans ? Comment pouvez-vous agir pour les préserver ?

REPÈRES

Des étendues maritimes aux multiples enjeux

1. Les ports et les routes maritimes

- Les 5 plus grands ports du monde
- Autre grand port
- Principale façade maritime
- Principale voie maritime mondiale
- Autre voie maritime importante
- Espaces délaissés

2. Les points de passage stratégiques

- Point de passage transocéanique
- Travaux d'agrandissement
- Risque important de pollution

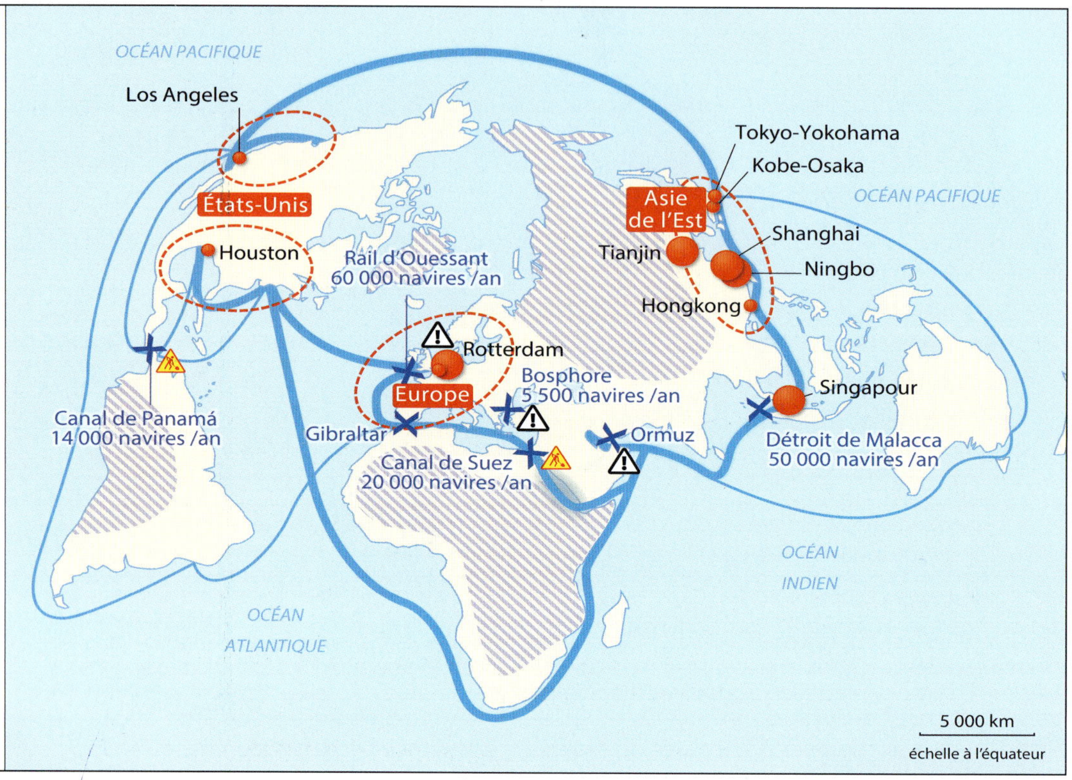

1 Routes et transports maritimes

Carte interactive liennathan.fr/0u7wd2

1 Expliquez ce qu'est un passage stratégique.

2 Montrez le rôle des mers et des océans dans la mise en relation des principaux pôles d'activité mondiaux.

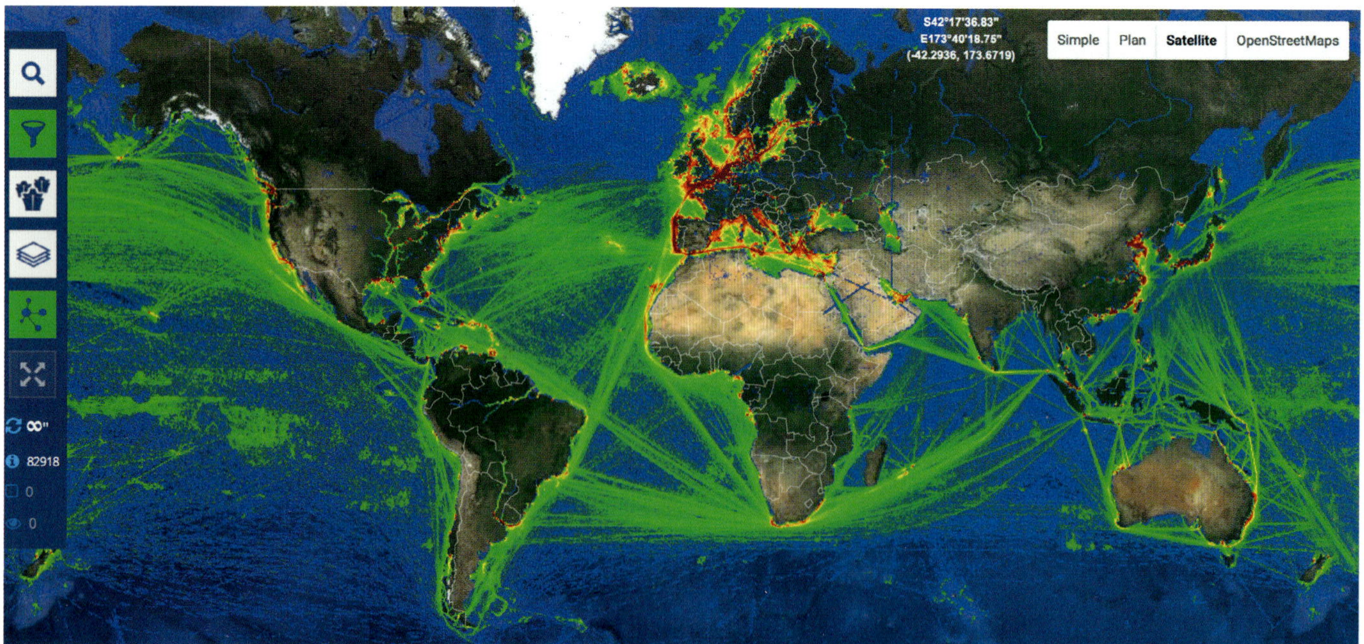

2 Image satellite du trafic maritime mondial (NASA, 2016)

1 Précisez la nature de ce document en le différenciant du précédent.

2 En quoi renforce-t-il la hiérarchie des routes maritimes suggérée par la carte précédente ? (docs 1 et 2)

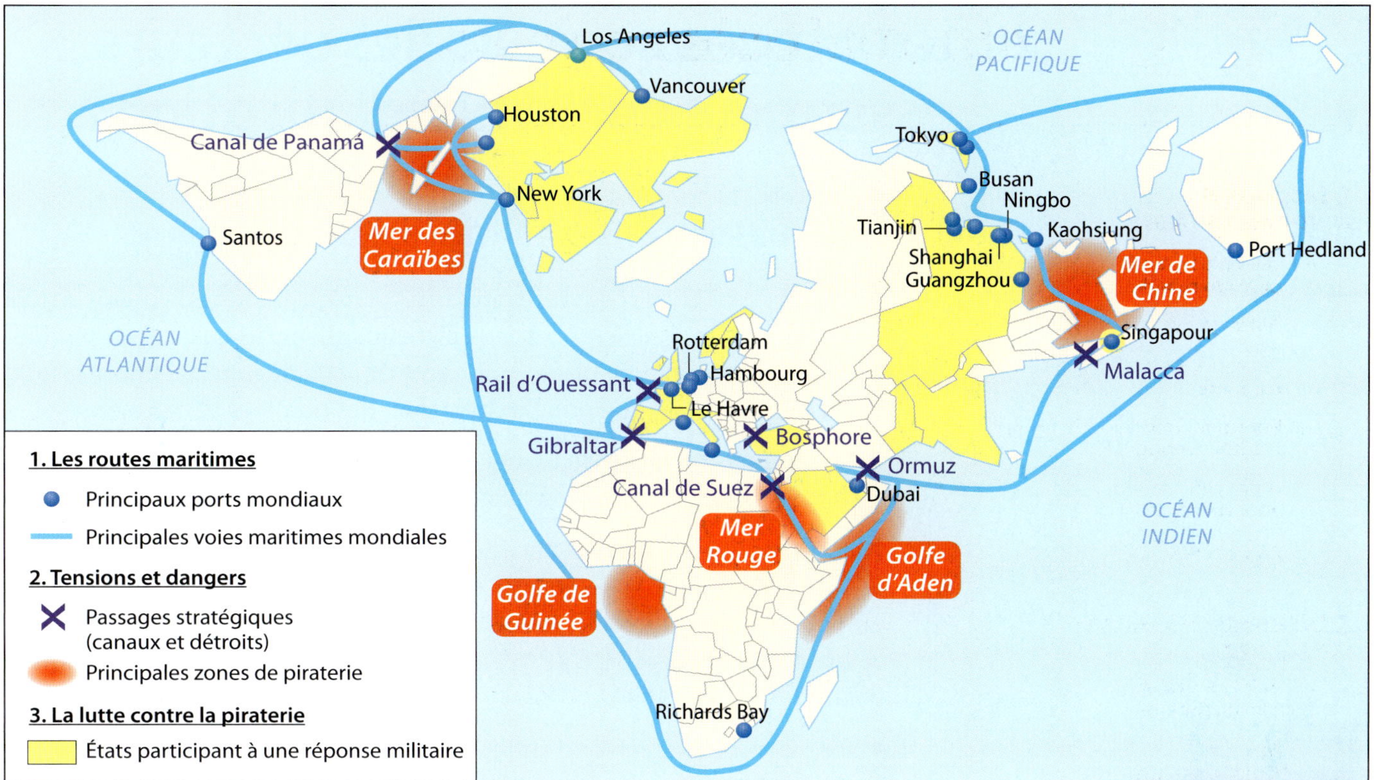

3 Les territoires de la piraterie dans le monde

Carte interactive
liennathan.fr/7zok12

1. Quels sont les deux types de zones de danger pour la navigation maritime ?
2. Quelle information donnée par la carte semble montrer que la piraterie est prise au sérieux par les États ?

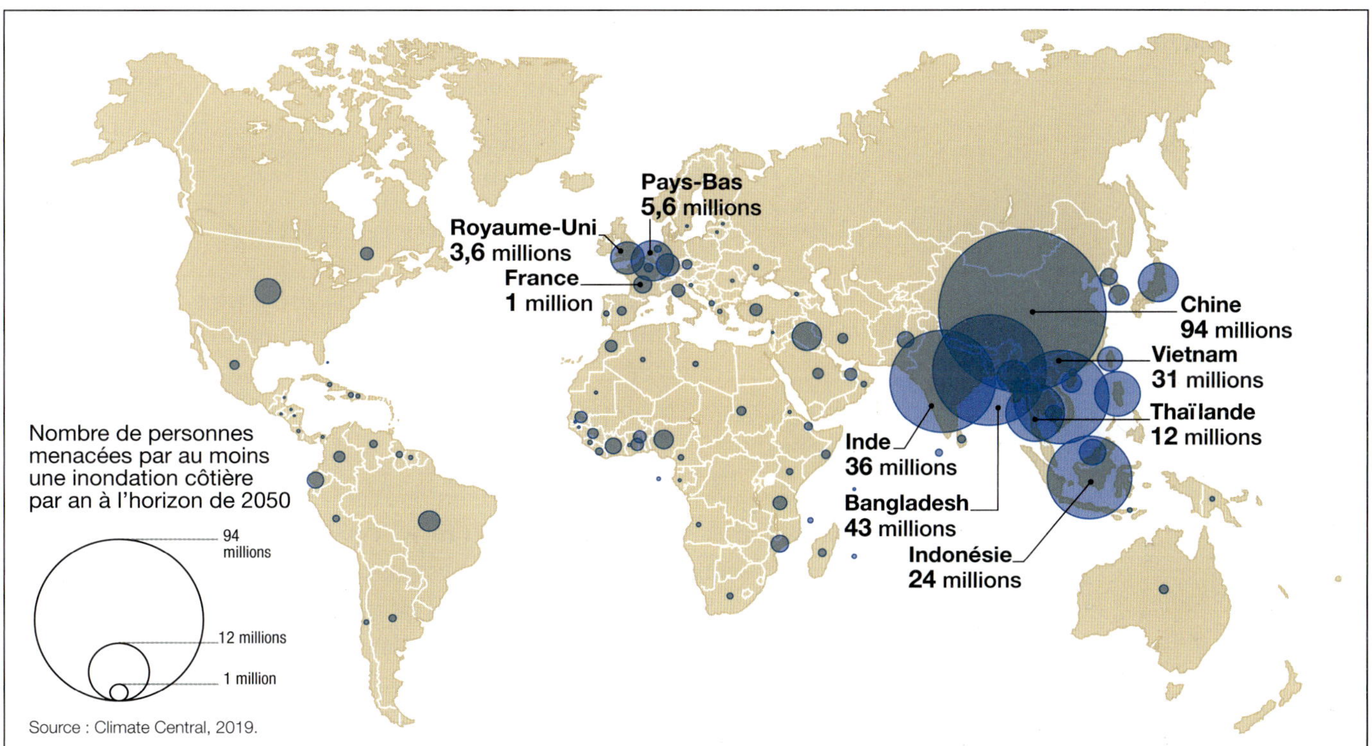

4 Les risques de submersion marine liés au réchauffement climatique

1. Quels sont, par ordre d'importance, les deux régions du monde les plus menacées ?
2. Relevez les liens existant entre étendues marines et activités humaines. **(docs 1 et 4)**

COURS

Dans quelle mesure les mers et les océans sont-ils des vecteurs essentiels de la mondialisation ?

Portfolio liennathan.fr/y0c9i2

Podcast liennathan.fr/4t3l8r

1 Chalutier industriel relevant ses filets

A Les ressources des mers et des océans

■ **Les mers et océans couvrent environ 71 % de la planète** et jouent un rôle essentiel dans les équilibres naturels, climatiques en particulier. Ces étendues maritimes occupent une place importante pour l'humanité, tant pour la fourniture de ressources que pour la circulation des hommes et des biens.

■ Les ressources tirées de la mer sont soit alimentaires soit énergétiques (pétrole, gaz, nodules polymétalliques).

■ Les ressources halieutiques fournies par les océans sont en constante augmentation. La pêche en mer est la plus grande activité de prédation pratiquée au monde, et la surexploitation est une menace pour le renouvellement de la ressource. L'aquaculture connaît une forte augmentation depuis les années 1990.

■ Mers et océans recèlent d'autres ressources : biochimiques (utilisées dans l'industrie pharmaceutique et les cosmétiques), métalliques et énergétiques.

■ Dans le domaine des énergies dites « non renouvelables » (hydrocarbures), les forages sous-marins (production offshore) assurent **30 % de la production mondiale de pétrole et de gaz naturel**. À proximité des côtes, la **production d'énergies renouvelables** se développe en utilisant la force de la marée, celle des vagues, des courants sous-marins ou des vents (parcs maritimes d'éoliennes). Les paysages et étendues maritimes constituent une ressource exploitée sous forme de tourisme balnéaire ou de croisières (30 millions de croisiéristes en 2019).

B La maritimisation des économies

■ **La mondialisation économique s'accompagne d'une maritimisation croissante des économies.** Les échanges internationaux, les circulations de marchandises s'effectuent pour l'essentiel par bateau et les activités de production se rapprochent des côtes dans de vastes zones industrialo-portuaires.

■ Les routes maritimes consistent en des couloirs de quelques kilomètres de large. Elles se dessinent en fonction des points de passage obligatoires (détroits, canaux), des contraintes physiques (côtes, vents, courants marins, profondeurs, récifs, glaces) et des aléas géopolitiques (insécurité, piraterie). **Les principales routes maritimes relient les grandes façades maritimes et leurs ports** (Europe, Amérique du Nord, Asie), concentrant ainsi l'essentiel des échanges mondiaux.

■ Les fonds des océans sont tapissés depuis la fin du XIXe siècle de réseaux de **câbles de télécommunications**. Il en existe environ 500 aujourd'hui, qui assurent l'essentiel des transmissions d'informations entre continents (téléphone et Internet).

Vocabulaire

Aquaculture : ensemble des activités d'élevage des animaux aquatiques et de culture des algues.

Façade maritime : espace littoral de production et d'échanges jouant le rôle d'interface entre un arrière-pays continental (hinterland) et un avant-pays maritime (foreland). De dimensions variables, une façade maritime est faite de plusieurs sites portuaires et industrialo-portuaires.

Halieutique : qui concerne l'ensemble des disciplines relevant de la pêche et de la gestion des ressources aquatiques, végétales et animales.

Offshore : terme désignant l'exploitation (d'hydrocarbures) au-delà de la côte, à partir de plates-formes en mer.

Ressource : élément naturel présentant une utilité pour les sociétés humaines et qui n'accède au statut de ressource qu'à partir du moment où il est exploité par une société donnée à un moment donné, dans le but de satisfaire des besoins ou de créer des richesses.

Notions

Canaux et détroits internationaux : couloirs de communication entre deux mers ou océans, d'origine naturelle (détroits) ou aménagés par l'homme (canaux), et dans lesquels un droit de passage est garanti par une convention internationale.

Maritimisation : processus, qui s'accélère depuis les années 1970, de glissement des activités productives vers les régions côtières, en relation avec l'accroissement des échanges internationaux par voie maritime.

Mondialisation : mise en relation étroite des différentes parties du monde, que ce soit pour la circulation des hommes, des marchandises, de l'information ou des capitaux. Mers et océans jouent un rôle important pour les flux de marchandises (routes maritimes) et d'information (câbles sous-marins).

Route maritime : le tracé suivi par un navire est *a priori* libre, mais la recherche des distances les plus courtes et le souci d'éviter les zones à risque (piraterie) provoquent la concentration de la navigation commerciale maritime sur des couloirs de circulation et des passages obligés, comme les détroits et canaux.

C Les enjeux stratégiques des espaces maritimes

■ La Convention des Nations unies sur le droit de la mer (CNUDM), signée à Montego Bay (Jamaïque) en 1982, a élargi la souveraineté des États riverains sur les étendues marines avec la définition de la **zone économique exclusive (ZEE)** qui leur permet de disposer de toutes les ressources à des fins économiques **dans la limite de 200 milles marins** (370 km). Au-delà de cette ZEE commencent les eaux internationales, représentant 64 % de la surface des océans et sur lesquelles s'applique le principe de liberté (circulation, pêche).

■ Les espaces vitaux pour le commerce maritime, comme les **détroits et canaux internationaux**, connaissent des **tensions géopolitiques très fortes**. Certaines routes maritimes sont menacées par des actes de piraterie qui justifient la présence de marines militaires.

■ Au-delà des enjeux économiques et géopolitiques, **l'état des étendues marines se dégrade** : épuisement de la ressource halieutique, pollution par les plastiques ; et l'élévation du niveau des eaux sous l'effet du réchauffement climatique menace les populations côtières.

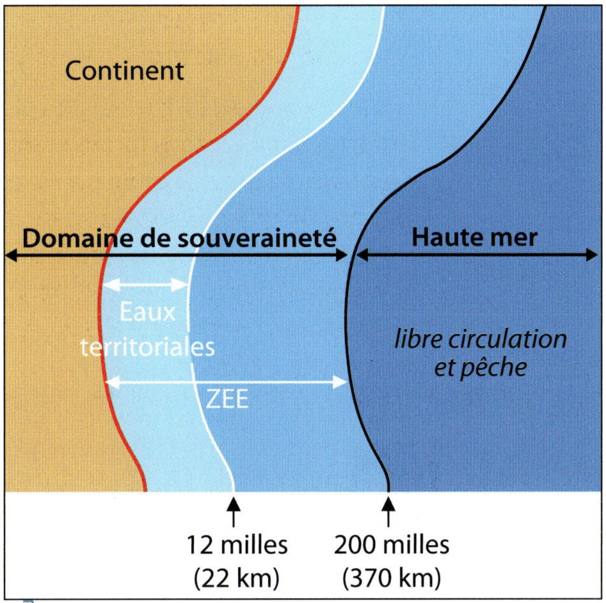

2 Le droit de la mer : une forme d'appropriation des espaces maritimes par les États

On parle aussi de territorialisation de ces espaces.

Questions

1. Citez trois grands types de ressources liées à la mer.
2. En quoi pêche et aquaculture sont-elles deux activités à la fois différentes et complémentaires ?
3. Montrez quelles contraintes pèsent sur le tracé des routes maritimes.
4. Quelle est la différence de nature entre un détroit et un canal maritime ?
5. Que recouvre l'expression « droit de la mer » ?
6. Quelles sont les menaces principales pesant sur les mers et les océans ?

DOCUMENTS 1 Les ressources des mers et des océans

Vocabulaire

Aquaculture : ensemble des activités d'élevage des animaux aquatiques et de culture des algues.

Halieutique : qui concerne l'ensemble des disciplines relevant de la pêche et de la gestion des ressources aquatiques, végétales et animales.

Offshore : terme désignant l'exploitation (d'hydrocarbures) au-delà de la côte, à partir de plates-formes en mer.

Ressource : élément naturel présentant une utilité pour les sociétés humaines et qui n'accède au statut de ressource qu'à partir du moment où il est exploité par une société donnée à un moment donné, dans le but de satisfaire des besoins ou de créer des richesses.

NOTION TRAVAILLÉE : ressource
CAPACITÉ : identifier les contraintes et les ressources d'une situation géographique

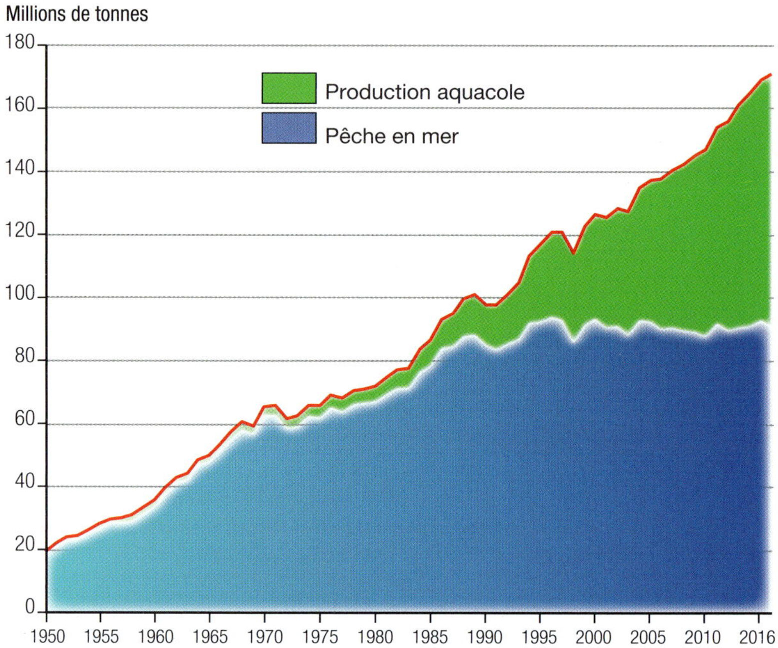

Source : Organisation des Nations Unies pour l'alimentation et l'agriculture, 2018.

1 L'exploitation des ressources halieutiques

Plusieurs organismes internationaux estiment que mers et océans sont en situation de surpêche, avec des prélèvements qui excèdent les capacités de renouvellement des espèces.

2 Les hydrocarbures offshore

La production offshore reste stratégique pour les compagnies pétrolières internationales. Selon les prévisions actuelles, on estime qu'elle représentera 30 % de la production totale en hydrocarbures à l'horizon 2030 et 50 % des réserves à découvrir. 75 % des nouveaux volumes d'hydrocarbures découverts en 2017 sont issus de l'offshore. [...]

Les défis de la production offshore sont de :
– forer et produire en grandes profondeurs d'eau,
– transporter les fluides sur de longues distances dans un milieu à basse température sans former de bouchons d'hydrates ou de paraffines,
– pomper un mélange d'eau, de pétrole et de gaz avec des teneurs très variables en gaz,
– séparer les effluents (gaz, pétrole et eau) en fond de mer.

L'industrie pétrolière doit pouvoir s'appuyer sur des technologies qui permettent de forer et produire en offshore, tout en assurant la sécurité et en maîtrisant les coûts.

Daniel Averbuch, « Forage et production offshore. Contexte et enjeux », IFP Énergies nouvelles, consulté le 16 décembre 2019.

Itinéraire 1

1. Comment évoluent les deux types de production halieutique ? En quoi sont-elles différentes ? (doc. 1)

2. Présentez l'exploitation des hydrocarbures offshore : évolution, importance actuelle et à venir, principales zones de production. (doc. 2)

3. En quoi les énergies présentées dans les documents diffèrent-elles ? (docs 2 et 4)

4. Présentez le type d'activité évoqué par le document : importance et effets. (doc. 3)

Itinéraire 2

Montrez la diversité des ressources des mers et océans, et leur importance pour les hommes et leurs activités.

3 Venise et le tourisme de croisière

Dans le monde, plus de 30 millions de passagers ont participé à une croisière en 2019. Près de 1,5 million de croisiéristes débarquent chaque année à Venise. Suite aux inquiétudes environnementales et à plusieurs accidents, la navigation des paquebots est limitée dans la lagune de Venise depuis septembre 2019.

4 Le vent en mer, une énergie inépuisable

Les champs d'éoliennes en mer situés à proximité des côtes se multiplient ; ils permettent de mieux utiliser l'énergie du vent. Walney Extension, inauguré en 2018 en mer d'Irlande, au sud-ouest de l'Angleterre, est actuellement le plus grand champ éolien offshore avec 87 éoliennes. Il pourra alimenter en énergie plus de 600 000 foyers.

Pour mémoriser

1. Définir ce qu'est une ressource halieutique.
2. Citer trois types de ressources des mers et océans.
3. Donner un exemple pour chacune de ces catégories.

DOCUMENTS 2 La maritimisation des économies

Vocabulaire

Porte-conteneurs : navires spécialisés dans le transport de marchandises emballées en caisses métalliques de dimensions normalisées et transférables sur trains ou camions.

Vraquiers : navires spécialisés dans le transport de marchandises lourdes non emballées (minerais, charbon, céréales).

Zone industrialo-portuaire (ZIP) : site industriel situé à proximité immédiate d'un port et qui fonctionne en lien direct avec les transports maritimes pour l'importation des matières premières (minerais, énergie) et la réexpédition d'une partie de la production.

NOTIONS TRAVAILLÉES : maritimisation, mondialisation

CAPACITÉS : employer le lexique acquis en géographie à bon escient ; savoir lire, comprendre et critiquer des documents de nature différente

1 Évolution de la flotte marchande dans le monde selon les capacités et les types de navires

Type de navires	Flotte en 2014 (en milliers de Tpl[1])	Flotte en 2018 (en milliers de Tpl[1])	Évolution 2014-2018 (en %)
Pétroliers	482 000	561 000	16,3
Navires de charge classiques	77 500	74 500	–3,8
Vraquiers	726 000	818 500	12,7
Porte-conteneurs	216 000	252 000	16,6
Autres (gaziers, chimiquiers, passagers…)	210 000	217 000	3,3
Total	**1 711 500**	**1 923 000**	**12,3**

1. Tpl : tonnes de port en lourd, mesure de capacité de chargement d'un navire.

Source : Conférence des Nations unies sur le commerce et le développement (CNUCED), 2018.

2 Les océans, espaces privilégiés de la mondialisation

L'océan Atlantique [à la fin du XIXe siècle] devient le cœur de l'économie-monde. [...] Dans cet espace, deux façades maritimes majeures se distinguent nettement : la mégalopole du nord-est des États-Unis et la Northern Range desservant la « dorsale européenne ».

L'océan Pacifique devient prédominant à partir des années 1980, comme en témoignent la massivité de ses flux commerciaux et la présence des trois premières puissances mondiales (États-Unis, Chine, Japon). [...]

L'océan Indien s'affirme, surtout depuis les années 1980, comme une plaque tournante des échanges mondialisés [...], faisant de cet océan un espace maritime de transit [...]. Compte tenu des contraintes naturelles spécifiques de l'océan Indien (faible nombre des accès dont l'incontournable détroit de Malacca), les flux maritimes sont concentrés sur un nombre limité d'itinéraires.

Nicolas Balaresque, *La Mondialisation contemporaine. Rapports de force et enjeux*, Nathan, 2017.

Itinéraire 1

1. Relevez quelques indicateurs montrant l'évolution globale des flottes maritimes dans les années récentes. (docs 1 et 4)
2. Justifiez l'affirmation suivante : « Les flottes maritimes sont de plus en plus spécialisées ». (doc. 1)
3. Quels sont les océans les plus fréquentés par les routes maritimes ? (docs 2 et 3)
4. Quelles sont les activités industrielles en lien avec l'évolution et le renouvellement des flottes maritimes ? (doc. 1)
5. En quoi l'océan Indien se distingue-t-il de l'Atlantique et du Pacifique ? (docs 2 et 3)

Itinéraire 2

Montrez dans un paragraphe l'importance prise par la mer et les transports maritimes dans le fonctionnement de l'économie mondialisée.

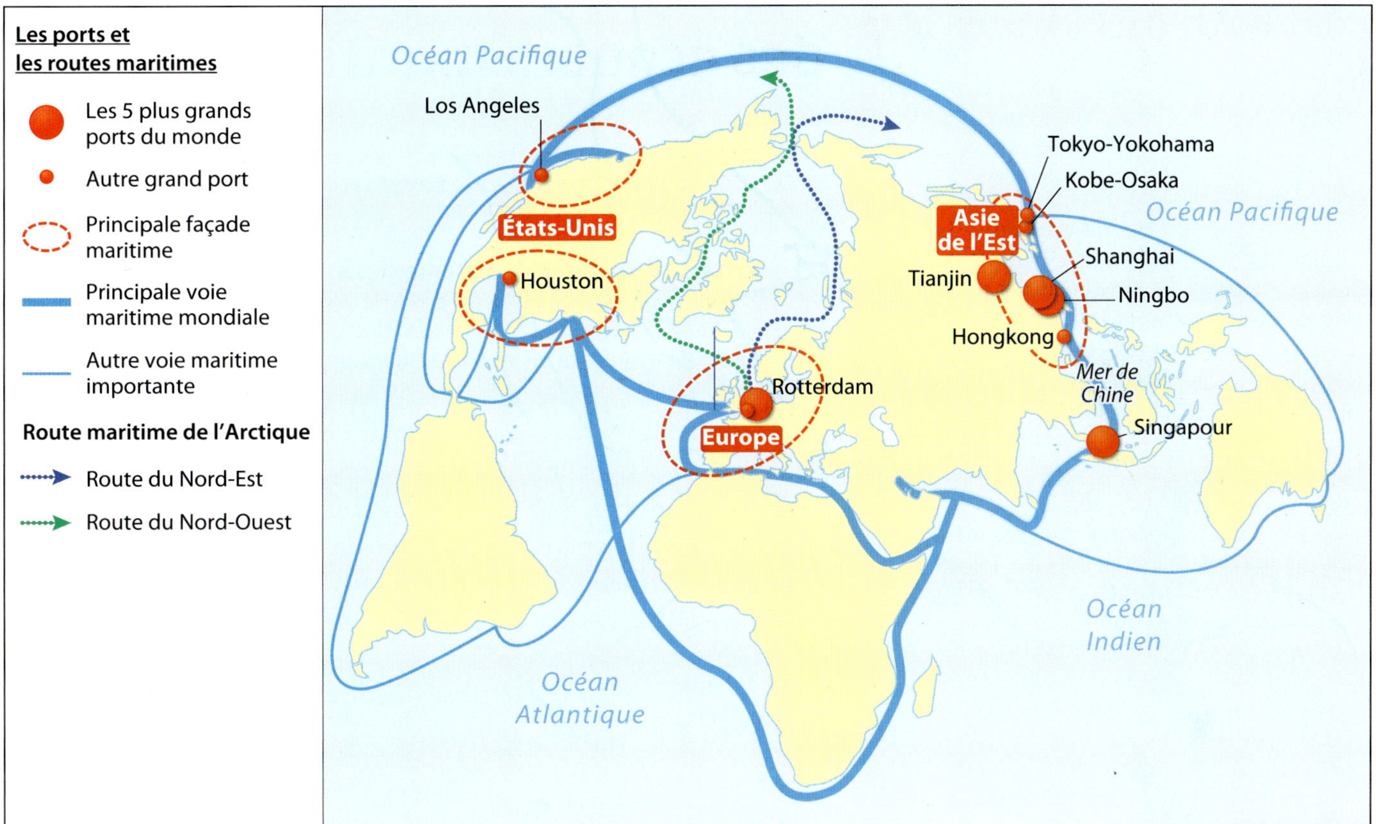

3 〉 Les façades et routes maritimes dans le monde

Carte interactive
liennathan.fr/04evt3

4 〉 Transport maritime et flotte mondiale

Le trafic maritime mondial se porte bien, grâce à la reprise de l'économie mondiale en 2017. Avec des volumes en hausse de 4 %, la croissance la plus forte des cinq dernières années, le trafic maritime mondial a connu un véritable essor et a redonné de l'optimisme au secteur du transport maritime. Les volumes totaux ont atteint 10,7 milliards de tonnes [...]. Après cinq années caractérisées par un ralentissement de la croissance, l'expansion de la flotte mondiale est légèrement repartie à la hausse en 2017. Le tonnage mondial a augmenté de 42 millions de tonnes brutes pendant l'année, soit une croissance modeste de 3,3 %. Ces résultats traduisent à la fois une légère reprise des livraisons de navires neufs et une diminution de l'activité de démolition, exception faite du segment des navires-citernes où les démolitions sont reparties à la hausse.

« Étude sur les transports maritimes 2018 », Conférence des Nations unies sur le commerce et le développement (CNUCED), 2019.

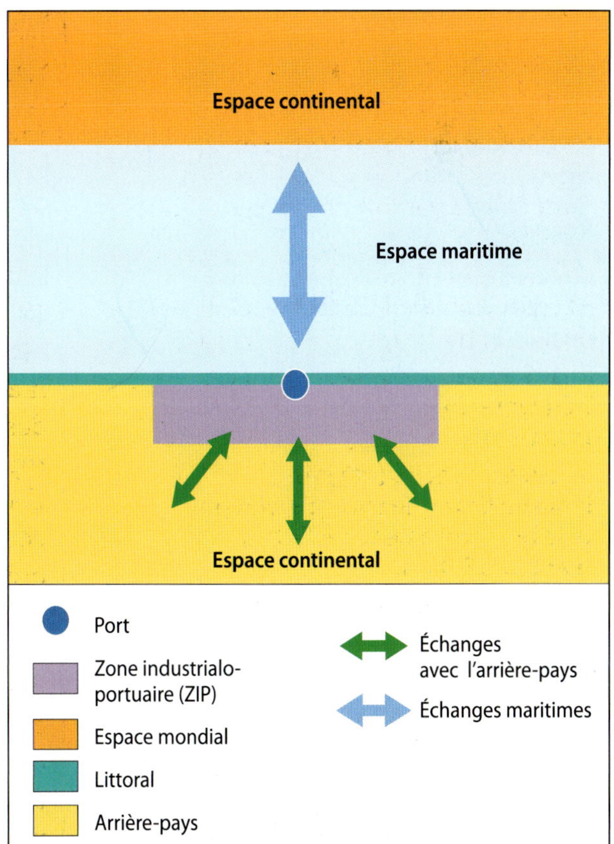

5 〉 Un modèle né de la mondialisation des échanges : la zone industrialo-portuaire

Pour mémoriser

1. Expliquer ce qu'est une ZIP.
2. Dire quels sont les océans qui concentrent le plus de trafic et de façades maritimes.

DOCUMENTS 3 Les enjeux stratégiques des espaces maritimes

Notions

Route maritime : le tracé suivi par un navire est *a priori* libre, mais la recherche des distances les plus courtes et le souci d'éviter les zones à risque (piraterie) provoquent la concentration de la navigation commerciale maritime sur des couloirs de circulation et des passages obligés, comme les détroits et canaux.

Vocabulaire

Territorialisation : processus de transformation d'un espace comme les étendues maritimes en territoire, espace approprié, limité et géré par un groupe humain ou un État.

Itinéraire 1

1. Précisez le sens du mot « territorialisation » appliqué aux étendues marines. **(doc. 1)**
2. Quels sont les nouveaux enjeux de l'Arctique, et pour quelles puissances principalement ? **(doc. 2)**
3. Justifiez l'expression : « l'océan Indien, un espace de tensions ». **(doc. 3)**
4. Montrez que, pour la France, mers et océans sont un important enjeu de territorialité. **(docs 1 et 4)**

Itinéraire 2

Montrez que mers et océans sont au cœur de multiples enjeux et rivalités de puissance.

NOTIONS TRAVAILLÉES : route maritime
CAPACITÉS : s'approprier un questionnement géographique ; identifier les contraintes et les ressources d'une situation géographique

1 La territorialisation croissante des mers

Les mers et les océans ne sont plus seulement un espace de circulation, ils deviennent aussi un espace important de ressources (hydrocarbures, pêche industrielle, etc.) qui aiguisent les appétits des États et des entreprises. Entre la traditionnelle liberté des mers qui prévaut jusqu'alors et la volonté plus récente d'appropriation des fonds marins, des tensions apparaissent qui expliquent les négociations internationales sur les frontières maritimes. Après de longues discussions, la Convention des Nations unies sur le droit de la mer (1982) aboutit à un véritable compartimentage juridique des mers et des océans.

Nicolas Balaresque, *La mondialisation contemporaine. Rapports de force et enjeux*, Nathan, 2017.

2 Le passage du Nord-Est

Le passage du Nord-Est est une voie maritime qui permet de relier l'Europe à l'Asie en longeant les côtes russes, *via* les mers arctiques et le détroit de Béring. C'est le plus court chemin de l'Asie à l'Europe. Cet itinéraire raccourcit les liaisons maritimes entre les grands ports européens et asiatiques de 5 000 à 7 000 km et d'une à deux semaines : 30 % de distance en moins, 40 % de temps de gagné en moyenne.

[...] La route du Nord-Est était jusqu'ici plus coûteuse puisque dégagée par des navires brise-glaces à propulsion nucléaire, et plus risquée. [...] Or, l'accélération de la fonte des glaces change la donne. [...] De manière générale, la région Arctique intéresse les pays qui la bordent : Russes, Canadiens, Américains, Danois, Islandais, Norvégiens, mais elle intéresse aussi les Chinois. La Chine – dont 90 % des marchandises sont transportées par voie maritime – s'est engagée dans une coopération avec Moscou pour l'exploitation de la région Arctique dans le cadre de son projet dit « Nouvelle route de la soie », qui inclurait cette nouvelle route « polaire ».

Émilie Gautreau, « Expliquez-nous... Le passage maritime du Nord-Est », France Info, 20 septembre 2018.

Le porte-conteneurs danois Maersk Lines a relié pour la première fois Vladivostok à Saint-Pétersbourg par la route du Nord-Est en septembre 2018.

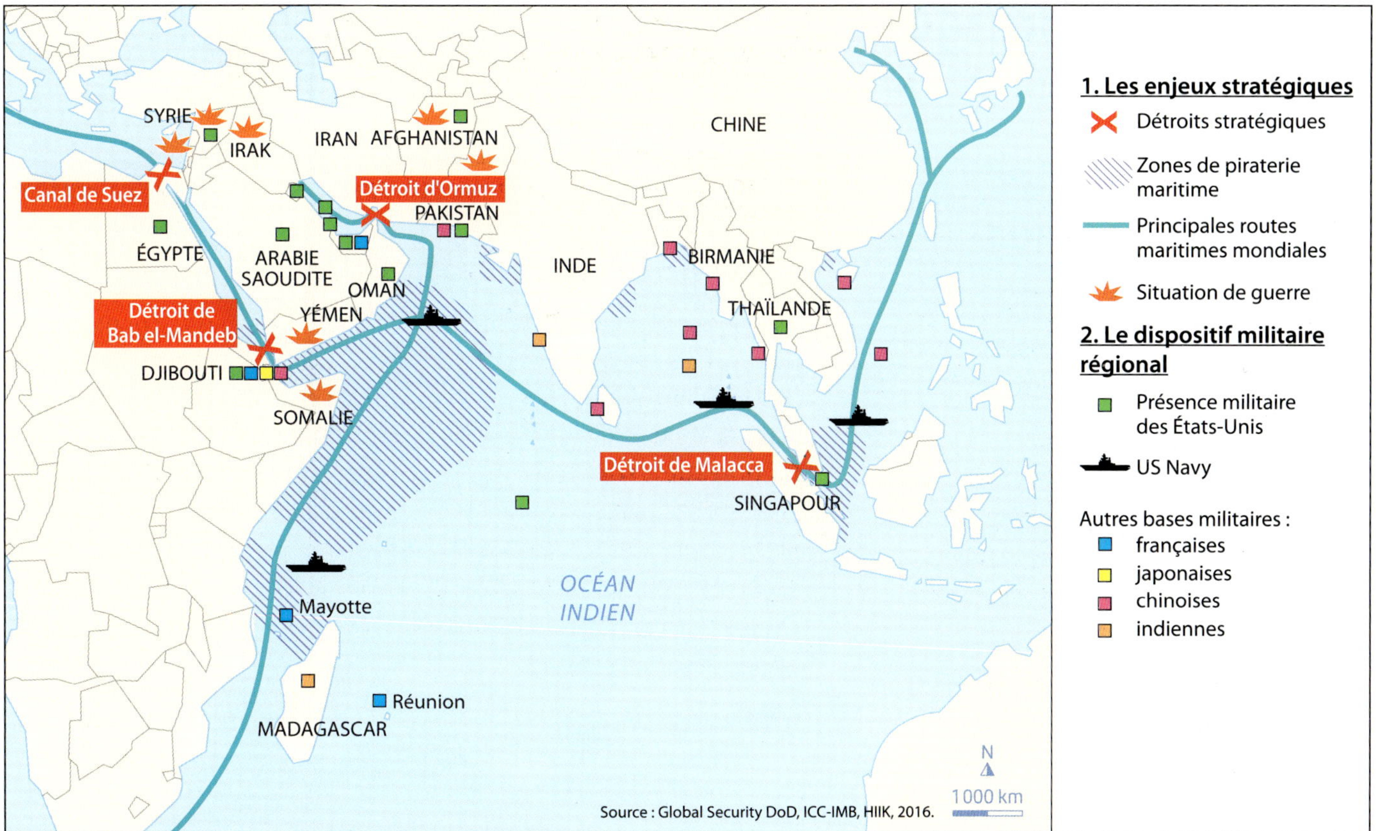

3 Les enjeux géostratégiques de l'océan Indien

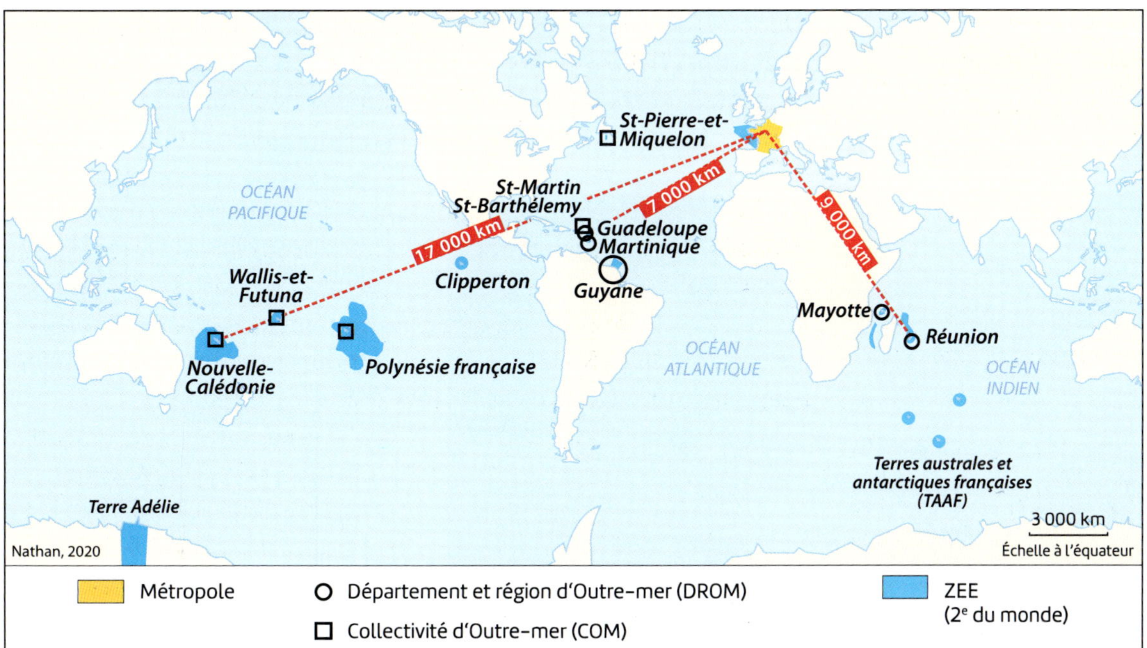

4 Les territoires de la souveraineté française dans le monde

Pour mémoriser

1. Expliquer ce qu'on nomme « territorialisation des mers ».
2. Citer les principales bases territoriales du domaine maritime de la France.
3. Montrer comment se manifestent les différents intérêts stratégiques des puissances sur les mers et océans.

ZOOM Dangers de la mer, mers en danger

1 Les tsunamis

Le 26 décembre 2004, un séisme sous-marin au large de l'île de Sumatra a provoqué une vague géante atteignant jusqu'à 30 mètres de haut, elle a provoqué la mort de plus de 220 000 personnes dans l'océan Indien. En mars 2011, un tsunami a frappé les côtes est du Japon, provoquant entre autres l'accident de la centrale nucléaire de Fukushima.

2 Un porte-conteneurs britannique en perdition en 2007

Les empilements de conteneurs, sur le pont des navires, peuvent être déséquilibrés et tomber à la mer en cas de tempête. Flottant entre deux eaux, ils constituent alors un danger pour la navigation ; ou s'échouant sur les côtes, ils sont une source de pollution.

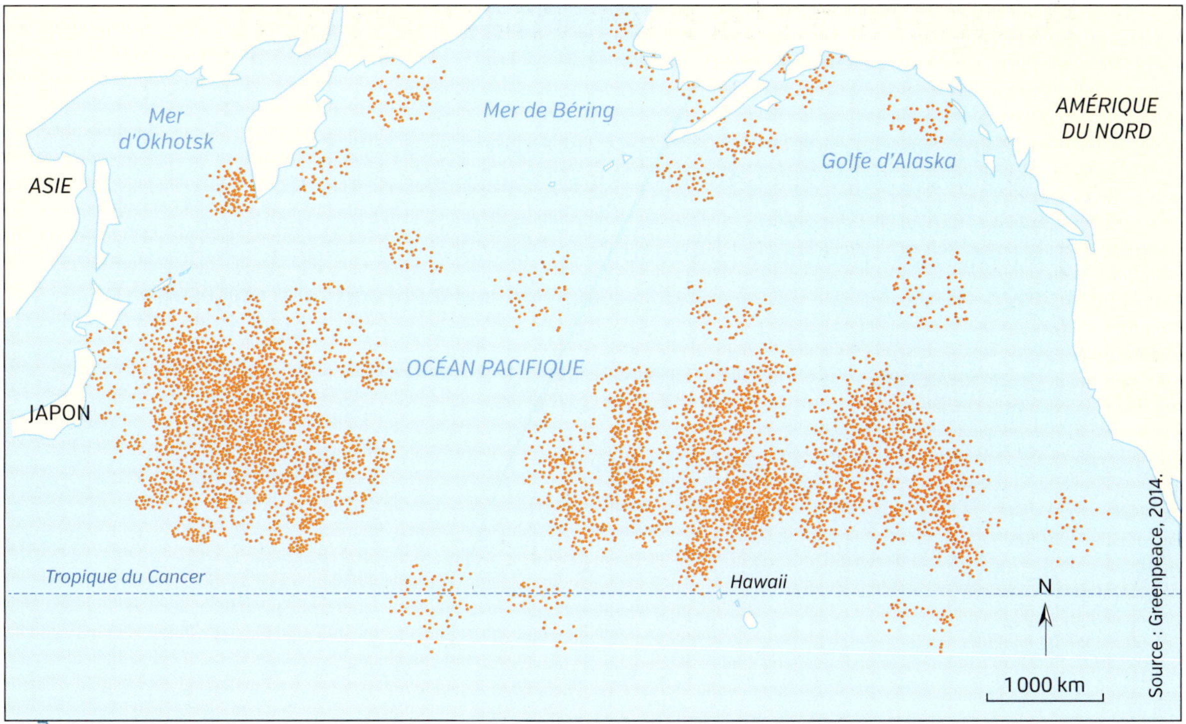

3 Le 7e continent

Rejetés en mer, les déchets plastiques, dont les volumes ont explosé depuis quelques décennies, se déposent sur les côtes ou constituent d'immenses radeaux flottants comme dans le Pacifique. Les animaux (oiseaux et mammifères) en sont les premières victimes en les ingérant ou en s'emmêlant dans les restes d'objets ou de filets.

4 L'explosion de la plate-forme pétrolière Deepwater Horizon, dans le golfe du Mexique, en 2010

L'accident du 20 avril 2010 a causé la mort de onze personnes, et engendré l'une des plus importantes pollutions pétrolières de l'histoire. Du pétrole s'est échappé pendant 85 jours jusqu'au colmatage de la fuite, affectant gravement le milieu marin.

ACTIVITÉS

1. À partir des situations présentées dans les documents et éventuellement d'autres exemples, expliquez le sens du titre de la page « Dangers des mers, mers en danger ».
2. Faites une recherche sur le rôle des océans comme régulateurs des grands équilibres planétaires (CO_2, climat). En quoi les activités humaines ont-elles des effets sur ces déséquilibres, avec quels risques possibles ?

APPRENDRE AUTREMENT

Schéma à télécharger
liennathan.fr/4zva26

Recopiez et complétez le schéma ci-dessous avec les mots et expressions suivants :
routes maritimes – territorialisation des mers (ZEE) – pêche – grands équilibres climatiques – façades maritimes – vent (parcs d'éoliennes), courants, marées (hydroliennes) – zones sensibles (canaux, détroits) – ports – aquaculture – piraterie – hydrocarbures offshore – zones industrialo-portuaires – risque de submersion (élévation du niveau des eaux) – câbles sous-marins – maritimisation des économies.

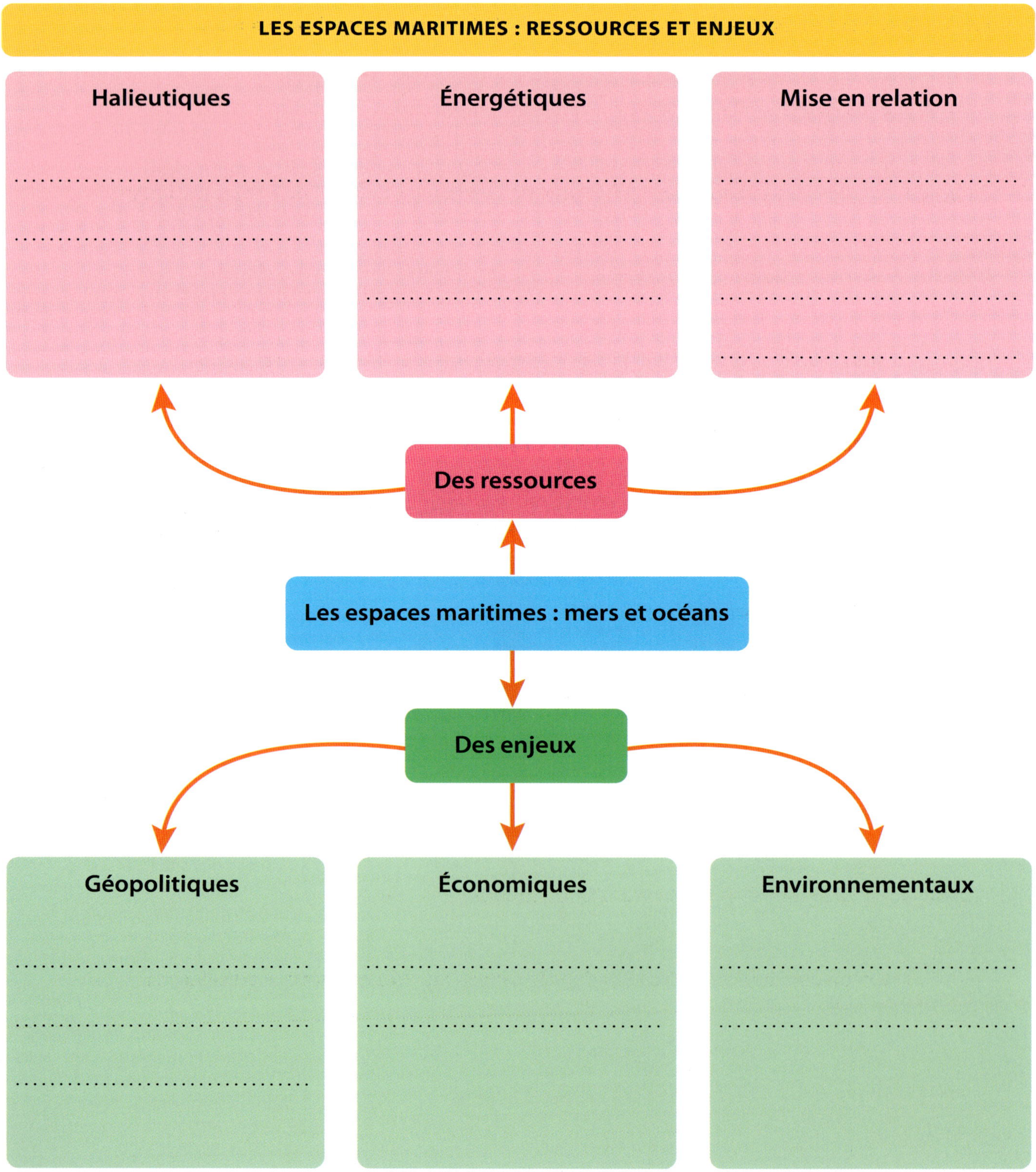

VERS LE BAC

Question obligatoire

VÉRIFICATION DES CONNAISSANCES

1 Vrai ou faux ? Les mers et océans couvrent plus de 71 % de la surface de la planète.

2 Définissez « ressources halieutiques ».

3 Comment évoluent les productions halieutiques ? Donnez une explication à cette évolution.

4 Définissez « hydrocarbures offshore ».

5 Citez deux sources d'énergies en relation avec la mer (autres que les hydrocarbures).

6 Comment se manifeste la maritimisation de l'économie ?

7 Vrai ou faux ? Un détroit est un passage artificiel entre deux mers. Justifiez votre réponse.

8 Choisissez la définition correspondant à ZEE :

a. Zone économique élargie

b. Zone économique exclusive

c. Zone exclusive élargie

9 Expliquez ce qu'est le « passage du Nord-Est ».

10 Vrai ou faux ? La France dispose de la 3e ZEE du monde.

11 La proportion de marchandises circulant dans le monde par voie maritime est d'environ :

a. 30 %

b. 50 %

c. 70 %

d. 90 %

SUJET D'ÉTUDE 1 Les réseaux de câbles

CAPACITÉS : s'approprier un questionnement géographique ; identifier des acteurs

En quoi les câbles sous-marins sont-ils essentiels pour la mise en relation des différents continents ?

Des clés POUR COMPRENDRE

Contexte

Le monde est sillonné en permanence par des communications immatérielles (Internet et téléphone) dans des volumes qui augmentent constamment. Les câbles sous-marins, dont les capacités ont décuplé avec l'utilisation de fibres optiques, sont l'infrastructure essentielle à la mise en connexion des différents continents ; ils assurent 95 à 99 % des échanges d'information. Les satellites de télécommunication, dont les lancements et l'existence sont largement médiatisés, ne dépassent guère quelques pourcents pour des usages très spécifiques. L'installation, la surveillance et la maintenance des réseaux de câbles sont des enjeux vitaux dans notre monde hyperconnecté.

De quoi parle-t-on ?

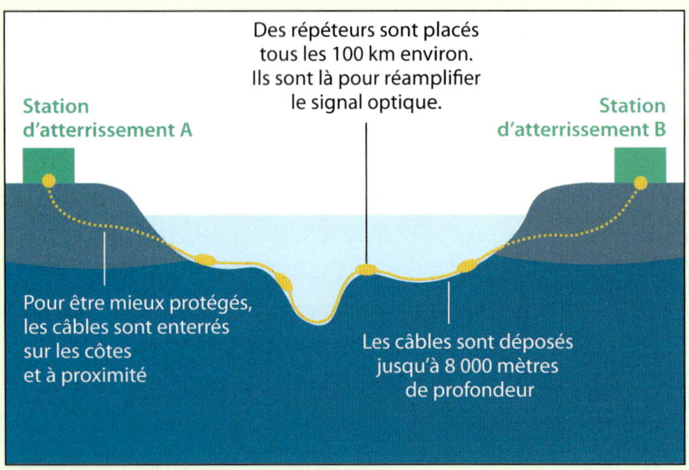

Des câbles posés au fond des mers…

… utilisant la technique de la fibre optique

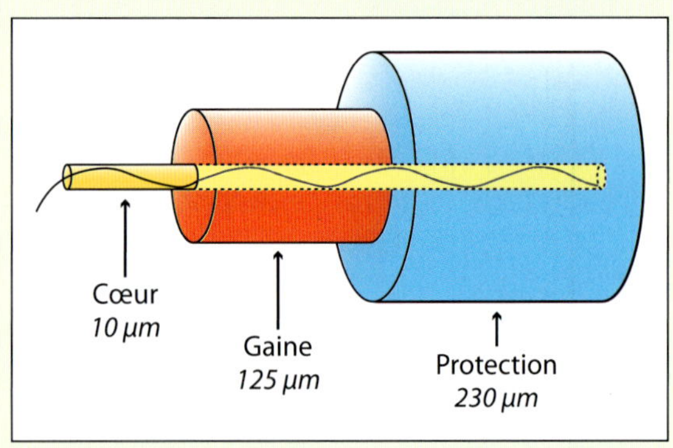

Employée à partir des années 1970 dans le domaine des télécommunications, la fibre optique permet des débits et une vitesse de transmission supérieurs à ceux fournis par les conducteurs métalliques utilisés jusque-là.

L'Internet et les câbles en 2019, ce sont :

- 448 câbles sous-marins intercontinentaux
- 1,2 million de kilomètres
- 99 % des flux intercontinentaux (Internet, téléphonie et données numériques)
- 10 000 milliards de dollars de transferts quotidiens

A Des infrastructures majeures qui répondent à un besoin croissant de télécommunications

› Comment la télécommunication par câbles est-elle devenue indispensable ?

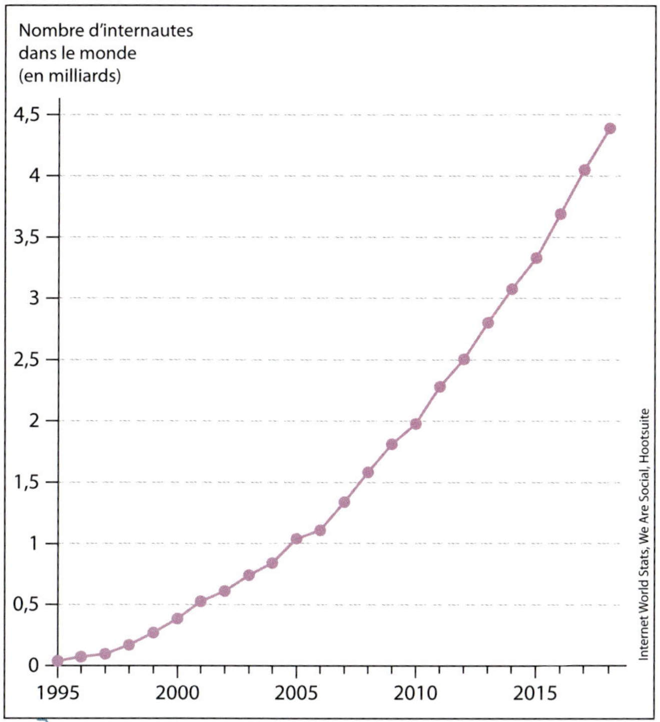

1 Le nombre d'internautes dans le monde (en milliards)

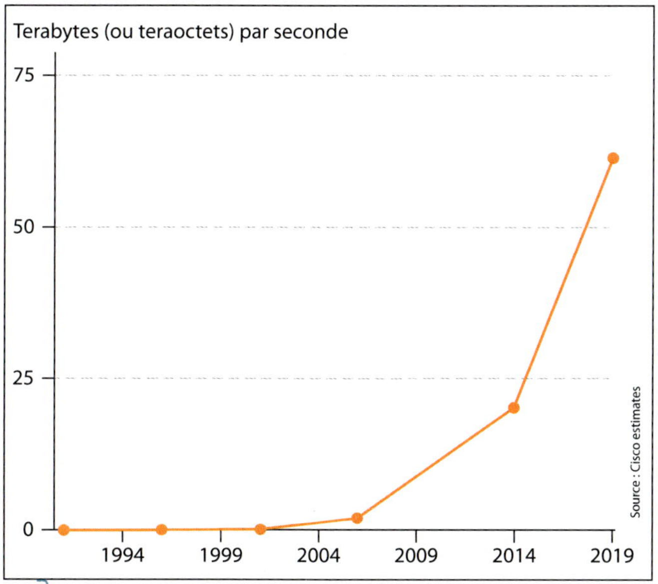

3 L'évolution du trafic Internet dans le monde

Terabytes (ou teraoctets) : unité de mesure qui correspond à 100 milliards d'octets en informatique.

2 Sans réseau, coupés du monde ?

Au milieu de l'océan Pacifique, les 100 000 habitants des îles Tonga sont brutalement revenus à l'ère pré-Internet depuis trois jours. La rupture d'un câble sous-marin qui relie l'archipel aux Fidji voisines a interrompu toutes les connexions Internet. Laissant pour seule alternative une liaison par satellite à la maigre bande passante. [...] Impossible de payer par carte bancaire dans les commerces ou d'effectuer un transfert d'argent avec l'étranger. « En ce moment, on ne peut plus du tout faire de transaction avec l'étranger », rapporte [la] propriétaire d'une entreprise d'import-export à Tonga. Elle ne peut plus accéder à ses factures qui sont stockées sur le cloud, ajoute-t-elle. Une paralysie qui affecte aussi les nombreuses familles dépendant de l'argent envoyé par leurs proches expatriés.
Dans les aéroports de cet archipel de plus de 30 îles, les compagnies aériennes sont contraintes d'enregistrer les passagers manuellement. Elles ne peuvent plus non plus prendre de réservations. Autre victime de ce black-out, les bureaux chargés de la gestion des risques météorologiques se disent inquiets de ne plus pouvoir alerter la population en cas d'urgence.

Sophie Amsili, « Les îles Tonga coupées du monde après une panne géante d'Internet », *Les Échos*, 23 janvier 2019.

Itinéraire 1

1. Selon ces courbes, de quand date l'émergence des communications par Internet ? (docs 1 et 3)
2. En quoi ces courbes se ressemblent-elles ? En quoi diffèrent-elles ? (docs 1 et 3)
3. Quelle est l'origine de la situation décrite ? (doc. 2)
4. Relevez trois effets différents résultant de cette situation, pour les acteurs. (doc. 2)

Itinéraire 2

Exposez oralement ou par écrit la dépendance de nos sociétés aux télécommunications transitant par les réseaux de câbles sous-marins.

CAPACITÉS : s'approprier un questionnement géographique ; identifier des acteurs

B Des réseaux stratégiques pour les acteurs publics et privés

Quels sont les acteurs du déploiement des réseaux de câbles ?

1 L'irruption des géants du Net

Dans cette bataille pour le primat sur la Toile, la donne a changé depuis deux ans avec l'irruption massive des grands fournisseurs de contenus. Deux camps s'affrontent : les GAFAMI américains (Google, Amazon, Facebook, Apple, Microsoft et IBM) d'un côté et les BATX chinois (Baidu, Alibaba, Tencent et Xiaomi) de l'autre. [...]
Ces géants du Net tirent aussi parti des récentes avancées technologiques. Dans le passé, un câble contenait 2 ou 3 paires de fibres optiques, on en loge désormais 12 voire 16 pour un coût divisé par quatre : 250 millions d'euros pour un câble transatlantique contre 1 milliard début 2000.
Opérationnel depuis février, « Marea » – 6 600 km de câbles entre Virginia Beach (Virginie) et Bilbao (Espagne) – a été déployé par Facebook et Microsoft, en collaboration avec l'opérateur télécom espagnol Telxius. Il représente à lui seul 50 % de la capacité existante sur l'axe États-Unis-Europe.

Jean-Michel Gradt, « Internet : la lutte pour la suprématie se joue sous les océans », *Les Échos*, 6 avril 2019.

2 La surveillance en mer

Afin de préserver ses intérêts, la France fait preuve d'une grande vigilance dans ce domaine. Si les entreprises telles qu'Orange Marine ou Alcatel Submarine Network, leaders mondiaux de la pose et de la maintenance, assurent elles-mêmes des contrôles réguliers afin de déceler et de localiser des éventuelles coupures ou dégradations, l'État assure également une surveillance renforcée. Il s'agit tout d'abord pour lui de protéger les câbliers[1] qui travaillent dans les espaces maritimes français. [...] Pour opérer dans la zone économique exclusive[2] nationale, les navires scientifiques doivent déposer un dossier [...]. Parallèlement, la Marine nationale maintient dans le cadre de la Défense Maritime du Territoire, une surveillance attentive de nos approches. [...] Lorsqu'une intervention est requise, la Marine peut déployer la « cellule plongée humaine et intervention sous la mer » (Cephismer), [...] pour effectuer un diagnostic plus poussé et traiter d'éventuelles menaces.

« Les câbles sous-marins – Enjeu stratégique majeur », *Cols bleus*, 7 janvier 2019.

1. Navires spécialisés dans la pose, le relevage et l'entretien des câbles sous-marins. **2.** Avec les territoires d'outre-mer, la France dispose du deuxième domaine maritime le plus étendu du monde.

3 Orange Marine, un acteur spécialisé

Travaux du groupe Orange Marine sur un câble grande vitesse entre Singapour et la France en 2016. Long de 20 000 km, il relie 17 pays.

Itinéraire 1

1. Analysez la compétition mondiale qui se joue entre acteurs dans le domaine des réseaux câblés sous-marins. (doc. 1)

2. Selon le document, dans quel but et comment la France intervient-elle en mer ? (doc. 2)

3. Quels sont l'activité et le rang d'Orange Marine dans le secteur des câbles sous-marins ? (docs 2 et 3)

Itinéraire 2

Montrez l'intérêt suscité par les réseaux de câbles sous-marins et l'engagement des acteurs privés et publics en ce domaine.

C Des réseaux qui intègrent inégalement les territoires

› En quoi la desserte par les câbles sous-marins contribue-t-elle à différencier les territoires ?

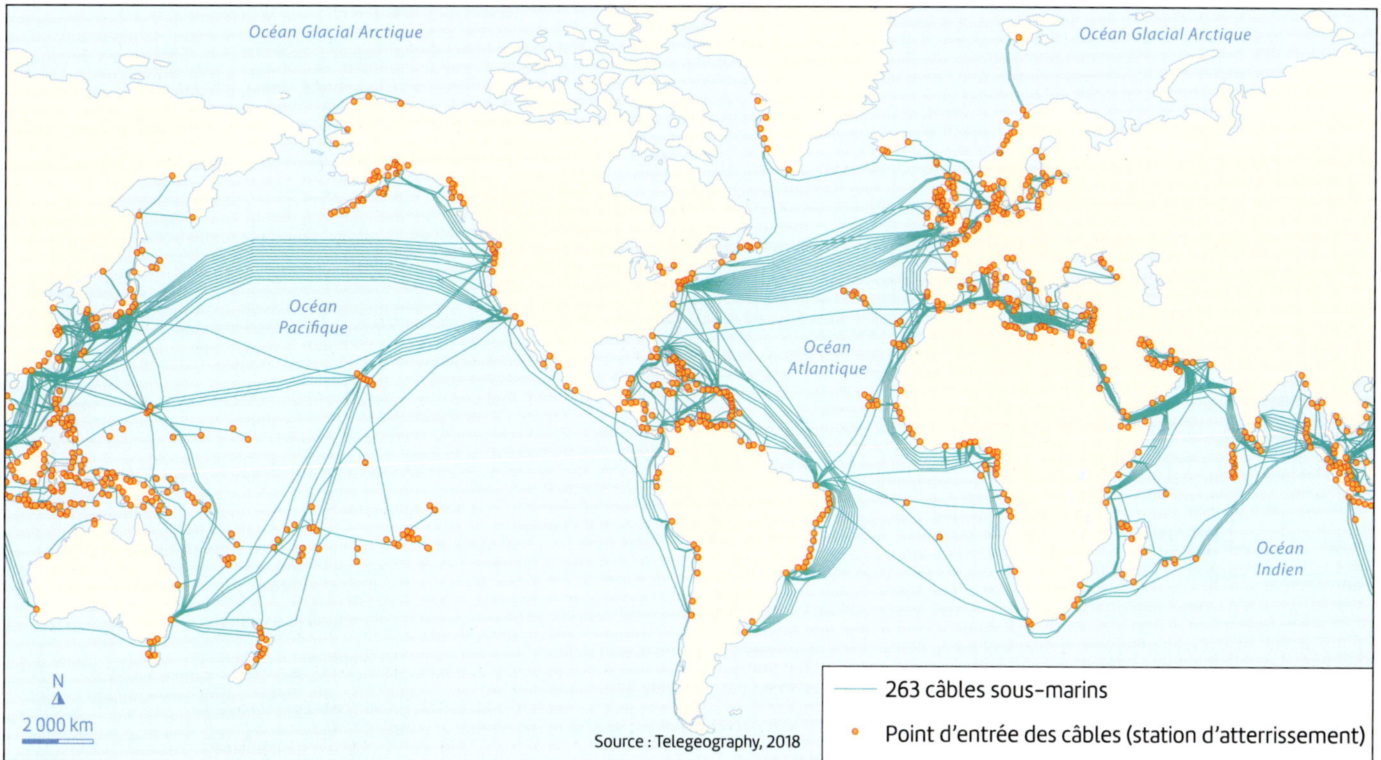

1 › Le réseau mondial des câbles sous-marins

2 › Marseille, hub des réseaux sous-marins de télécommunication

Point d'atterrage historique de nombreux câbles sous-marins de télécommunications, la cité phocéenne connaît un véritable engouement depuis deux décennies. Un succès qu'elle doit essentiellement à sa situation géographique, véritable porte d'entrée de l'Europe pour les câbles arrivant d'Asie *via* le canal de Suez, sachant que le chemin le plus court est toujours le moins cher, et qu'effectuer le trajet sous l'eau est dix fois moins coûteux que sous terre. Contrairement à Barcelone, Rome ou Athènes, la cité phocéenne offre surtout un accès direct au fameux « quadrilatère d'or » constitué de Londres, Amsterdam, Francfort et Paris, où se concentrent 80 % des plates-formes européennes dédiées à l'informatique et aux télécommunications.

[...] Treize câbles internationaux aboutissent déjà à Marseille. Profitant de ce contexte particulièrement favorable, trois supplémentaires ont été annoncés, [le premier] en provenance d'Afrique du Sud, *via* le Kenya, le golfe d'Aden et Djibouti. Un autre câble reliera Mumbai à Marseille en direct. Quant au dernier, sa mission sera d'atteindre Marseille en contournant le goulot d'étranglement que constitue l'Égypte.

Philippe Gallini, « Télécommunications : tous les câbles mènent à Marseille », *La Provence*, 15 octobre 2017.

Itinéraire 1

1. Quelle information cartographiée permet d'affirmer qu'un territoire est intégré au réseau mondial de communication ? **(doc. 1)**

2. Quels sont les territoires qui paraissent les mieux intégrés et ceux, au contraire, qui semblent en marge ? **(doc. 1)**

3. Montrez en quoi Marseille peut être qualifiée de hub en termes de télécommunications par câbles. **(doc. 2)**

Itinéraire 2

En quoi les câbles sous-marins sont-ils, comme d'autres réseaux de transport et de communication, un facteur de différenciation entre les territoires ?

L'ESSENTIEL

A Des infrastructures majeures qui répondent à un besoin croissant de télécommunications

Le nombre d'internautes représente plus de la moitié de l'humanité (4,6 milliards de personnes), le flux d'informations augmente rapidement. Aujourd'hui, les câbles sous-marins transportent de 95 à 99 % des flux immatériels de communications, de données et de capitaux, ce qui crée une dépendance croissante de nos sociétés à ce réseau de communication mondial.

B Des réseaux stratégiques pour les acteurs publics et privés

Les entreprises des télécommunications comme Orange, spécialisées dans le déploiement et l'entretien du réseau des câbles sous-marins, sont désormais rejointes par les grands fournisseurs de contenus et d'applications. La concurrence des géants du Net américains et chinois dans ce secteur en révèle les enjeux commerciaux. Les enjeux géopolitiques expliquent l'intervention des États pour assurer la protection du réseau et éviter l'interruption partielle ou totale des flux mondiaux.

C Des réseaux qui intègrent inégalement les territoires

Les réseaux de câbles sous-marins intègrent inégalement des territoires aux flux de la mondialisation. À l'échelle mondiale, ils relient principalement les espaces moteurs. À l'échelle régionale, les points d'atterrage comme Marseille en Europe sont de véritables hubs desservant les territoires.

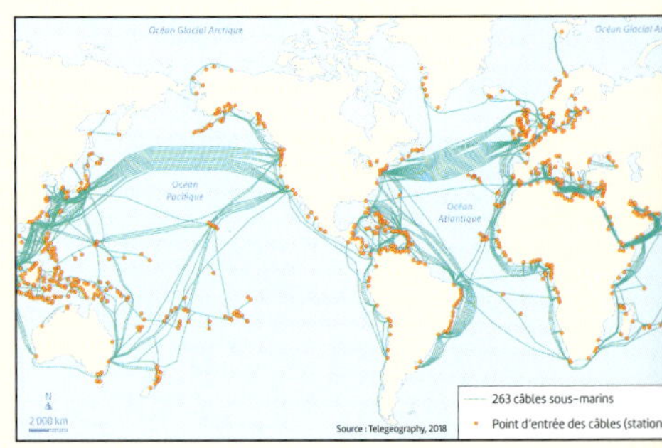

MISE EN PERSPECTIVE

Les réseaux de câbles sous-marins sont les vecteurs des flux immatériels de la mondialisation (données, informations et capitaux). La dépendance des sociétés aux dynamiques de la mondialisation sont au cœur d'enjeux géoéconomiques, géoenvironnementaux et géopolitiques.
Structurés à partir des territoires du Nord et en émergence, ces réseaux accélèrent les échanges et hiérarchisent inégalement l'intégration des territoires aux flux mondiaux. Ils participent à la littoralisation des activités.

Podcast
liennathan.fr/8u2zl8

APPRENDRE AUTREMENT

Schéma à télécharger
liennathan.fr/2ox8n5

Recopiez et complétez le schéma ci-dessous avec les mots et expressions suivants :
télévision – GAFAMI (Google, Amazon, Facebook, Apple, Microsoft, IBM) – maintenance et réparation des réseaux – Internet – opérateurs de télécommunications (Orange, …) – pose de câbles – téléphone – fibre optique – opérateurs chinois.

LES RÉSEAUX DE CÂBLES SOUS-MARINS, ARTÈRES DE LA COMMUNICATION MONDIALE

Acteurs privés

....

....

....

Acteurs étatiques

Pose et surveillance de câbles

Une circulation massive et croissante d'informations

....

....

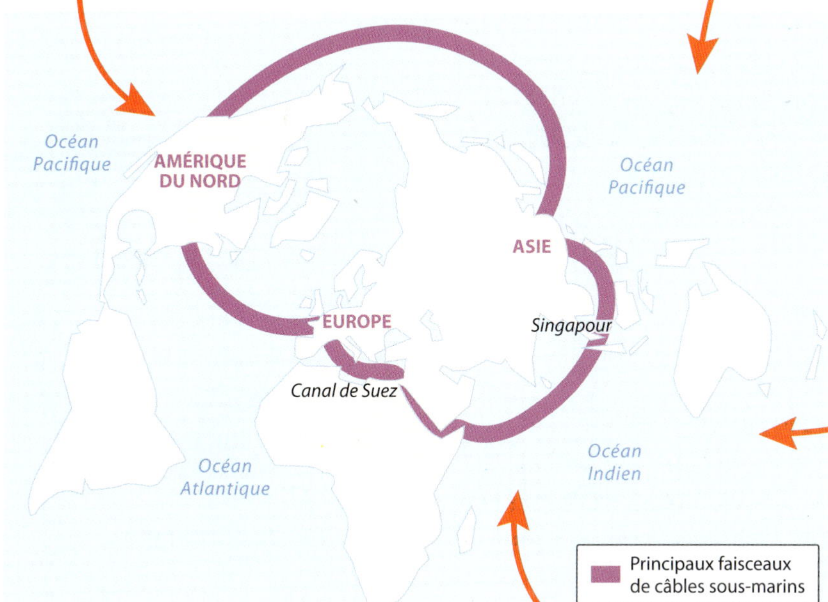

Des infrastructures

Une innovation

....

Des opérations techniques

....

....

SUJET D'ÉTUDE 2 Le détroit de Malacca :

CAPACITÉ : utiliser l'échelle appropriée pour étudier une situation géographique

Quels sont les enjeux liés au détroit de Malacca, un des passages maritimes les plus fréquentés du monde ?

Des clés POUR COMPRENDRE

Contexte

Tirant son nom d'une ville côtière malaise, le détroit de Malacca est un long couloir maritime de 850 km de long et 50 à 350 km de large en moyenne (moins de 3 km dans sa partie la plus resserrée) entre la Malaisie et l'Indonésie. Il relie l'océan Indien (golfe du Bengale) à l'océan Pacifique (mer de Chine méridionale). Détroit le plus fréquenté du monde et principal axe de passage des échanges maritimes chinois, il assure à la cité-État de Singapour, située à son entrée sud-est, un rôle majeur dans les échanges mondiaux.
Proche de la saturation, sa profondeur en eau (23 m) limite la capacité maximale des navires pouvant y circuler.

Qu'est-ce qu'un détroit ?

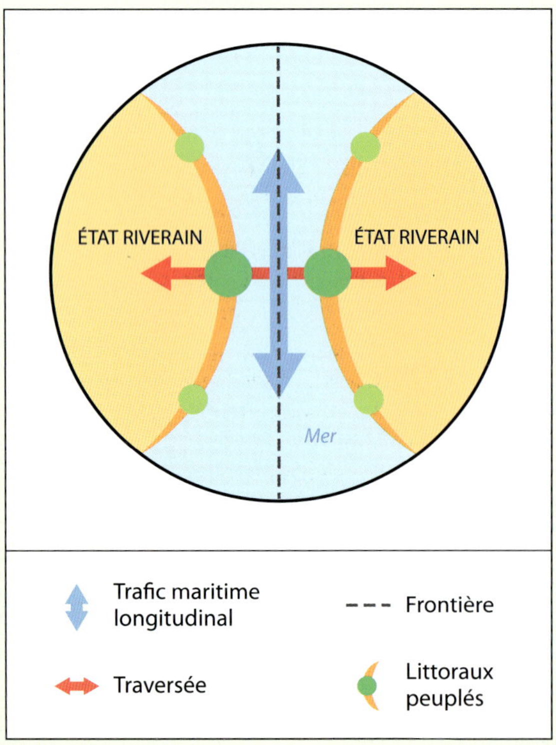

Malacca, le détroit de tous les records

- Le plus emprunté du monde : 84 000 navires en 2017, 1 navire toutes les 8 minutes
- 1/3 du trafic maritime mondial
- 90 % du trafic maritime de la Chine
- Détroit le plus surveillé au monde
- Singapour, 2e port mondial de conteneurs

Vocabulaire

Détroit de Singapour : il compose, avec le détroit de Malacca, le couloir maritime qui relie l'océan Pacifique à l'océan Indien.

MEVP : million d'équivalent vingt pieds (unité de volume des conteneurs).

un point de passage majeur et stratégique

A Malacca, le détroit le plus fréquenté du monde

› Comment se manifestent l'importance et le dynamisme de ce passage maritime ?

1. Un couloir maritime
- Largeur en milles

2. Un partage politique
- État riverain
- Frontière politique

3. Une circulation réglementée
- Couloir international de navigation
- Ligne de séparation des trafics ouest et est

4. Une activité intense
- Port spécialisé dans le trafic conteneur
- Hub mondial
- Autre port conteneur
- Port régional
- Zone d'insécurité liée à la piraterie

1 Un couloir de navigation maritime

2 Des intérêts géopolitiques anciens

Entre la Malaisie et l'Indonésie, cet entonnoir […] fut l'épicentre du commerce des épices puis l'artère obligée de l'expansion coloniale. Et aujourd'hui ? C'est la porte d'entrée maritime de la région la plus dynamique de la planète.
[…] Un entonnoir de 937 kilomètres de long, tour à tour dominé par les amiraux chinois de la dynastie Ming (1403-1511), les navigateurs portugais du roi Manuel le Grand (1511-1640), les émissaires hollandais de la Compagnie des Indes orientales (1640-1795) et les administrateurs coloniaux britanniques (1795-1957).

Richard Werly, « Les détroits où s'écrit l'histoire. Malacca, voie royale de l'eldorado asiatique », *Le Temps*, 4 août 2006.

3 Un dynamisme confirmé

En Malaisie, en Indonésie, en Birmanie, les projets s'additionnent. La Malaisie a de grandes ambitions portuaires. Le ministre des Transports faisait savoir mi-octobre que le port de Tanjung Pelepas pourrait porter sa capacité de 12,5 à 30 MEVP à l'horizon 2030. […] Tanjung Pelepas dispose d'un terminal en eaux profondes, […] le rendant accessible aux plus grands porte-conteneurs. Il a d'ailleurs récemment accueilli le MSC Gulsun, actuel géant mondial en titre […]. Tanjung Pelepas est *de facto* un concurrent direct de Singapour. De plus, il n'est pratiquement qu'à un jet de pierre de Tuas, le futur terminal conteneur de [Singapour], voué à se substituer à ceux existants.

Thierry Joly, « Floraison de projets en Asie du Sud-Est », *Le Journal de la Marine Marchande*, n° 5103, vendredi 1er novembre 2019.

Itinéraire 1

1. Nommez les puissances qui se sont successivement intéressées au détroit dans le passé. (doc. 2)
2. Décrivez l'organisation géographique du couloir maritime (États riverains, villes et ports principaux, circulation maritime). (docs 1 et 3)
3. Relevez les indicateurs du dynamisme de cette zone de passage et les deux principaux points d'appui portuaires de celle-ci. (doc. 3)

Itinéraire 2

Proposez à l'oral ou à l'écrit une réponse argumentée à la question posée en début de page.

▶ **CAPACITÉ :** utiliser l'échelle appropriée pour étudier une situation géographique

B Un détroit sous tension

› Quelles tensions agitent le détroit ?

1 Un couloir maritime saturé

Navires à l'ancre au large de Singapour.
Les attaques de pirates se font souvent sur les navires immobilisés.

2 Une zone d'insécurité

Malacca est une zone géopolitique sous tension dans laquelle se disputent les intérêts étatiques de différents pays. De plus, au-delà des États eux-mêmes, il faut noter la présence [...] des pirates qui organisent fréquemment des attaques[1]. Ces derniers sont implantés à Malacca et on peut parler ici d'une « culture de la piraterie » puisque 30 % des attaques pirates mondiales ont lieu dans les eaux indonésiennes. La sécurité des côtes indonésiennes est donc devenue une priorité pour l'Indonésie afin de garantir ses intérêts mais aussi sa légitimité. Pour cela, un organe a été mis en place : le Centre régional de la piraterie (ReCAAP) en partenariat avec la Malaisie et les Philippines. [...] La pauvreté d'une grande partie de la population indonésienne est sans doute à l'origine de ces actes de piraterie qui permettent aux responsables de s'enrichir grâce aux richesses volées.

Alexandre Gandil, « L'Asie, royaume de la piraterie », *Asialyst*, 31 mai 2016.

1. En août 2015, 6 attaques ont eu lieu en deux jours à proximité de Singapour ; de janvier à octobre 2019, on dénombre environ 18 attaques de navires dans le détroit de Malacca avec vol partiel ou total des marchandises.

3 D'autres dangers

L'épais nuage de fumée venu de feux de forêts sur l'île indonésienne voisine de Sumatra enveloppe depuis cinq jours Singapour et fait peser une menace d'accident sur l'importante voie maritime du détroit de Malacca, a averti l'Association singapourienne du transport maritime (SSA).

La SSA rappelle que plus de 140 navires, des pétroliers aux ferries, empruntent chaque jour la voie maritime, une des plus importantes au monde. « Une visibilité réduite dans un couloir aussi fréquenté a nécessairement un impact sur la sécurité du transport », a ajouté Daniel Tan, directeur de l'association [...]. « Un éventuel accident ferait peser un risque sur des vies humaines tout comme sur l'environnement marin, en particulier s'il implique un pétrolier géant », a-t-il averti.

« La pollution de Singapour menace le détroit de Malacca », AFP, 21 juin 2013.

Itinéraire 1

▶ **1.** Présentez l'insécurité liée à la piraterie (importance, motifs, réactions). **(docs 1 et 2)**

2. Quel risque peut faire courir la saturation du trafic dans le détroit ? **(docs 1 et 3)**

▶ **3.** Quelle est la situation particulière évoquée ici ? **(doc. 3)**

Itinéraire 2

▶ Présentez les différentes tensions qui affectent le détroit de Malacca.

C Le détroit de Malacca, enjeu de rivalités géostratégiques

› Comment le détroit de Malacca cristallise-t-il les enjeux géostratégiques de la région ?

1 Le point de vue chinois

Aujourd'hui, plus des trois quarts des approvisionnements pétroliers chinois depuis le Moyen-Orient et l'Afrique transitent par le détroit de Malacca. Considéré comme la « lifeline » maritime de la Chine, ce dernier fournit à Pékin son accès le plus court à l'Europe, au Moyen-Orient et à l'Afrique.

La plus grande crainte des dirigeants chinois est que le détroit soit bloqué par des pays hostiles, en cas de crise ou de conflit. [...] L'ex-Président chinois, Hu Jintao, avait décrit cette vulnérabilité comme le « dilemme de Malacca ».

Il existe deux manières de résoudre ce problème pour l'Empire du Milieu. La première est d'augmenter la puissance de sa marine militaire pour qu'elle puisse protéger ses routes maritimes. La deuxième est de sécuriser une route vers l'océan Indien qui diminuerait sa dépendance envers le goulet d'étranglement qu'est le détroit de Malacca.

C'est dans cette optique que le gouvernement chinois a proposé – de manière officieuse – à Bangkok de fournir financement et main-d'œuvre à la construction du canal [de Kra]. Plusieurs estimations suggèrent que le canal de Kra, s'il venait à être construit, pourrait faire perdre à Singapour jusqu'à la moitié de son trafic maritime.

Pierre-Olivier Beyrand, « Le canal de Kra, symbole des ambitions expansionnistes chinoises : les Nouvelles routes de la Soie », Portail de l'IE, 4 juin 2018.

2 Singapour : une position stratégique, la base navale de Changi

Cette base est utilisée principalement par la marine de Singapour, l'US Navy et la Royal Navy au titre des accords des *Five Power Defence Arrangements* signés en 1971 par le Royaume-Uni, l'Australie, la Nouvelle-Zélande, la Malaisie et Singapour.

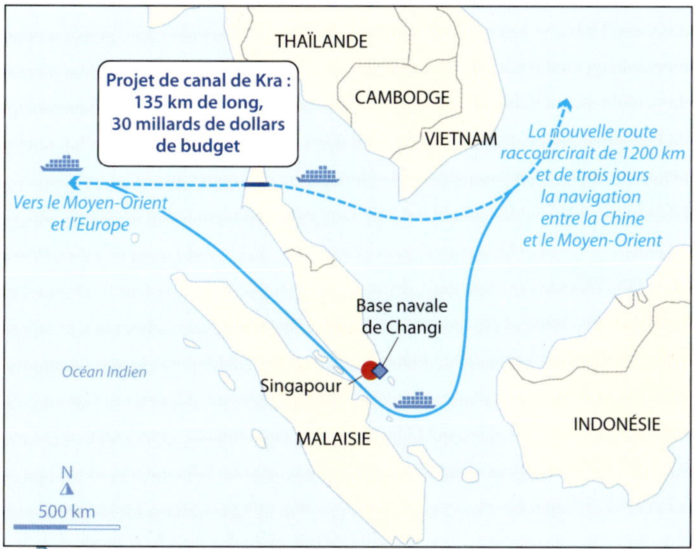

3 Un projet, le canal de Kra

Itinéraire 1

- **1.** Quels sont les enjeux du détroit pour la Chine ? **(doc. 1)**
- **2.** Comment peut-elle sortir du « dilemme de Malacca » ? **(doc. 1)**
- **3.** Présentez le projet de canal (emplacement, initiative, financement, effets attendus). **(docs 1 et 3)**
- **4.** Expliquez les enjeux géostratégiques du détroit de Malacca pour les grandes puissances, qu'elles soient régionales ou mondiales. **(docs 2 et 3)**

Itinéraire 2

- Montrez l'importance géostratégique du détroit de Malacca pour le Sud-Est asiatique et plus largement pour le monde.

L'ESSENTIEL

A Malacca, le détroit le plus fréquenté du monde

Ce détroit, long d'environ 850 km, est le plus fréquenté du monde. Il voit passer 30 % du trafic mondial de marchandises et constitue une artère vitale pour la Chine (90 % du trafic maritime chinois).

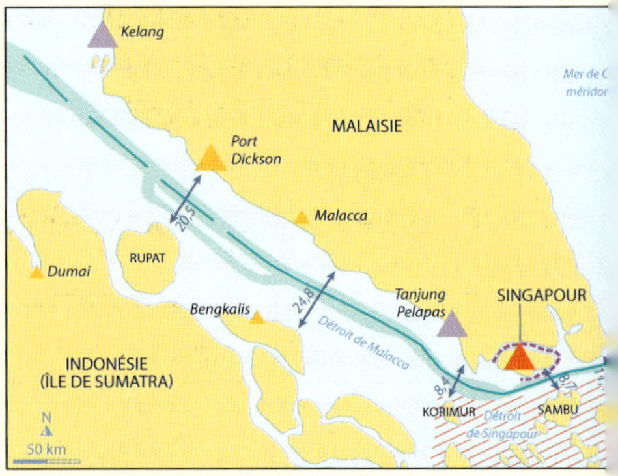

B Un détroit sous tension

Le détroit de Malacca est l'un des principaux lieux de piraterie dans le monde en raison de sa configuration géographique et de la pauvreté des populations indonésiennes et malaises. Pour lutter contre ce fléau, les différents États de la région ont signé un accord de coopération régionale dès 2006.

La très forte fréquentation du détroit entraîne une saturation et accentue les risques (collision, marée noire).

C Le détroit de Malacca, enjeu de rivalités géostratégiques

Le détroit de Malacca est un passage incontournable sur les grandes routes maritimes mondiales reliant l'Asie de l'Est à l'Europe. La sécurité de ce passage est primordiale pour les échanges commerciaux de la Chine, qui cherche des solutions alternatives (projet du canal de Kra).

MISE EN PERSPECTIVE

Les détroits et les canaux transocéaniques sont des passages stratégiques dans le contexte de maritimisation de l'économie mondiale. Ils sont régis par une réglementation internationale autorisant leur franchissement. Points de passage obligatoire, ils sont sous tension permanente (saturation, risques de collision, piraterie, conflits d'usages entre la circulation maritime internationale et les pays riverains, risque de fermeture) et sont l'objet d'une surveillance constante.

Podcast
liennathan.fr/m8zp29

APPRENDRE AUTREMENT

Schéma à télécharger
liennathan.fr/02zt3p

1. Recopiez le schéma puis indiquez les noms suivants : Indonésie, Malaisie, Singapour.

2. Complétez la légende avec les indications suivantes : risque de collision – navigation internationale de mer à mer – flotte militaire – navigation locale, côtière – littoral à risque (marée noire, autres pollutions maritimes).

3. Complétez le titre du schéma.

Malacca : ....

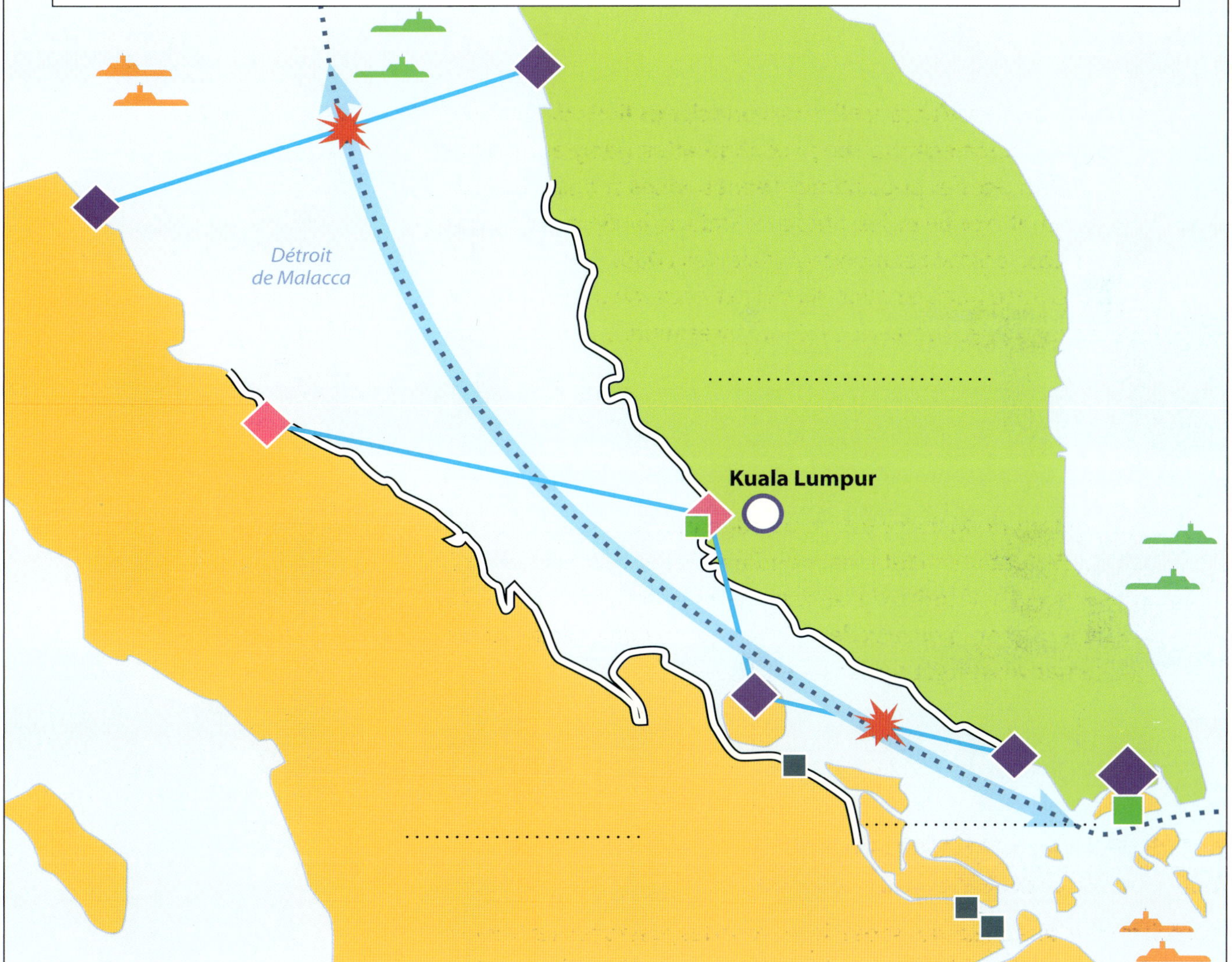

1. Des territoires appropriés
- État riverain
- Frontière maritime
- Ville côtière

2. Un espace de circulation
- ....
- ....

3. Des infrastructures portuaires
- Port généraliste
- Port spécialisé (conteneurs)

4. Un lieu sous tension
- ....
- ....
- ....
- Base de pirates

5. Un espace sous haute surveillance
- Base navale
- ....

ZOOM Des détroits et des canaux en Méditerranée

1 Les détroits, des passages naturels fréquentés mais redoutés

Les Grecs ont très tôt reconnu les dangers de la navigation en Méditerranée, en particulier dans les détroits, zones dangereuses en raison des courants marins. Le mythe de Charybde (gouffre marin qui engloutit les navires) et de Scylla (monstre à plusieurs têtes), que doit affronter Ulysse dans *L'Odyssée*, est fréquemment associé au détroit de Messine entre la Sicile et la botte italienne.

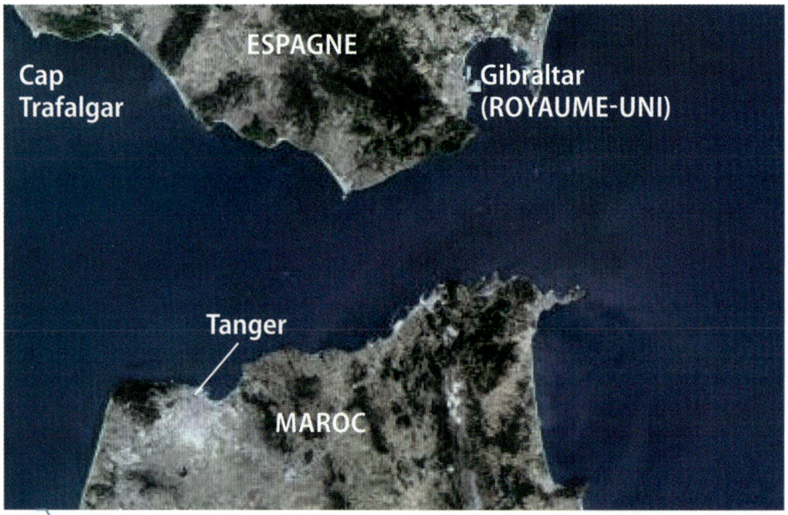

2 Gibraltar, la porte de la Méditerranée vers l'Atlantique

Les colonnes d'Hercule désignent les deux reliefs qui encadrent le passage en venant de la Méditerranée. La mythologie grecque attribue à Hercule l'ouverture de ce passage entre Méditerranée et océan Atlantique, comme l'illustre un monument à Gibraltar. Large de 14 km, entre l'Europe et l'Afrique, le détroit a été un enjeu pour la puissance maritime britannique (victoire de l'amiral Nelson à la bataille de Trafalgar en 1805, souveraineté britannique sur le rocher de Gibraltar contrôlant le détroit).

ACTIVITÉS

1. Comment la mythologie grecque appréhende-t-elle les phénomènes naturels ?
2. En quoi les détroits sont-ils à la fois « recherchés et redoutés » ?

3 **Istanbul et le détroit du Bosphore**
Au premier plan, la mer Noire, Istanbul, métropole de 15 millions d'habitants, et le détroit du Bosphore. À l'arrière-plan, la mer de Marmara, étroit couloir entre Europe et Asie, le détroit des Dardanelles et la Méditerranée. Bordé des deux côtés par la Turquie, ce passage est d'une importance stratégique pour l'accès à la Méditerranée de la flotte russe de la mer Noire.

4 **Suez, une porte ouverte par l'homme**
Affiche d'exposition réalisée par l'Institut du monde arabe. Creusé entre 1859 et 1959 à l'initiative de Ferdinand de Lesseps sur les plans de deux ingénieurs, français et autrichien, puis contrôlé par les britanniques, le canal, long de 193 km, est nationalisé par l'Égypte en 1956. Il a été fermé de 1967 à 1975 suite à la guerre des six jours entre Israël et les pays arabes. Les travaux du nouveau canal, achevé en 2015, augmentent sa capacité en permettant aux navires de se croiser. Il est étroitement surveillé par l'armée égyptienne. 50 navires, soit 8 % du trafic maritime mondial, l'empruntent chaque jour.

ACTIVITÉS

1. À partir des exemples fournis sur les deux pages, montrez l'attention et l'intérêt que les États portent aux passages maritimes.
2. La Méditerranée peut-elle être considérée comme une mer fermée ?

VERS LE BAC

Sujet d'étude 1

Les réseaux de câbles sous-marins : des infrastructures essentielles de la mondialisation

Étude de document

Les réseaux de câbles sous-marins

Sans les câbles, le parc satellitaire (méthode de transmission de données plus coûteuse) ne pourrait assurer que 7 % du trafic des seuls États-Unis ! [...] La croissance anticipée de leurs besoins en circulation de données est telle que les GAFAM[1] dominent désormais les projets d'investissement en nouveaux câbles. Ils sont à eux seuls responsables de 4/5e des investissements en câbles transatlantiques prévus pour la période 2018-2020.
Ces câbles sont une source de vulnérabilité pour les géants de la Silicon Valley. La technologie utilisée pour la transmission des données est ultra performante, elle n'en est pas moins enfermée dans des tuyaux de 3 cm de diamètre posés ou enfouis à un mètre sous les fonds marins ; 100 à 150 incidents se produisent chaque année, en majorité des coupures de câbles par des navires de pêche (38 % des sinistres) ou des ancres de bateaux (25 %). L'érosion naturelle explique 14 % des dommages, les morsures de requins 0,1 % ! [...] En plus des accidents physiques, les infrastructures câblières peuvent être piratées pour intercepter les données qui y circulent, comme l'a révélé le site Wikileaks. Ainsi, toute la sécurité des données ne relève pas de la cybersécurité. Il s'agit aussi de protéger 1,2 million de kilomètres de câbles sous-marins sur lesquels repose un cyberespace pas si léger que ça.

Julie Desrousseaux, « Les câbles sous-marins, fragiles autoroutes à data », *Pour l'Éco*, 26 décembre 2019.

1. GAFAM : Google, Amazon, Facebook, Apple, Microsoft.

Questions

1. En quoi les câbles sous-marins sont-ils des infrastructures essentielles de la mondialisation ?
2. D'après ce document, quels sont les acteurs du déploiement des réseaux de câbles sous-marins ?
3. Quelle est la motivation des acteurs pour intervenir dans ce domaine ?
4. Relevez les facteurs de fragilité des réseaux de câbles sous-marins évoqués dans le document.
5. Connaissez-vous d'autres acteurs qui déploient et surveillent ces réseaux ?

VERS LE BAC

Sujet d'étude 2

Le détroit de Malacca : un point de passage majeur et stratégique

Étude de document

La piraterie maritime en forte hausse dans les détroits de Malacca et de Singapour

Les actes et tentatives de piraterie répertoriés dans ce couloir d'étranglement du transport maritime d'Asie du Sud-Est sont passés de 8 l'an passé à 30 cette année, constate le Centre de partage d'information de l'Accord de coopération régionale pour la lutte contre la piraterie. [...] Il s'agit du chiffre le plus élevé depuis 2015, année où l'on avait relevé 104 incidents.

Le 25 décembre, jour de Noël, six pirates ont accosté le « Stena Immortal ». Vite repérés par le chef mécanicien qui a déclenché l'alarme, les pirates, qui n'étaient pas armés, ont fui les mains vides. L'attaque de ce pétrolier dans le détroit de Singapour était la sixième en... six jours.

[...] Hier très active dans la Corne de l'Afrique et le golfe d'Aden, la piraterie a en effet explosé cette année dans les détroits de Malacca et de Singapour, une route maritime névralgique où se croisent les pétroliers du Moyen-Orient, les vraquiers d'Afrique et les cargos des États-Unis chargés de produits finis. La situation de ces deux détroits, situés entre l'océan Indien et l'océan Pacifique, a fait d'eux les plus grands centres de stockage et de vente de carburant d'Asie, ce qui attire les pirates [...].

D'après Jean-Michel Gradt, « La piraterie maritime en forte hausse dans les détroits de Malacca et de Singapour », *Les Échos*, 27 décembre 2019.

Questions

1. Présentez l'ensemble des détroits de Malacca et de Singapour : localisation, États riverains, principales structures portuaires.

2. Relevez les indications montrant l'importance du détroit de Malacca pour la circulation maritime. Pour quels pays est-il tout particulièrement stratégique ?

3. Dressez un état des actes de piraterie dans cette zone maritime.

4. Proposez quelques explications à ces attaques de navires de commerce.

5. En quoi cet exemple montre-t-il l'existence de zones sensibles ou dangereuses sur les routes maritimes ?

THÈME

2 Des territoires inégalement intégrés dans la mondialisation

LES ENJEUX

- La mondialisation semble induire une uniformisation mondiale. Celle-ci n'est qu'apparente : notre planète, bien qu'unique, juxtapose plusieurs mondes. L'ensemble est hiérarchisé et évolue constamment (Question obligatoire).
- La mondialisation est un phénomène global, mais ses manifestations s'inscrivent à l'échelle locale dans des lieux centraux comme les métropoles les plus puissantes (New York, Sujet d'étude 1) ou les hubs aéroportuaires des différentes parties du monde (Roissy-Charles de Gaulle, Sujet d'étude 2).

La question obligatoire

PAGE 150 ▼ PAGE 161

Dynamiques territoriales contrastées au sein de la mondialisation

Comment la mondialisation contribue-t-elle à l'organisation et à la hiérarchisation des territoires ?

1 New York, un centre de la mondialisation

PAGE 162 ▼ PAGE 169

En quoi peut-on dire que New York est une ville mondiale ?

2 L'aéroport de Paris-Roissy-Charles de Gaulle, un hub au cœur des échanges européens

PAGE 170 ▼ PAGE 177

Comment l'aéroport de Paris-Roissy-Charles de Gaulle connecte-t-il la France à l'Europe et plus largement au monde ?

En quoi suis-je concerné ?

- Comment la mondialisation se manifeste-t-elle à travers les biens et équipements que vous utilisez quotidiennement ?

REPÈRES Mondialisation et hiérarchisation des territoires

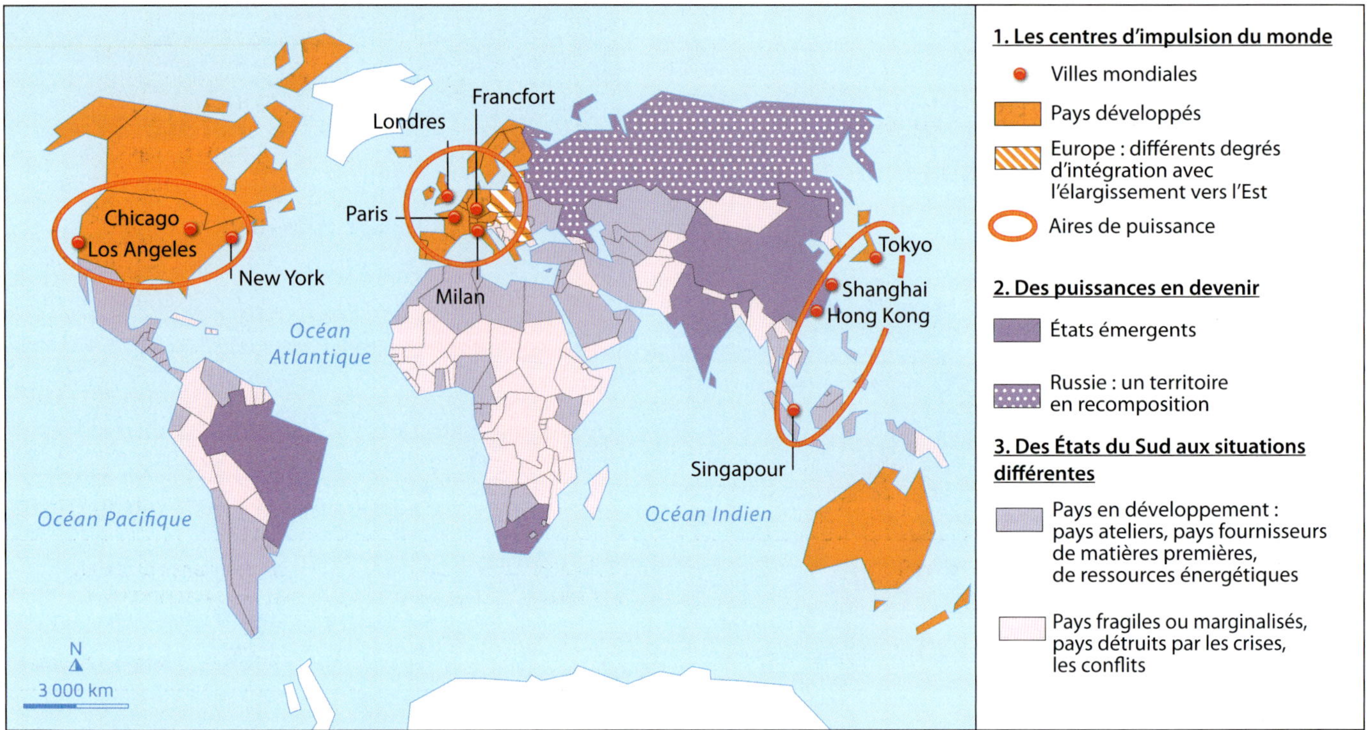

1 Un espace mondial hiérarchisé et dominé par trois pôles mondiaux

Carte interactive liennathan.fr/4m74dt

1 Nommez les grandes aires de puissance mondiale.

2 Nommez les États classés dans le point 2 de la légende.

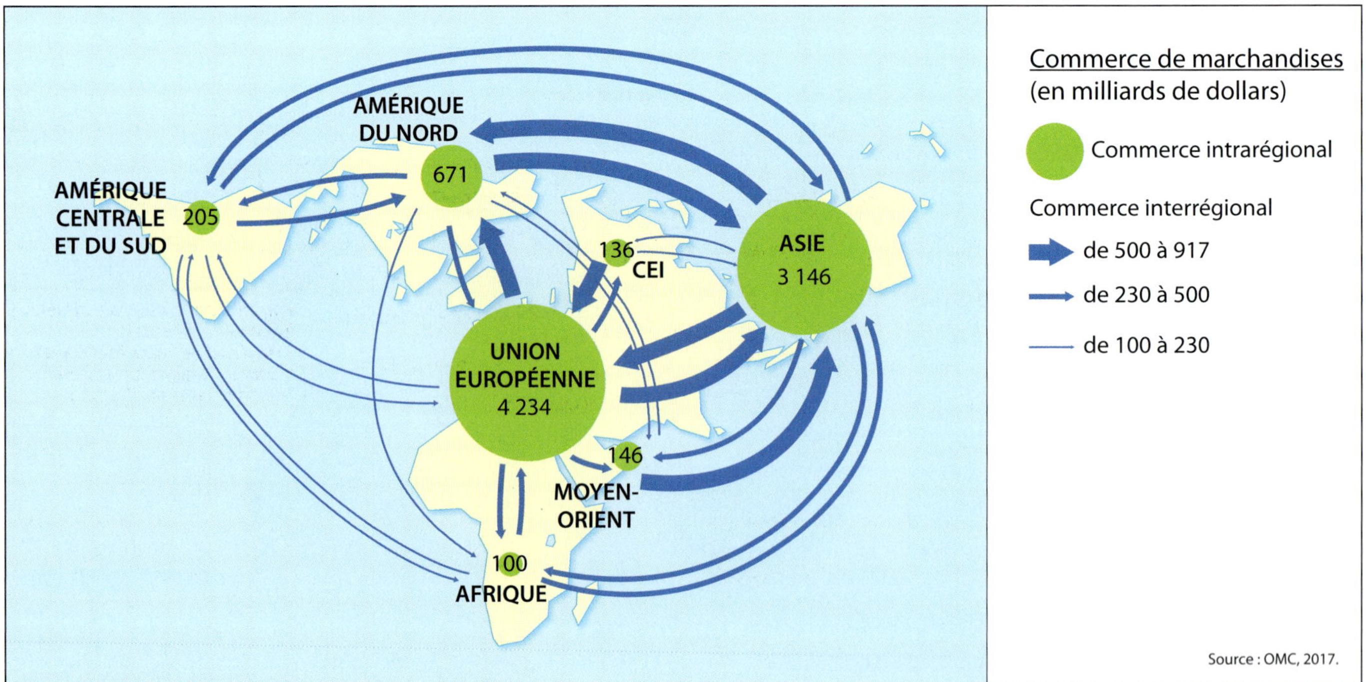

2 Les grands flux du commerce mondial

Carte interactive liennathan.fr/2pt10n

1 Quels sont les trois principaux pôles de commerce de marchandises à l'échelle mondiale ?

2 Quelle est l'aire de puissance qui commerce le plus au sein de son aire régionale ?

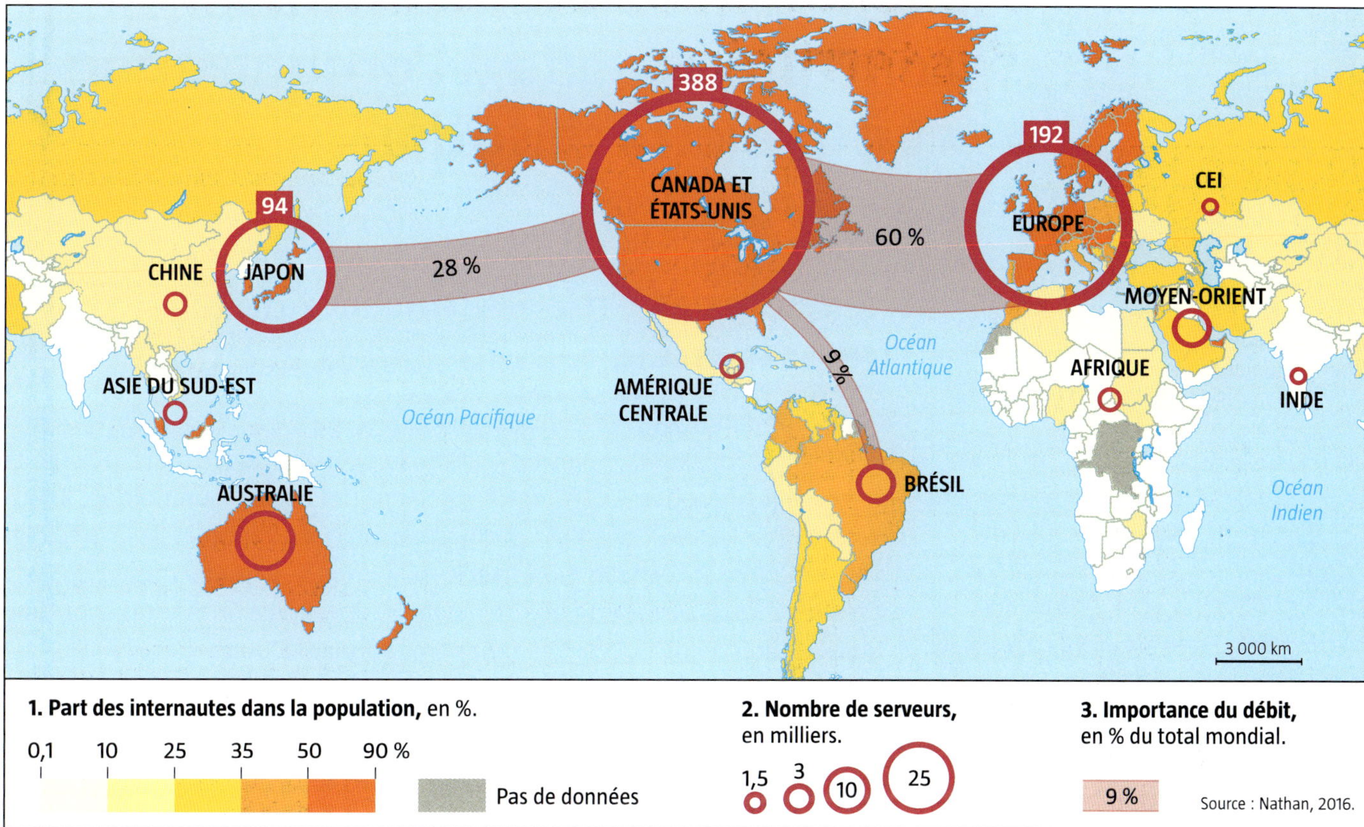

3 La planète Internet

1 Quels sont les continents les mieux connectés, celui qui paraît à l'écart ?

2 Le titre « la planète Internet » peut-il être discuté ?

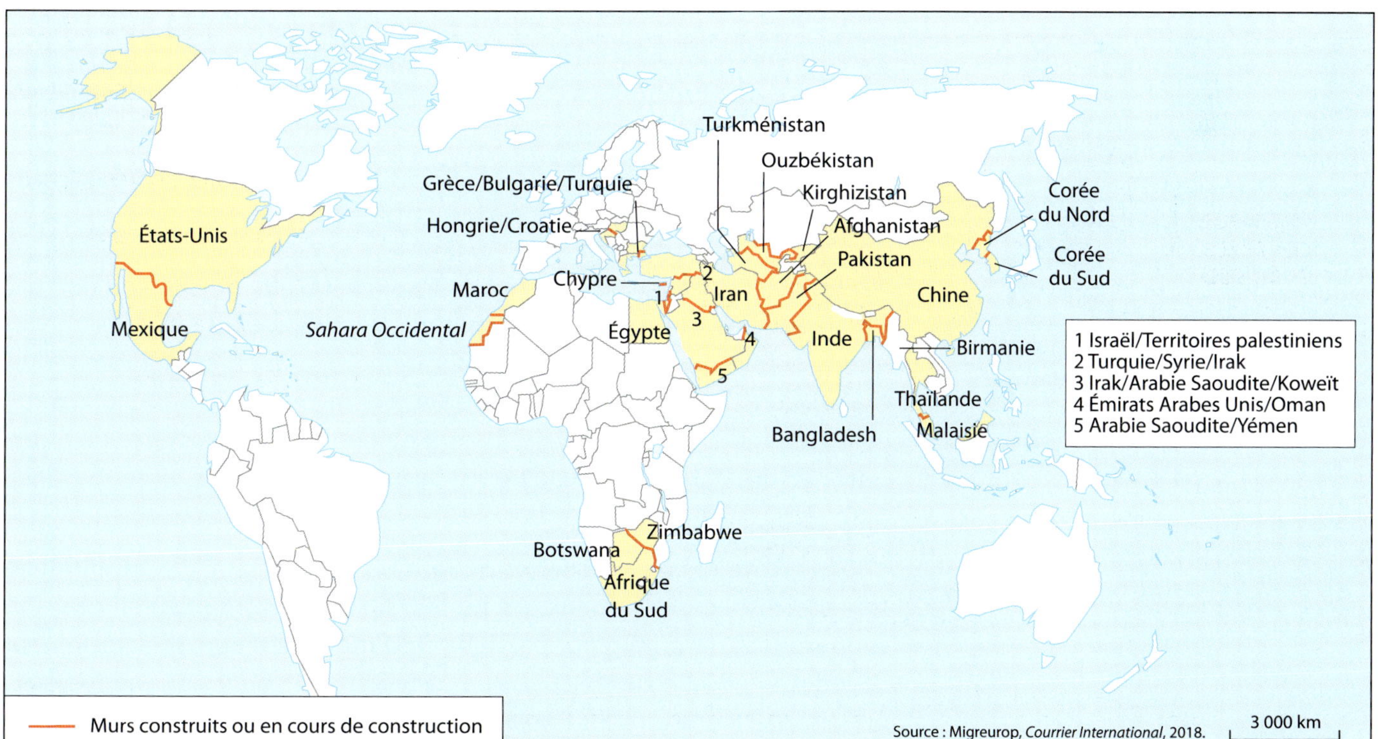

4 Un monde en voie de cloisonnement

1 Quel est l'objectif de ces « murs » ?

2 En quoi cette carte et celle des grands flux du commerce mondial révèlent-elles une contradiction ? **(docs 2 et 4)**

COURS

Comment la mondialisation contribue-t-elle à l'organisation et à la hiérarchisation des territoires ?

Portfolio
liennathan.fr/h2g78c

Podcast
liennathan.fr/e569qd

A Les pôles et espaces moteurs de la mondialisation : métropoles et littoraux

■ **La domination des métropoles.** En même temps que l'économie devenait mondialisée, des métropoles puissantes se sont développées. La puissance de ces villes-mondes – **centres de décision** politique, économique, financière, culturelle, lieux clés de la production, de l'innovation et de la diffusion d'informations à l'échelle mondiale – se lit dans le paysage urbain du CBD (*Central Business District*, ou quartier d'affaires). Les plus puissantes sont New York, Londres, Paris, Tokyo, Shanghai, Singapour et Dubaï.

■ **Des territoires gagnants, les littoraux.** La majorité des grandes métropoles mondiales sont installées sur les littoraux ou disposent d'une ouverture sur la mer. Les littoraux sont les interfaces privilégiées de la mondialisation contemporaine, avec de vastes infrastructures portuaires, des zones industrialo-portuaires et des **plates-formes multimodales**.

■ **Un nombre croissant de pôles.** Trois espaces régionaux majeurs ont, dans le dernier quart du XXe siècle, orienté et dominé les processus mondialisés, contribuant pour 75 % au PIB mondial : l'**Amérique du Nord** autour des États-Unis, l'**Asie orientale** autour du Japon, l'**Europe occidentale** avec l'Union européenne. Aujourd'hui, sans être en déclin absolu, ces territoires doivent compter avec l'émergence et la montée en puissance de nouveaux pôles, principalement en Chine, Inde et Brésil.

1 À la recherche de minerais (République du Congo)
L'Afrique recèle d'importantes ressources en minerais, exploitées par des grandes sociétés étrangères ou par les populations locales dans l'espoir de maigres revenus.

B Des espaces en marge ou à l'écart

■ Plus que la distance kilométrique, c'est le fait d'être desservi ou non par des réseaux de transport et de communication rapides et efficaces qui différencie les espaces dans la mondialisation. **Des pôles**, en nombre réduit (**hubs**), sont capables de concentrer et d'émettre de nombreux flux aux échelles régionale et mondiale. Ils sont équipés d'infrastructures de transport performantes : terminaux portuaires, aéroportuaires ou ferroviaires, permettant l'**intermodalité**.

■ **Des territoires peu desservis ou ignorés des réseaux de communication.** Ces espaces intermédiaires ou marginaux se retrouvent en position subordonnée, ils s'intègrent par le bas à la mondialisation, principalement comme fournisseurs de ressources primaires (produits agricoles, énergétiques ou miniers). Parmi eux, les **PMA, pays les moins avancés de la planète**, en urgence de développement économique et humain, sont en majorité situés en Afrique. Insularité (micro-États du Pacifique), enclavement faute d'accès à la mer (Laos), déficience des infrastructures de transport, isolent ces pays des grands circuits d'échanges et donc de la mondialisation.

Vocabulaire

Intermodalité : désigne la possibilité pour un passager ou un transport de marchandises d'être transféré d'un moyen de transport à l'autre. Pour les marchandises, le transport par conteneurs, chargé sur bateau, train ou camion, facilite cette intermodalité.

GAFA : entreprises géantes du numérique (Google, Apple, Facebook, Amazon). On parle aussi de GAFAMI en y ajoutant Microsoft et IBM.

ACEUM : Accord commercial Canada-États-Unis-Mexique.

Notions

Centre de décision : lieu où réside le pouvoir capable d'influencer le fonctionnement de l'économie mondialisée. Il s'agit à la fois du pouvoir politique résidant dans les capitales politiques (réglementation, fiscalité, traités commerciaux, droits de douane) et du pouvoir économique (sièges sociaux des entreprises et des banques, bourses) concentré dans les quartiers d'affaires (CBD) des métropoles.

Hub : noyau pivot d'un système de transport. Pour le transport aérien, le hub désigne la plate-forme de correspondance ou de regroupement des compagnies aériennes. La notion s'applique aussi aux ports.

Métropole : ville qui exerce une forte influence sur un territoire régional, national, ou même mondial.

Plate-forme multimodale : zone desservie par différents moyens de transports (route, rail, voie aérienne, canal ou voie maritime) et permettant un passage de l'un à l'autre pour les passagers ou les marchandises. Dans ce dernier cas, on parle aussi de plate-forme logistique comportant des zones d'entrepôts temporaires.

C Les dynamiques d'un monde en mouvement

■ **Entreprises et États, acteurs de la mondialisation.** Les entreprises et surtout les plus grandes d'entre elles, les **FTN (firmes transnationales)**, sont à la fois les principaux agents et bénéficiaires de la mondialisation. Elles organisent à leur profit une division internationale du travail en jouant sur les différentiels de niveau de vie, de législation et fiscalité, et en éclatant leurs chaînes de production en plusieurs lieux de la planète.

■ Les États, agissant individuellement ou dans le cadre d'organisations économiques (**Union européenne**, ACEUM), conservent une certaine **capacité d'action**. Ils fixent des normes et déterminent les niveaux de fiscalité, pour favoriser l'implantation d'entreprises ou taxer certaines activités mondialisées qui échappent à l'impôt (GAFA).

■ **Le monde entre ouverture et cloisonnement.** À partir des années 1980, l'ouverture généralisée des frontières et la déréglementation, en lien avec des évolutions technologiques (Internet, dématérialisation des économies), ont favorisé la mondialisation. **L'ouverture des frontières** trouve ses limites dans la volonté des États de contrôler les mouvements migratoires. Les États-Unis, contestés dans leur prééminence économique, ont recours à des mesures protectionnistes (taxes douanières) et certaines entreprises relocalisent leur production.

■ **Les effets sociaux et environnementaux** de la mondialisation provoquent des réactions citoyennes s'exprimant dans des ONG ou des mouvements comme Extinction Rebellion.

2 Patrouille le long d'une frontière grillagée entre l'Inde et le Bangladesh

Les frontières, ouvertes aux échanges de marchandises et de capitaux, se ferment dans plusieurs parties du monde aux migrations humaines.

Questions

1. En quoi les métropoles apparaissent-elles comme le principal moteur de la mondialisation ?
2. Quels sont les territoires en marge de la mondialisation ?
3. Sous l'action de quels acteurs la mondialisation évolue-t-elle ?
4. Citez des limites ou effets négatifs de la mondialisation.

DOCUMENTS 1

Les pôles et espaces moteurs de la mondialisation : métropoles et littoraux

NOTION TRAVAILLÉE : centre de décision, métropole
CAPACITÉS : savoir lire, comprendre et critiquer une photographie aérienne, un texte, des cartes

Notions

Centre de décision : lieu où réside le pouvoir capable d'influencer le fonctionnement de l'économie mondialisée. Il s'agit à la fois du pouvoir politique résidant dans les capitales politiques (réglementation, fiscalité, traités commerciaux, droits de douane) et du pouvoir économique (sièges sociaux des entreprises et des banques, bourses) concentré dans les quartiers d'affaires (CBD) des métropoles.

Métropole : ville qui exerce une forte influence sur un territoire régional, national, ou même mondial.

1 Le quartier d'affaires de l'avenue Berrini à São Paulo

Dans ce quartier, les firmes transnationales installent leurs sièges sociaux dans des « immeubles intelligents », câblés et contrôlés par ordinateur. De nombreux immeubles disposent d'un héliport à leur sommet, ce qui permet aux cadres dirigeants d'échapper aux embouteillages. La ville compte plus de 800 hélicoptères (la 2e flotte mondiale après New York) et un contrôle aérien spécial permet de surveiller leurs évolutions et de faire respecter les couloirs aériens.

2 Les atouts d'une métropole

Émettrices et réceptrices d'investissements directs étrangers (IDE), de flux d'information et de communication, mais aussi de marchandises et de personnes, les métropoles sont le moteur et le reflet de la mondialisation des échanges. [...] Ce qui distingue la métropole par rapport à une agglomération urbaine ordinaire, c'est son réseau supplémentaire d'infrastructures de transport permettant des échanges intercontinentaux et concentrant les modes de transport à grande vitesse (axes autoroutiers, lignes ferroviaires à grande vitesse, terminaux aéroportuaires). Les métropoles se caractérisent ainsi par la concentration des hubs aériens, ferroviaires routiers et maritimes qui reçoivent les flux du monde entier et les redistribuent à différentes échelles.

Nicolas Balaresque, *La Mondialisation contemporaine. Rapports de force et enjeux*, Nathan, 2017.

Itinéraire 1

1. Où se situe la ville de São Paulo ? Et celle de New York ? (docs 1, 3 et 4)
2. À quels types de pays ces villes appartiennent-elles ? (doc. 4)
3. Pourquoi le quartier d'affaires de São Paulo présente-t-il de nombreux héliports ? (docs 1 et 2)
4. Décrivez la photographie. En combien de parties peut-elle être divisée ? (doc. 3)
5. Mettez en relation le texte et la photographie : quels sont les éléments communs à ces 2 documents ? (docs 2 et 3)

Itinéraire 2

Quels sont les éléments clés de la puissance des métropoles ?

3 Newark, en banlieue ouest de New York, à 15 km de Manhattan

L'aéroport international Liberty est le deuxième de l'agglomération, derrière Kennedy Airport.
1. Port de conteneurs – 2. Aéroport – 3. Agglomération de New York

Carte interactive
liennathan.fr/7ho9e3

4 Les pôles et espaces moteurs de la mondialisation

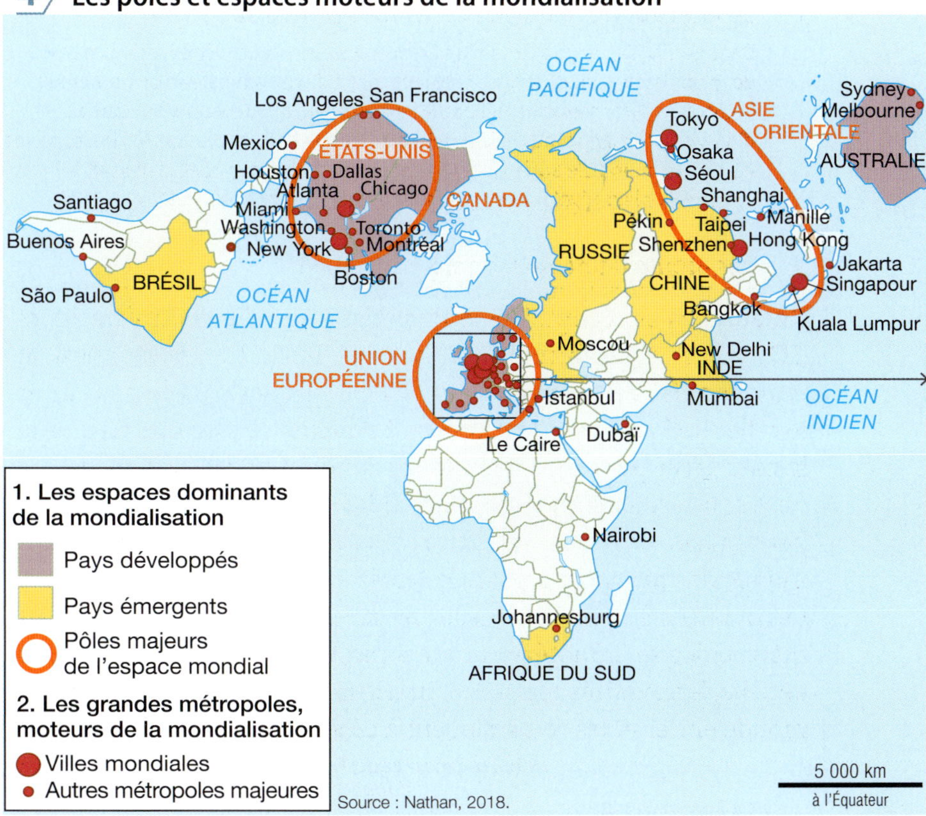

Pour mémoriser

1. Citer deux villes mondiales sur chacun des continents nord-américain, européen et asiatique.
2. Dire en quoi le CBD est à la fois le lieu qui concentre le pouvoir des métropoles et celui qui le symbolise par ses paysages.

DOCUMENTS 2

Des espaces en marge ou à l'écart

NOTION TRAVAILLÉE : centre-périphérie
CAPACITÉ : construire une argumentation en géographie

Notion de 1re

Centre-périphérie : le modèle centre-périphérie rend compte à toutes les échelles des relations de dépendance existant entre deux espaces. Le centre est le lieu de concentration des pouvoirs de commandement, des pôles d'impulsion de l'économie, tandis que la périphérie désigne un espace dominé par le centre et dépendant de lui.

Vocabulaire

Dépendance : situation dans laquelle un pays ne dispose pas d'une entière autonomie sur les plans politique ou économique.

Enclavement : 1. Situation d'un pays ne disposant d'aucun débouché maritime. 2. Plus largement, situation d'une région ou d'un pays mal desservi en moyens de transports et communications.

PMA (pays les moins avancés) : catégorie créée par l'ONU en 1971 sur 3 critères : faible revenu par habitant, faible développement humain, fragilité de l'économie. On en dénombre 47 en janvier 2020.

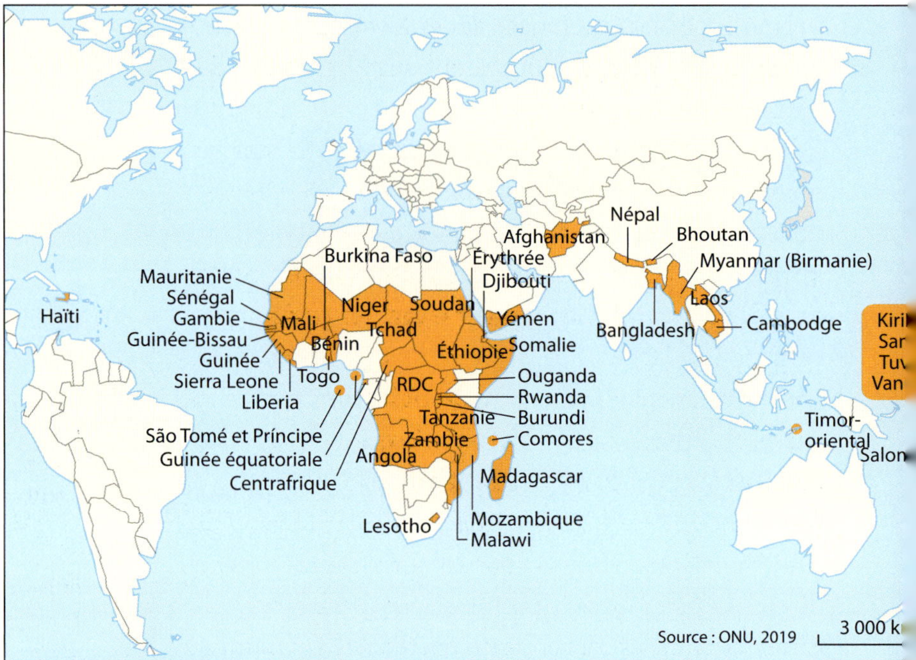

1 Les pays les moins avancés (PMA)

Itinéraire 1

1. Relevez le nom des pays dont il est question dans cette double-page. Où se situent-ils ? (docs 2 à 4)

2. À quel type de pays appartiennent-ils ? (doc. 1)

3. Décrivez la photographie. Quelle est la contrainte évoquée ici ? (doc. 2)

4. Quelles sont les richesses du Mozambique et à quels pays profitent-elles ? (doc. 3)

5. Décrivez la photographie. Qu'évoque-t-elle en termes d'équipement technique ? (doc. 4)

Itinéraire 2

Présentez les difficultés auxquelles les pays en marge de la mondialisation doivent faire face.

2 **Le dysfonctionnement des transports en Afrique**
Un camion embourbé crée un embouteillage en Ouganda, 2017.

3 Un État africain sous dépendance : le Mozambique

Après des années de forte croissance, l'économie du Mozambique a connu en 2016 (3,8 %), en 2017 (3,7 %) et en 2018 (3,25 %) un fort ralentissement (contre 7 % en moyenne entre 2010 et 2015). Les conséquences dramatiques des cyclones Idai et Kenneth, survenus en mars et avril 2019, pourraient amputer le PIB de 1 à 2 points de croissance. [...]
Si les investissements étrangers ont diminué ces dernières années (baisse continue des flux d'IDE passés de 6,2 Mds $ en 2013 à 3,1 Mds $ en 2016, tendance qui s'est poursuivie en 2017), les grands projets prévus dans les secteurs charbonnier et gazier n'ont pas été compromis. [...]
Les pays des entreprises exploitant les concessions de gaz et de charbon dominent le classement des principaux investisseurs (Émirats arabes unis : pays de transit des investissements du groupe brésilien Vale), Maurice, États-Unis (groupes Anadarko et Exxon Mobil), Italie (groupe ENI), Inde (secteur charbonnier). Enfin, la Chine est devenue un partenaire économique majeur du Mozambique. Cependant, en sa qualité de 1er créancier bilatéral, elle est très exposée à la crise de la dette mozambicaine.

« Présentation du Mozambique », Diplomatie.gouv.fr, le 9 août 2019.

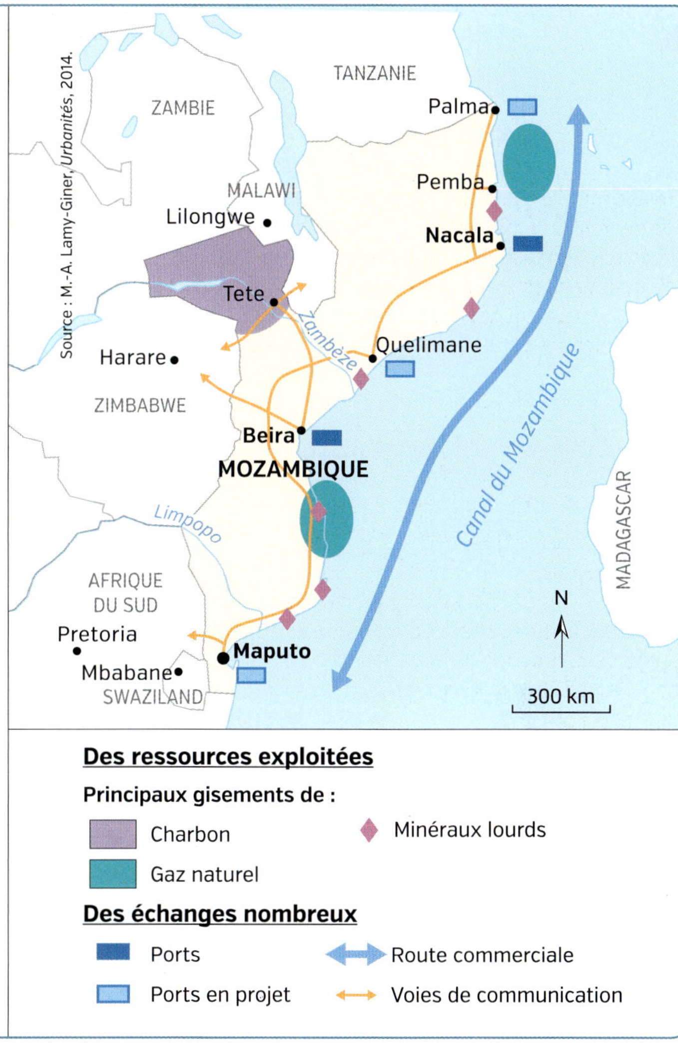

4 Une agriculture paysanne avec peu de moyens

Un paysan laboure sa terre en Birmanie (Myanmar).

Pour mémoriser

1. Nommer 3 États-continents qui émergent et dire à quel groupe de pays ils appartiennent.
2. Connaître le continent qui compte le plus de PMA.
3. Citer des facteurs de marginalisation de certains pays ou continents.

DOCUMENTS 3

Les dynamiques d'un monde en mouvement

Notion de 1re

Centre-périphérie : le modèle centre-périphérie rend compte à toutes les échelles des relations de dépendance existant entre deux espaces. Le centre est le lieu de concentration des pouvoirs de commandement, des pôles d'impulsion de l'économie, tandis que la périphérie désigne un espace dominé par le centre et dépendant de lui.

Vocabulaire

Dynamique : terme désignant à la fois le fonctionnement d'un espace géographique et ses transformations.

NOTION TRAVAILLÉE : centre-périphérie
CAPACITÉS : savoir lire, comprendre et critiquer une photographie, un texte, des cartes

1 Des formes de démondialisation

À la Banque mondiale, on aime le vélo. [...] L'institution en a donc fait, cette année, la métaphore de tous les bienfaits que peut apporter la mondialisation. Le cadre et les roues sont produits en Chine et au Vietnam, le pédalier au Japon, la selle en Italie, les freins en Malaisie, tout cela dans une immense <u>chaîne de valeur mondialisée</u>. Celle-ci conduit à faire baisser les prix, à augmenter le marché potentiel et la productivité et, *in fine*, à créer de l'emploi et de la prospérité. Cette mondialisation de la fabrication d'un même bien a accompagné la croissance économique de la planète sur les vingt dernières années, contribuant à élever la condition de nombreux pays comme le Vietnam, le Mexique, le Bangladesh, l'Éthiopie ou le Kenya.

[...] Aussi l'institution s'inquiète-t-elle de voir s'effriter une architecture si efficace. [...]

L'Amérique se replie sur sa zone, comme la Chine, grande gagnante de la mondialisation, est en train de le faire en se concentrant sur l'échelon asiatique. Même la vertueuse Europe, région la plus ouverte du monde, s'interroge. [...] La mondialisation rétropédale et s'accompagne d'un retour au chacun pour soi et du ralentissement économique.

Philippe Escande, « La mondialisation rétropédale », *Le Monde*, 10 octobre 2019.

2 L'Amazonie en feu (2019)

Incendie de la forêt amazonienne au Pérou. Ces incendies volontaires sont provoqués par les propriétaires fonciers pour mettre en valeur de nouvelles terres à des fins agricoles, pour l'exportation.

Itinéraire 1

1. Quels sont, selon le document, les bienfaits de la mondialisation ? (doc. 1)
2. Quel mouvement semble se dessiner ? (doc. 1)
3. En quoi la photographie apporte-t-elle un contrepoids à cette vision positive ? (doc. 2)
4. Quel est le mouvement qui semble se dessiner, et avec quels risques ? (doc. 1)
5. Expliquez, à l'aide de la carte, l'expression soulignée. (docs 1 et 3)
6. Les centres de décision de la mondialisation sont-ils également répartis sur la planète ? (doc. 4)

Itinéraire 2

Quelles sont les dynamiques liées à la mondialisation qui font évoluer notre monde ?

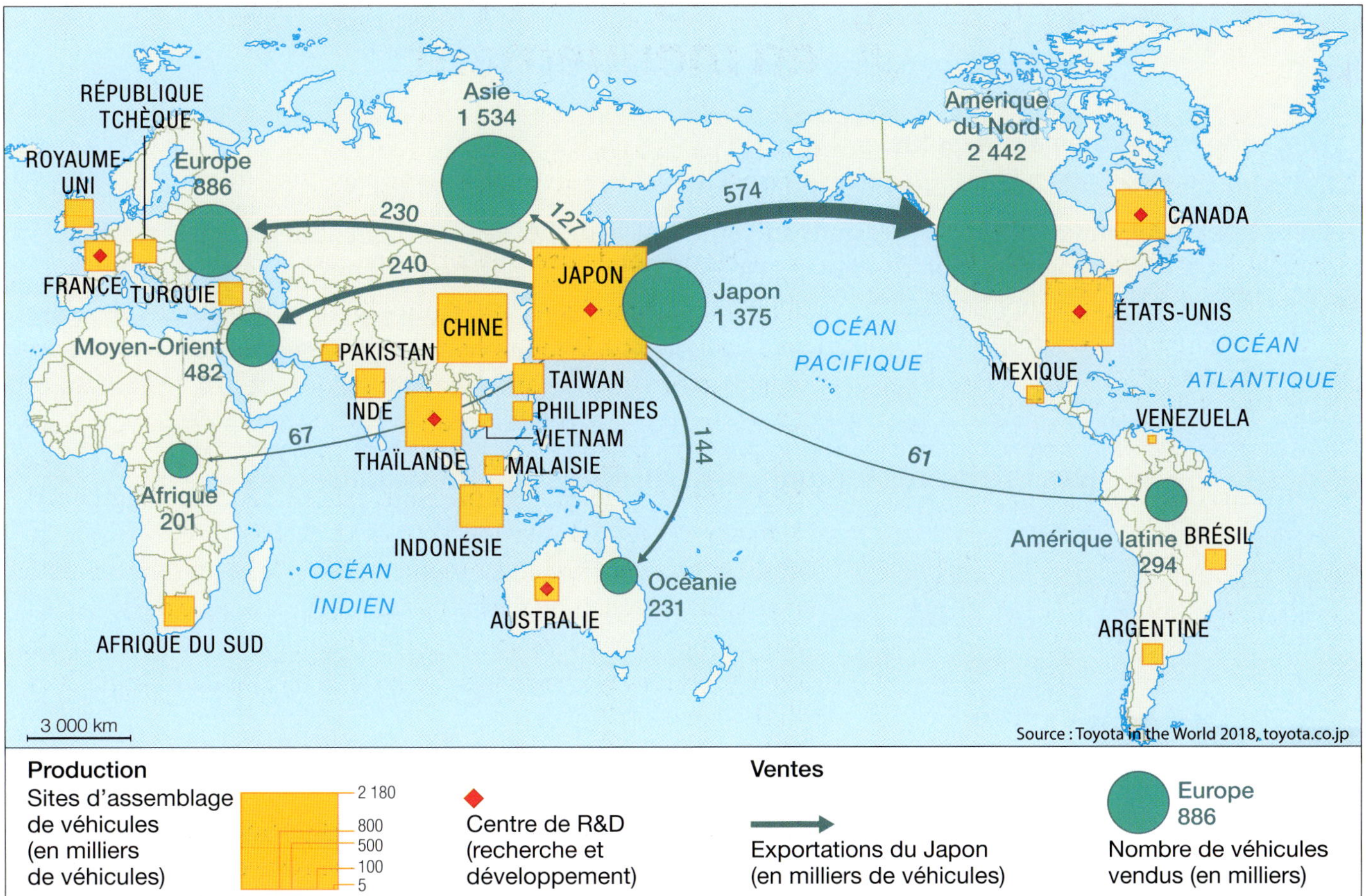

3 **Toyota : sites de production et marchés**

4 **Les 500 premières firmes transnationales dans le monde**

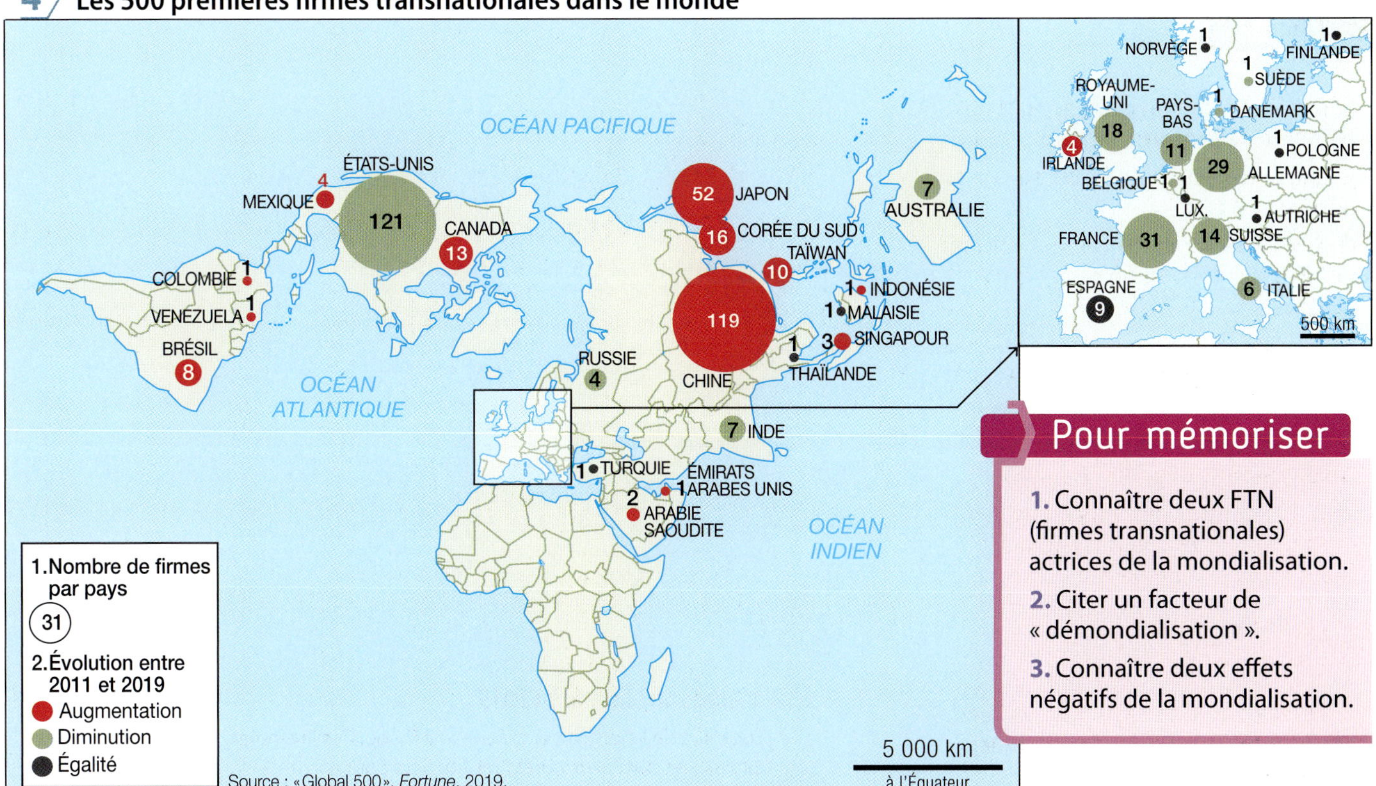

Pour mémoriser

1. Connaître deux FTN (firmes transnationales) actrices de la mondialisation.
2. Citer un facteur de « démondialisation ».
3. Connaître deux effets négatifs de la mondialisation.

APPRENDRE AUTREMENT

Schéma à télécharger
liennathan.fr/c07yc7

Reproduisez le schéma ci-dessous.

1. **Indiquez sur le schéma le nom des villes mondiales.**

2. **Complétez la légende avec les expressions suivantes :** Ville mondiale – Territoire fortement intégré à la mondialisation – Forte concentration de PMA, peu intégrés à la mondialisation – Territoires intermédiaires en cours d'intégration à la mondialisation – Grande façade maritime – Concentration de villes fortement connectées entre elles (mégalopole) – Principaux flux d'échanges mondiaux (marchandises, capitaux, informations).

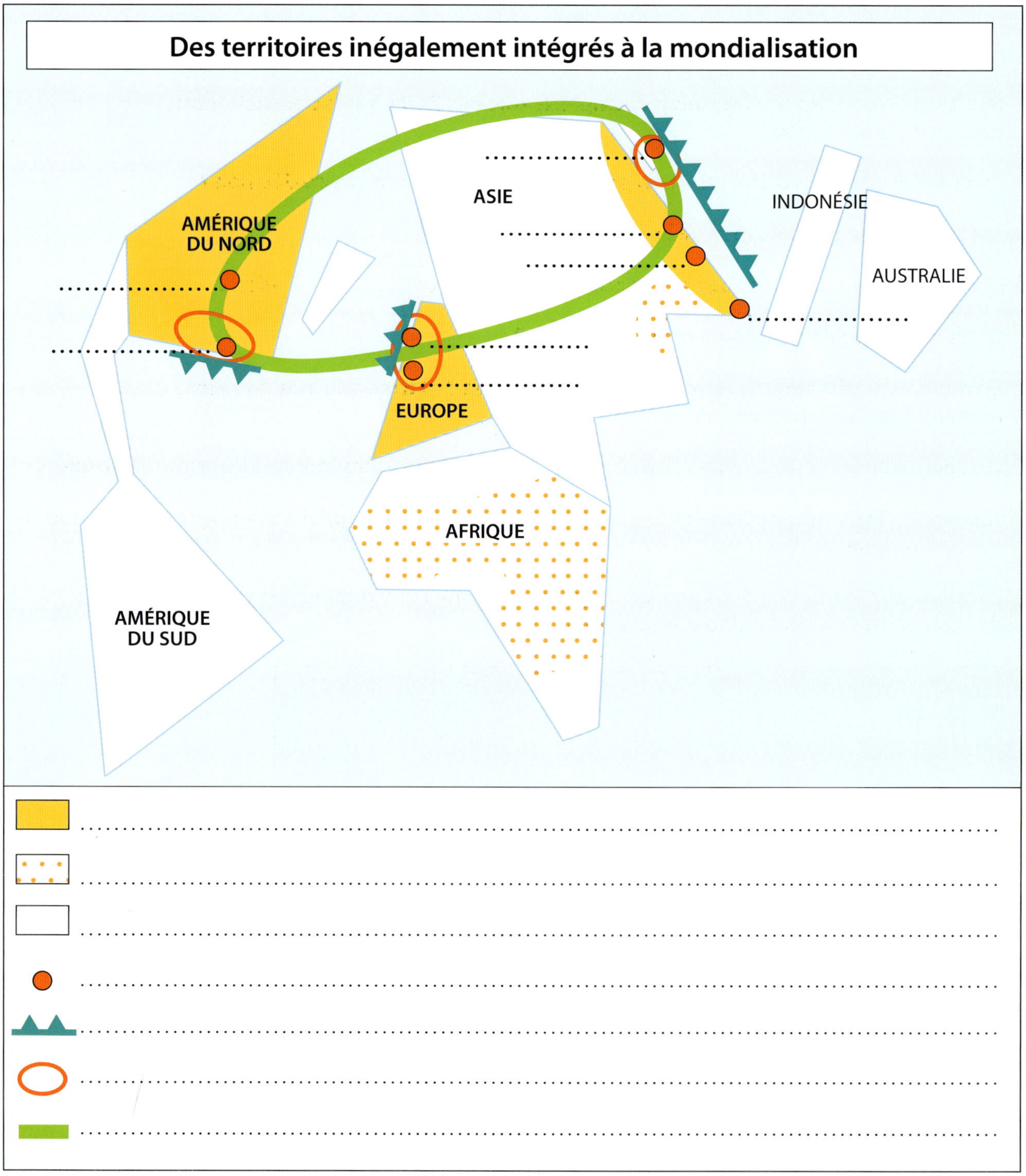

VERS LE BAC

Question obligatoire

VÉRIFICATION DES CONNAISSANCES

1. À partir d'un exemple, définissez la notion de « métropole ».
2. Expliquez comment fonctionne une plate-forme multimodale.
3. Montrez, en vous appuyant sur un exemple, le rôle des FTN (firmes transnationales) dans la mondialisation.
4. En quoi les quartiers d'affaires des métropoles sont-ils des centres de décision ?
5. Qu'est-ce qu'un hub aéroportuaire ?
6. Quelles sont les difficultés des pays exclus ou en marge de la mondialisation ?
7. Où se situe la principale concentration de PMA ?
8. En quoi cette affirmation mérite-t-elle d'être discutée ? « La mondialisation relie et uniformise les territoires. »
9. Justifiez l'affirmation suivante : « Les métropoles sont les espaces moteurs de la mondialisation. »
10. Justifiez l'affirmation suivante : « Les littoraux sont les interfaces privilégiées de la mondialisation contemporaine. »
11. Localisez et nommez les trois espaces régionaux majeurs qui dominent le processus de mondialisation sur le fond de carte joint.

Fond de carte à télécharger
liennathan.fr/zz555a

SUJET D'ÉTUDE

1 New York, un centre

CAPACITÉ : savoir lire, comprendre et critiquer une carte, un croquis, un document iconographique, une série statistique...

En quoi peut-on dire que New York est une ville mondiale ?

Des clés POUR COMPRENDRE

Qu'appelle-t-on une ville mondiale ?

Les villes mondiales (New York, Paris, Londres et Tokyo) dominent la hiérarchie urbaine, par leur concentration de fonctions de commandement, dans les domaines économique, culturel, financier et politique. Elles sont étroitement connectées entre elles, mais aussi concurrentes.

Les gratte-ciel de Manhattan, symbole de New York

Le One World Trade Center (104 étages) est la plus haute tour de New York (la 6e du monde) avec sa hauteur symbolique de 1 776 pieds (541 m) qui correspond à la date de la Déclaration d'indépendance américaine. Elle a été construite après les attentats du 11 septembre 2001 sur l'emplacement des tours du World Trade Center, dans le quartier d'affaires du Lower Manhattan.

Quelques chiffres

Une ville géante et cosmopolite...

- 8,3 millions d'habitants dans les limites de la ville
- 22 millions dans le district métropolitain (Greater New York)
- 37 % des habitants sont nés à l'étranger (contre 13 % dans le reste des États-Unis).

... marquée par les inégalités :

- Une des 3 villes les plus riches du monde avec Londres et Tokyo
- 1 % des New Yorkais dispose de 36 % des revenus.
- 20 % de la population vit en dessous du seuil de pauvreté
- 61 000 personnes sont sans domicile fixe

A New York, une ville qui concentre les fonctions métropolitaines

❯ Quels éléments montrent que New York est une métropole mondiale ?

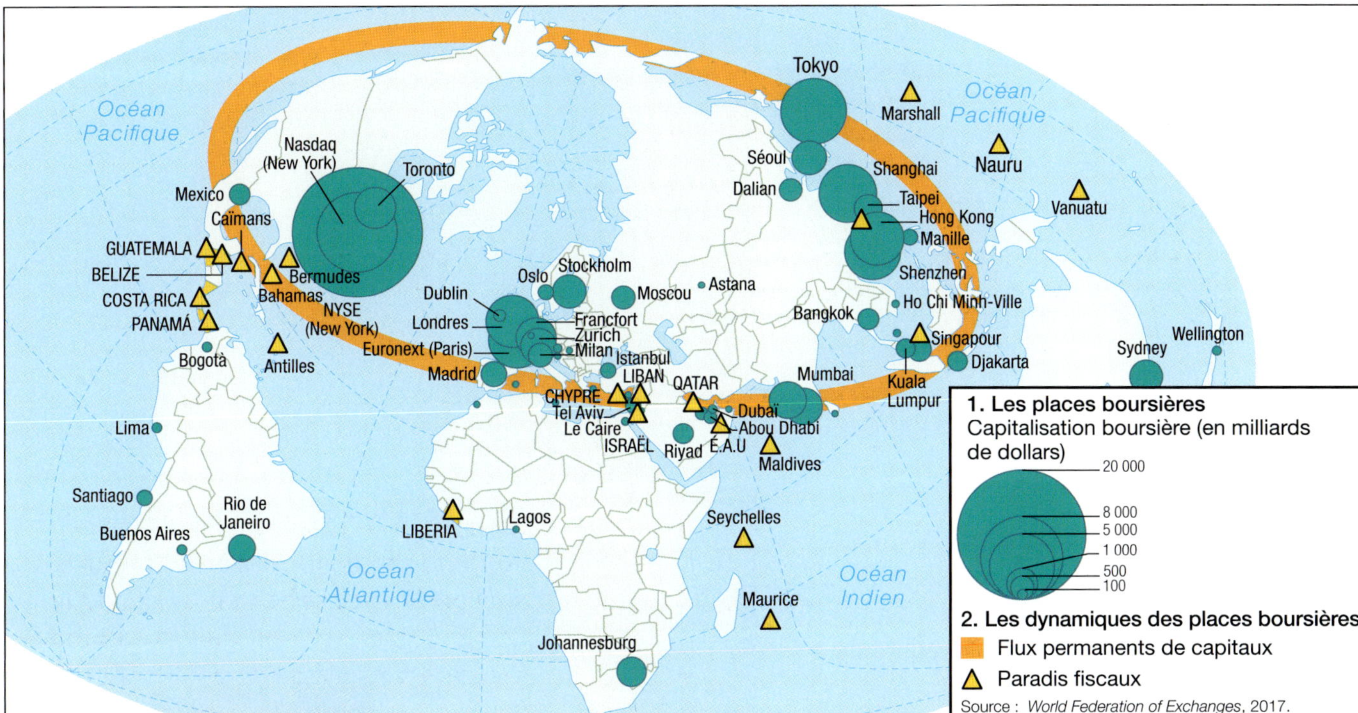

1 ❯ New York au cœur du système financier mondial

Nasdaq : les sociétés qui y sont cotées sont essentiellement liées au monde d'Internet et des nouvelles technologies.
NYSE (New York Stock Exchange) : c'est la plus grande bourse du monde.

2 ❯ Les fonctions métropolitaines de New York

Itinéraire 1

1. Montrez la polarisation des flux financiers par New York. (doc. 1)
2. Pourquoi peut-on dire qu'elle est aussi dépendante des autres places boursières ? (doc. 1)
3. Observez le plan et regroupez les différentes fonctions métropolitaines en quatre catégories (financière, économique, culturelle, politique). (doc. 2)
4. Où sont concentrées ces fonctions ? (doc. 2)

Itinéraire 2

Dans un paragraphe organisé d'une dizaine de lignes, vous montrerez que New York est une métropole mondiale.

CAPACITÉ : savoir lire, comprendre et critiquer une carte, un croquis, un document iconographique, une série statistique…

B Les contrastes au sein de la métropole

La métropolisation profite-t-elle également à tous les habitants de New York ?

1 Une ville duale

Quand il chante avec Alicia Keys « New York, the Empire State of Mind », le rappeur Jay-Z[1] égrène tous les hauts lieux de la ville globale : l'Empire State Building et autres gratte-ciel emblématiques de la *skyline*, Wall Street, ou encore Times Square – tous situés dans le cœur historique de New York City. Il mentionne également Brooklyn, dont il est originaire, ainsi que d'autres quartiers périphériques, pour en montrer la vie de rue – dans ses dimensions ethniques, artistiques, mais aussi illégales. Cette chanson internationalement connue illustre les deux faces d'une même ville : la puissance et le rayonnement d'une part, les difficultés et la ségrégation sociale, raciale et spatiale d'autre part. La ville globale (Sassen, 1991[2]) est en effet duale : non seulement s'y côtoient les personnes aux plus hauts postes et revenus et les personnes les plus fragiles socialement et financièrement, mais de plus, l'ensemble forme un système interdépendant, les seconds étant au service des premiers.

Aurélie Delage, « Le Bronx, des flammes aux fleurs : combattre les inégalités socio-spatiales et environnementales au cœur de la ville globale ? », *Géoconfluences*, 15 janvier 2016.

1. Rappeur et homme d'affaires originaire de New York.
2. Saskia Sassen est une sociologue et économiste qui a créé le concept de ville globale.

2 L'ONU, un des centres de la gouvernance mondiale

New York est le siège de l'Organisation des Nations unies. Depuis 1952, le bâtiment, construit par les architectes Le Corbusier et Oscar Niemeyer, abrite le Secrétariat des Nations unies et accueille les assemblées générales et les réunions du Conseil de sécurité. L'ONU réunit la très grande majorité des États du monde (193), de ce fait, New York est le centre de la gouvernance mondiale.

3 Les inégalités socio-ethniques au sein de la ville

	États-Unis	New York City (ensemble)	Bronx (quartier)	Manhattan (quartier)
Taux de pauvreté	12,3 %	19,6 %	27,9 %	16,3 %
Revenu médian par ménage (en dollars)	57 652	57 782	36 593	79 781
Part de la population ayant le niveau baccalauréat	87,3 %	81,1 %	71,5 %	86,8 %
Population hispanique	18,3 %	29,1 %	56,4 %	25,9 %
Population afro-américaine	13,4 %	24,3 %	43,6 %	17,9 %

D'après le US Census Government, consulté le 23 août 2019.

Itinéraire 1

1. Quelles inégalités la chanson de Jay-Z évoque-t-elle ? (doc. 1)
2. Le témoignage de Jay-Z peut-il être vérifié à l'aide du tableau statistique émis par le gouvernement ? (docs 1 et 3)
3. Pourquoi la présence du siège de l'ONU accentue-t-elle les contrastes au sein de la ville de New York ? (docs 1 et 2)

Itinéraire 2

Les habitants de New York profitent-ils tous du statut international de la ville ?

C New York, symbole et instrument de rayonnement pour les États-Unis

› Quelles sont les manifestations du rayonnement de la ville ?

1 Vue sur la statue de la Liberté et la pointe sud de Manhattan

La statue de la Liberté, inaugurée en 1886 à l'embouchure de l'Hudson, est un des symboles de New York et plus largement des États-Unis. Œuvre du sculpteur français Auguste Bartholdi, elle a été offerte par la France pour célébrer le bicentenaire de l'indépendance.

2 Une domination culturelle maintenant contestée

Capitale culturelle, New York l'est quasi sans partage tout au long des années 1940 et 1950. C'est là que tout se passe dans le petit monde des arts et lettres, là que se regroupent, irrésistiblement attirés par les lumières de la ville et les feux de la rampe, peintres et écrivains, acteurs et musiciens. New York est un extraordinaire chaudron culturel qui concentre dans un périmètre limité une bonne partie de ce que les États-Unis, et le monde, comptent d'artistes de talent et parfois de génie. [...] La ville est aussi le centre gestionnaire des industries de la culture, l'épicentre du mécénat américain, le cœur de la consommation en même temps que de la production d'art et de culture. Situation historiquement exceptionnelle. [...] Mais le temps de la domination sans partage est révolu. Elle a désormais des concurrentes, des rivales, en Europe et, c'est un fait nouveau, aux États-Unis même – Los Angeles au premier chef.

François Weil, « New York, capitale culturelle », Clio, janvier 2001.

3 Les villes les plus visitées au monde

Ville	Nombre de visiteurs (en millions)	Durée des séjours (en nuits)	Dépense quotidienne (en dollars)
Bangkok (Thaïlande)	20,05	4,7	173
Londres (Royaume-Uni)	19,83	5,8	153
Paris (France)	17,44	2,5	301
Dubaï (Émirats arabes unis)	15,79	3,5	537
Singapour	13,91	4,3	286
New York (États-Unis)	13,13	8,3	147
Kuala Lumpur (Malaisie)	12,58	5,5	124
Tokyo (Japon)	11,93	6,5	154
Istanbul (Turquie)	10,7	5,8	108
Séoul (Corée du Sud)	9,54	4,2	181

Source : *Global Destination Cities Index*, classement établi par le groupe Mastercard, 2017.

Itinéraire 1

- **1.** Que représente la statue de la Liberté pour les Américains et les touristes ? **(doc. 1)**
- **2.** Citez les arts présents à New York et expliquez l'expression soulignée dans le texte (« chaudron culturel »). **(doc. 2)**
- **3.** Montrez que New York est en concurrence avec d'autres métropoles pour la domination culturelle. **(doc. 2)**
- **4.** Comment expliquer que la durée moyenne d'un séjour à New York soit quasiment deux fois plus élevée que celle de Bangkok ? **(doc. 3)**
- **5.** Le document 3 confirme-t-il le statut touristique de la ville ? **(docs 1 et 3)**

Itinéraire 2

- Réalisez une affiche publicitaire pour montrer le rayonnement culturel de New York.

{ ZOOM } New York et le cinéma

New York est le cadre ou le thème de centaines de films, ce qui témoigne de l'importance de la ville dans l'imaginaire collectif et contribue à la faire connaître dans le monde entier.

1 *New York, New York*, **film de Martin Scorsese, 1977**

« La Liberté éclairant le monde », statue de 93 mètres, œuvre d'Auguste Bartholdi, édifiée en 1886 à l'entrée du port de New York, est devenue l'emblème de la ville.

2 *King Kong*, **film de M. C. Cooper et E. B. Schoedsack, 1933**

La scène finale se déroule au sommet de l'Empire State Building, construit en 1931 et haut de 381 mètres.

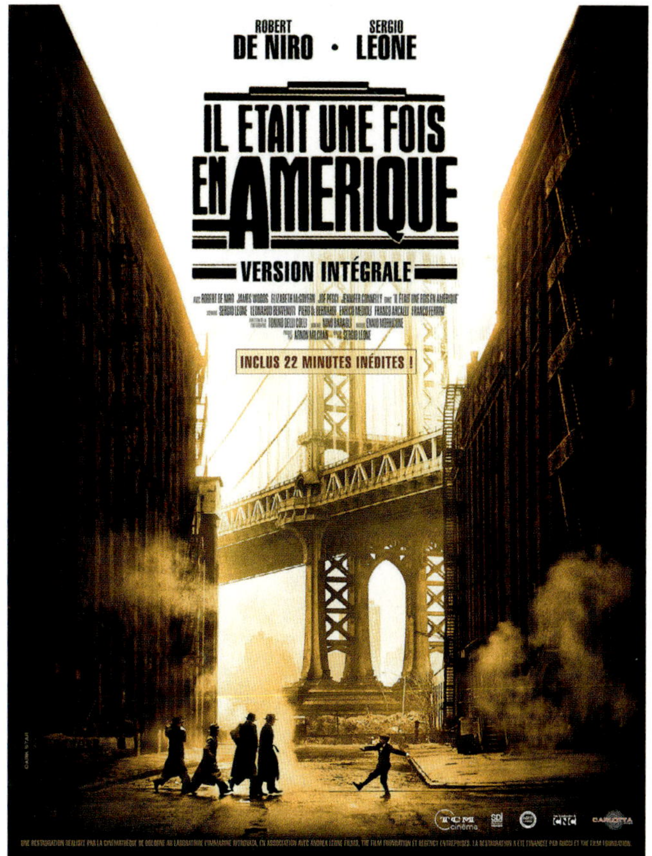

3 *Il était une fois en Amérique*, **film de Sergio Leone, 1984**

Vue sur le pont de Manhattan ; en arrière-plan, on devine l'Empire State Building.

4 *Le Jour d'après*, **film de Roland Emmerich, 2004**

ACTIVITÉS

1. Analysez l'affiche du film de Martin Scorsese, de quelle manière rend-elle hommage à la ville ? **(doc. 1)**
2. Retrouvez sur chacune de ces affiches des signes emblématiques de la ville de New York. **(docs 1, 2, 3 et 4)**
3. Précisez, en vous appuyant sur les images présentées par les affiches, le thème apparent de chaque film (fantastique, musical, film de gangsters, film apocalyptique, etc.). **(docs 1, 2, 3 et 4)**
4. Connaissez-vous une autre ville dans le monde qui soit également une importante source d'inspiration cinématographique et dont les emblèmes soient aussi reconnaissables ?

L'ESSENTIEL

A New York, une ville qui concentre les fonctions métropolitaines

Parmi les 500 plus grandes firmes du monde, 22 ont leur siège à New York. La ville attire les plus grandes entreprises américaines comme le *New York Times*, American Express, Colgate-Palmolive… New York concentre les activités à forte valeur ajoutée, notamment dans le secteur de la finance, qui contribue pour près d'un tiers aux richesses produites par la ville. Elle s'est spécialisée dans ce secteur et dans les activités de hautes technologies. Son PIB par habitant la hisse au rang de 7e puissance du monde.

B Les contrastes au sein de la métropole

Les espaces de la ville sont inégalement intégrés. Cette différenciation reflète aussi les inégalités sociales (processus de ségrégation socio-spatiales). Les richesses se concentrent à Manhattan, entre les mains d'une population majoritairement blanche, tandis que le Bronx héberge une population afro-américaine pauvre. On estime à près de 61 000 le nombre de personnes sans domicile fixe au sein de la ville.

C New York, symbole et instrument de rayonnement pour les États-Unis

New York accueille le siège de grandes instances internationales comme l'ONU et des institutions comme la Bourse de Wall Street, qui ont une influence mondiale. Le secteur du divertissement permet à la ville d'exporter sa culture dans le monde. Le street art et le rap sont nés à New York et connaissent aujourd'hui une diffusion mondiale. Mais la ville est aussi cosmopolite et se nourrit des autres cultures du monde.

MISE EN PERSPECTIVE

Si le siège de l'ONU est à New York, celui de l'une des instances qui lui est liée, l'UNESCO, est à Paris. La capitale française accueille aussi de nombreux sièges de grandes entreprises dans son quartier d'affaires de la Défense. Les villes rivalisent entre elles pour mettre en avant leurs atouts économiques, leur patrimoine et leur culture. Mais cette hiérarchie peut évoluer, en témoigne la grandeur passée de Venise, qui dominait les échanges au Moyen Âge et à la Renaissance, et qui aujourd'hui est certes une ville touristique mais ne peut pas être considérée comme une ville mondiale.

Podcast liennathan.fr/g4k7t1

APPRENDRE AUTREMENT

Schéma à télécharger
liennathan.fr/9n9y3y

Recopiez et complétez les différentes rubriques entourant le schéma avec les indications suivantes : statue de la Liberté – Bourse de Wall Street – ports – Metropolitan Museum – gratte-ciel (*skyline*) – Bronx – Broadway – siège de l'ONU – Manhattan – Guggenheim Museum – aéroports.

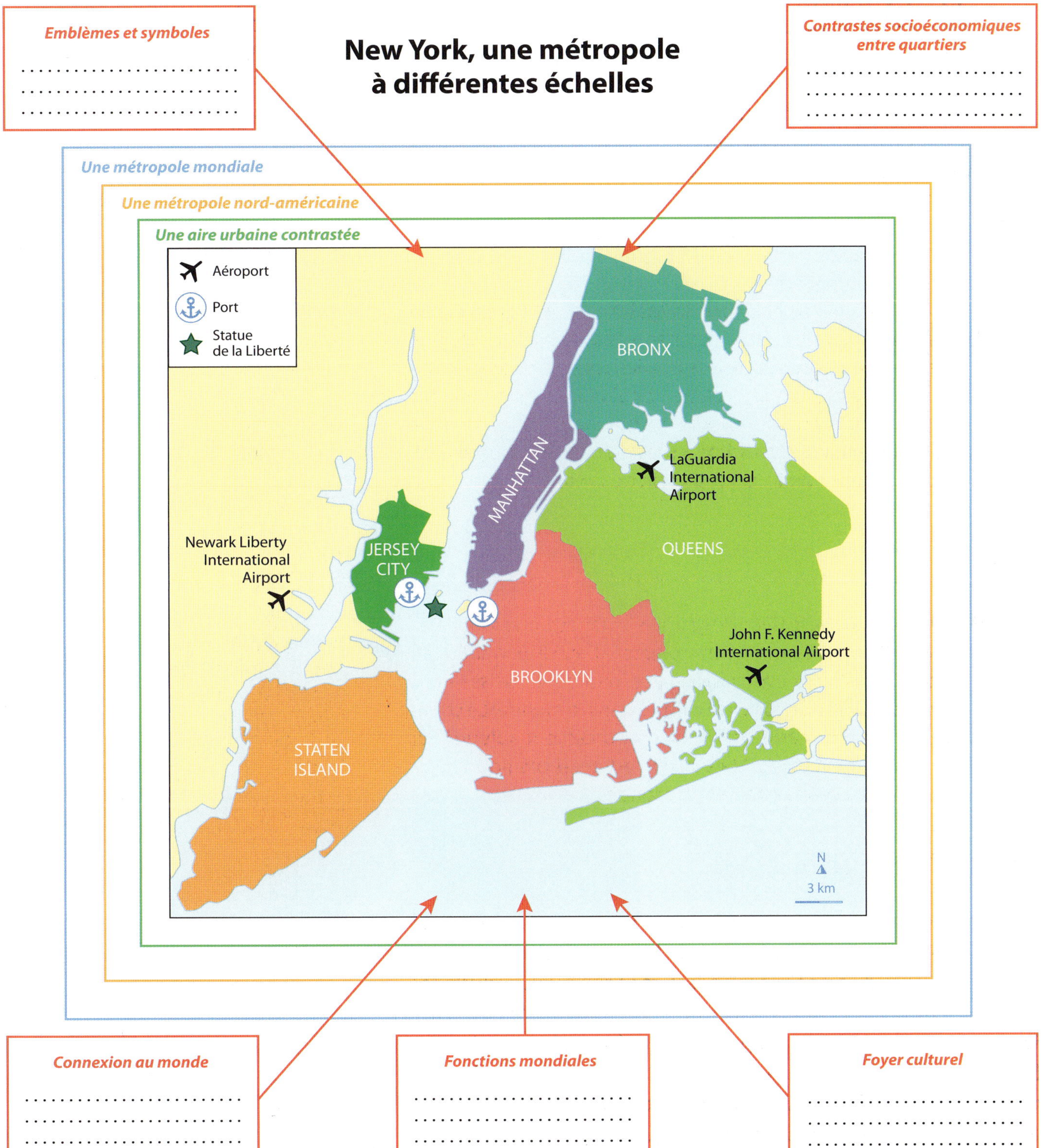

SUJET D'ÉTUDE 2 L'aéroport de Paris-CDG,

CAPACITÉ : utiliser l'échelle appropriée pour étudier un phénomène

Comment l'aéroport de Paris-Roissy-Charles de Gaulle connecte-t-il la France à l'Europe et plus largement au monde ?

Des clés POUR COMPRENDRE

Contexte

Construit en 1974 sur la commune de Roissy-en-France, et à cheval sur trois départements (la Seine-Saint-Denis, le Val-d'Oise et la Seine-et-Marne), l'aéroport Charles-de-Gaulle (Roissy-CDG ou Paris-CDG) est situé à 30 km de Paris. Premier aéroport français, il est devenu le deuxième aéroport européen pour le nombre de passagers et le premier pour le fret. Il constitue, avec Orly, la principale porte d'entrée aérienne sur le territoire français.

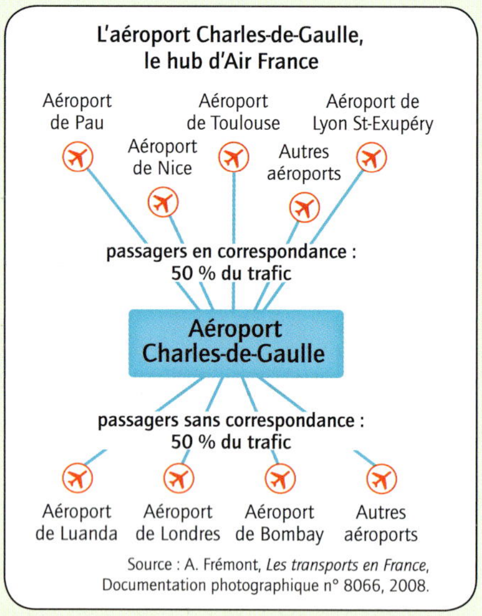

Source : A. Frémont, *Les transports en France*, Documentation photographique n° 8066, 2008.

Roissy, une plate-forme multimodale

C'est un lieu qui rassemble les infrastructures et équipements permettant la correspondance entre différents modes et réseaux de transport comme l'avion, le train, la route. Depuis 1994, Roissy accueille une gare TGV prévue pour 5 millions de voyageurs.

Qu'est-ce qu'un hub ?

Il s'agit d'une plate-forme de correspondance dans un réseau de transport. Pour les transports aériens, ce terme désigne un aéroport choisi par une compagnie pour y faire transiter une part notable de ses vols et y assurer des correspondances rapides. Les passagers bénéficient ainsi de temps d'attente réduits et d'un plus grand nombre de destinations. Cette organisation permet d'assurer un taux de remplissage élevé des vols et une meilleure gestion des flottes des compagnies aériennes.

Paris-CDG au cœur du réseau Air France-KLM

Le terminal 2F est un des éléments du hub d'Air France dédiés aux vols européens court et moyen-courriers.

un hub au cœur des échanges européens

A Paris-CDG, un aéroport de rang mondial

❯ En quoi Paris-CDG constitue-t-il la principale porte d'entrée du territoire français ?

1 ❯ Classement des aéroports mondiaux (trafic de passagers)

Aéroport / pays	Trafic de passagers en millions	Rang
Atlanta, États-Unis (Hartsfield-Jackson)	107	1
Pékin, Chine (Pékin-Capitale)	101	2
Dubaï, Émirats arabes unis (DXB)	89	3
Los Angeles, États-Unis (LAX)	88	4
Tokyo, Japon (Tokyo-Haneda)	87	5
Chicago, États-Unis (O'Hare)	83	6
Londres, Royaume-Uni (Heathrow)	80	7
Hong Kong (HKG)	75	8
Shanghai, Chine (Shanghai-Pudong)	74	9
Paris, France (CDG)	72	10
Amsterdam, Pays-Bas (Amsterdam-Schiphol)	71	11
New Delhi, Inde (Indira Gandhi)	70	12

Source : Airports Council International, 2018.

3 ❯ Les liaisons entre Paris-Charles de Gaulle et la Chine

En inaugurant sa dernière liaison de l'année 2018 entre Shenzhen et Paris-Charles de Gaulle, la compagnie aérienne chinoise Hainan Airlines a fait de Paris « la capitale européenne la mieux connectée avec la Chine » avec 13 villes chinoises desservies. Hainan compte désormais trois liaisons entre les provinces chinoises et la capitale française après Xi'an (fin 2014), Chongqing et Shenzhen, respectivement les 19 et 21 décembre 2018.
En 2017, le faisceau Chine et Hong Kong a représenté 2,5 millions de passagers toutes nationalités confondues à Paris-Charles de Gaulle.

« Paris-Charles de Gaulle, l'aéroport européen le mieux connecté à la Chine », parisaeroport.fr, consulté le 12 novembre 2019.

2 ❯ Affichage des départ à Roissy-CDG

Itinéraire 1

➡ **1.** Regroupez les aéroports figurant dans le tableau par ensembles régionaux (Amérique du Nord, Asie, Moyen-Orient, Europe). **(doc. 1)**

➡ **2.** Précisez le rang de Roissy-CDG pour les trafics passagers à l'échelle du monde, puis à l'échelle de l'Europe. **(doc. 1)**

➡ **3.** Avec quel aéroport européen Roissy-CDG est-il particulièrement en concurrence ? **(doc. 1)**

4. En quoi la Chine représente-t-elle une nouvelle opportunité pour l'aéroport Roissy-CDG ? **(doc. 3)**

Itinéraire 2

➡ Justifiez l'expression : « Roissy-CDG, une porte ouverte sur le monde ».

CAPACITÉ : utiliser l'échelle appropriée pour étudier un phénomène

B Roissy-CDG, une plate-forme multimodale

Quelles sont les infrastructures qui font de l'aéroport Roissy-CDG une plate-forme multimodale ?

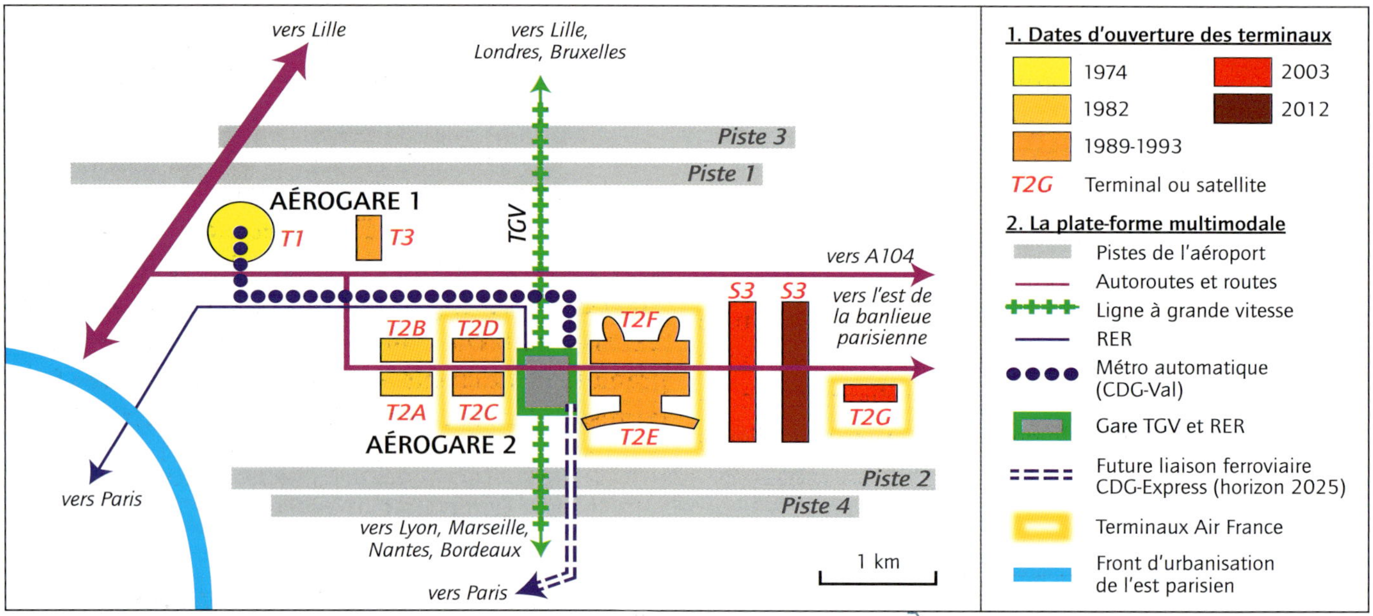

1 Roissy-CDG, à la jonction de multiples moyens de transport

La construction d'un terminal 4 est envisagée, il pourrait ouvrir en 2028 pour une capacité future de 40 millions de passagers.

2 L'aéroport vu de l'autoroute A1

3 La multimodalité avion-TGV

Air France capte [...] des trafics en correspondance train/avion grâce à la présence, au cœur de son hub, de la gare Aéroport Paris-Charles de Gaulle desservie par TGV, par Thalys vers Bruxelles, ainsi que par le réseau express régional (RER). Un accord de partenariat entre Air France et la SNCF permet aux deux entreprises de proposer des correspondances directes entre les escales de la compagnie et les gares suivantes : Angers, Le Mans, Strasbourg, Lille Europe, Lyon-Part-Dieu, Nantes, Poitiers, Tours-Saint-Pierre-des-Corps.

« Air France à Paris-Charles de Gaulle, le hub le plus puissant d'Europe », Direction de la Communication Air France, 2017.

Itinéraire 1

1. Relevez les infrastructures et moyens de transport figurant sur les documents. (docs 1 et 2)

2. Citez une liaison à l'échelle locale. (doc. 1)

3. Montrez que l'aéroport Paris-CDG est connecté au territoire national mais aussi européen. (doc. 2)

4. En vous reportant à la définition des Clés pour comprendre (page 170), dites en quoi les éléments évoqués par les documents font de l'aéroport Paris-CDG une plate-forme multimodale à l'échelle nationale et européenne. (docs 1, 2 et 3)

Itinéraire 2

À l'aide des documents, formulez une réponse à la question posée en début de page.

C Paris-CDG, premier hub aérien d'Europe

› Comment fonctionne le hub d'Air France à Paris-CDG ?

1 › Une compagnie organisée autour du hub de Paris-CDG

Véritable ouverture sur le monde au départ de l'Europe, le hub d'Air France à Paris-Charles de Gaulle constitue le cœur battant du réseau de la compagnie : près de 6 500 personnels Air France, 100 000 clients chaque jour dont plus de la moitié en connexion sur 25 000 opportunités de correspondances hebdomadaires. Reconnu comme le hub le plus puissant d'Europe, Air France ne cesse d'investir et de tirer parti de ses atouts pour améliorer sa performance opérationnelle.

Inauguré le 31 mars 1996 avec un vol à destination de Genève, le hub d'Air France n'a cessé de se réinventer pour offrir ce qu'il y a de mieux à ses clients. Cette recherche permanente de la performance pour ses clients se traduit par la mise en place de nouvelles plages horaires en ce premier trimestre 2017. Organisée en 7 plages de rendez-vous cadencées tout au long de la journée, cette révision permet à Air France une augmentation du trafic, tout en garantissant un accès à l'aéroport plus fluide, grâce à une meilleure répartition de l'activité sur la journée. Cette remarquable organisation permet à la compagnie d'assurer 60 vols par heure. Le centre de contrôle du hub d'Air France, au cœur de la gestion des flux, assure avec une précision absolue les quelque 1 000 arrivées et départs quotidiens des vols Air France à Paris-Charles de Gaulle. Pour faire face au nombre grandissant de clients, Air France a su passer de 1 886 correspondances en 1996 à 25 000 possibilités en 2016.

« Air France à Paris-Charles de Gaulle, le hub le plus puissant d'Europe », Direction de la Communication Air France, 2017.

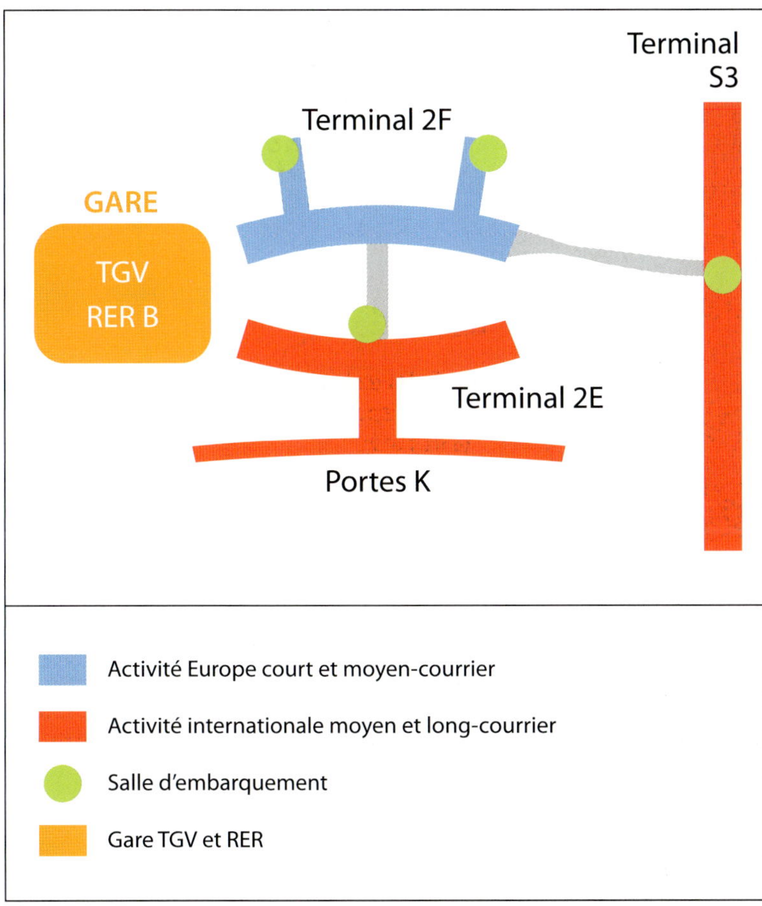

2 › Paris-CDG, le cœur du réseau Air France

Itinéraire 1

1. Depuis quand et par quelles étapes s'est faite l'organisation en hub d'Air France ? (doc. 1)
2. Relevez les indications, chiffrées ou non, montrant l'importance de ce hub. (doc. 1)
3. Quelles sont les différentes possibilités pour un passager ayant un billet sur un vol international de la compagnie d'arriver à Roissy ? (doc. 2)
4. Retracez l'itinéraire d'un passager arrivant par vol international et disposant d'un billet pour une ville située en France ou en Europe. (doc. 2)

Itinéraire 2

Quels sont les avantages de l'organisation en hub pour la compagnie Air France ? Profitent-ils tous aux passagers ?

ZOOM Des ombres sur les aéroports

1 **L'aéroport Roissy-Charles de Gaulle**

À perte de vue, des aménagements modernes et rationnels pour organiser efficacement l'arrivée, le départ et la distribution des passagers entre les différents vols.

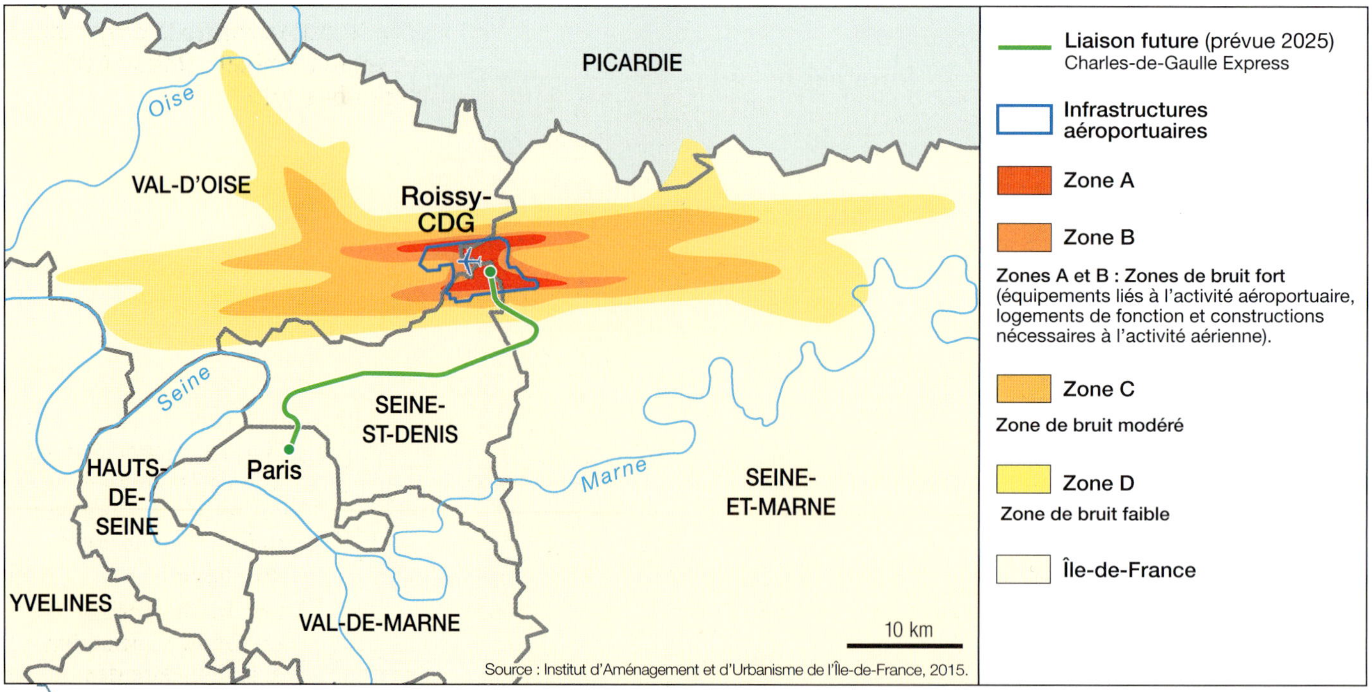

2 **Les nuisances sonores liées à Roissy-CDG**

3 **Vol à l'atterrissage sur l'aéroport d'Orly (commune de Villeneuve-le-Roi)**

4 **Manifestation contre le projet de nouveau terminal à Roissy-CDG, décembre 2019**

ACTIVITÉS

1. En quoi ces documents jettent-ils une ombre sur les aéroports et le trafic aérien en zone urbanisée ?
2. Comment concilier l'essor du trafic aérien et le bien-être des populations locales ?

L'ESSENTIEL

A Paris-CDG, un aéroport de rang mondial

Symboles de la mondialisation, les aéroports connectent les métropoles entre elles et sont un outil indispensable à leur développement. Les aéroports parisiens cumulent près de 700 vols quotidiens vers les métropoles européennes et 225 vols directs hors de l'Europe. Roissy-CDG s'est imposé dans le paysage aérien européen pour le fret (1er rang) et le nombre de passagers (2e rang, avec plus de 70 millions de passagers).

La zone de Roissy regroupe 160 000 emplois, dont 85 000 directement liés au fonctionnement de l'aéroport, ce qui représente plus de 6 % de l'emploi en Île-de-France.

B Roissy-CDG, une plate-forme multimodale

Roissy-CDG est une plate-forme multimodale, accessible par différents moyens de transport (routes et lignes ferroviaires) qui le relient à la région parisienne (RER), mais aussi à Londres, Francfort, Bruxelles et Amsterdam en moins de trois heures (TGV). À l'échelle locale, la liaison avec Paris doit être améliorée.

C Paris-CDG, premier hub aérien d'Europe

Principal hub européen et base de la compagnie Air France, Roissy concentre les lignes secondaires et redistribue les passagers sur les lignes longs-courriers, sur un modèle qui permet plus de flexibilité mais qui oblige souvent les passagers à transiter nécessairement par Paris.

La présence d'un aéroport est aussi source de tensions avec les habitants, qui souffrent des nuisances sonores et de la pollution engendrées par les avions. Son extension est également une menace pour les espaces agricoles et la biodiversité.

MISE EN PERSPECTIVE

Le transport aérien connaît depuis environ 50 ans une expansion rapide et continue ; l'abaissement des coûts en a fait un transport de masse, avec plus de 4 milliards de passagers par an transitant par les principaux hubs aéroportuaires. Mais la concentration des vols et activités sur ces pôles renforce la mise à l'écart des territoires non desservis. Localement, les populations riveraines subissent des nuisances et la contrainte environnementale peut, à terme, menacer ce moyen de transport.

Podcast liennathan.fr/f01ht9

APPRENDRE AUTREMENT

Schéma à télécharger
liennathan.fr/p7f8y5

Recopiez le schéma et complétez sa légende à l'aide des indications suivantes :
liaisons internationales – gare TGV et RER – autoroute et routes – concentration et redistribution du trafic aérien avec le hub d'Air France – lignes à grande vitesse et RER.

L'aéroport de Paris-Charles de Gaulle, un hub au cœur des échanges mondiaux

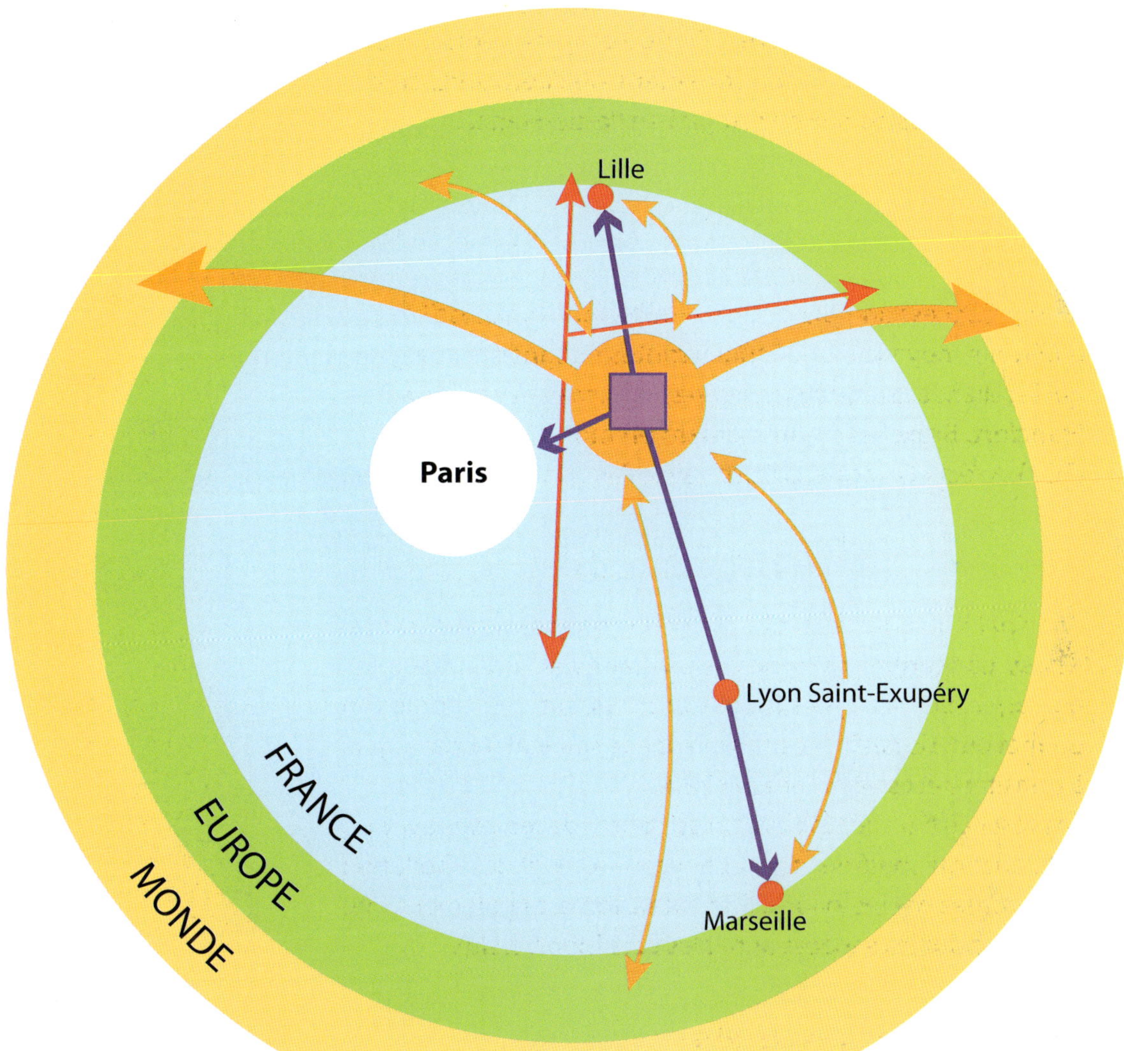

1. Paris-CDG, un aéroport de rang mondial et premier hub d'Europe

- Zone aéroportuaire CDG (dixième aéroport mondial pour le trafic de passagers)
- ....
- ....

2. Une plate-forme multimodale

- Autoroutes et routes
- ....
- ....

VERS LE BAC

Sujet d'étude 1

New York, un centre de la mondialisation

Étude de documents

1 New York dans la mondialisation

Le monopole de New York reste puissant et la financiarisation de l'économique contribue à son renforcement. Ce lieu de gouvernance financière mondiale est complété par un centre décisionnel qui accueille 25 sièges sociaux des 500 plus grandes firmes mondiales. Cette position, qui n'a d'égale que Paris et Londres, représente 16 % des 150 plus grandes firmes mondiales [...]. Matérialisée par les tours de Manhattan, cette suprématie est rendue visible par les flux Internet traduisant l'intensité des échanges commerciaux, monétaires et des télécommunications. Les flux aériens traduisant les déplacements professionnels (affaires, commerce, colloque, études, etc.) et de tourisme, permettent de saisir le rôle de pivot international du trafic, ainsi que les liens privilégiés avec l'Europe. [...] New York dispose d'un milieu financier permettant la mobilisation du capital dans les firmes transnationales ; Tokyo est au cœur du pôle des créanciers et joue le rôle de prêteur ; Londres, enfin, place financière spécialisée dans l'assurance, assure les transactions internationales.

Renaud Le Goix, *Atlas de New York*, Autrement, 2013.

2 Broadway à New York

Cette artère nord-sud de Manhattan regroupe, près de Times Square, environ 40 théâtres et salles de spectacle.

Questions

1. Relevez des indicateurs montrant l'intégration de New York dans la mondialisation. **(docs 1 et 2)**
2. Quels sont les atouts de New York qui permettent cette intégration ? **(docs 1 et 2)**
3. Que représentent les « tours de Manhattan » ? **(doc. 1)**
4. Pourquoi peut-on dire que les villes mondiales sont à la fois concurrentes et interdépendantes ? **(doc. 1)**

VERS LE BAC

Sujet d'étude 2

L'aéroport de Paris-Roissy-Charles de Gaulle

Étude de documents

1 La concurrence entre les aéroports européens

« Il existe une concurrence violente sur la correspondance », reconnaît M. Arkwright, directeur général adjoint finances et stratégie d'ADP. Selon lui, « les passagers ont tous les choix du monde pour effectuer leur correspondance pour les vols long-courriers ». Justement, les grands « hubs » européens, ces aéroports vers lesquels les compagnies font transiter leurs vols domestiques pour alimenter leurs destinations long-courriers, se disputent ces passagers en transit. Sur les 93 millions de passagers accueillis par ADP (Aéroport de Paris) en 2015, 24 %, soit 22,32 millions, étaient en correspondance. Air France-KLM est le premier client d'ADP. Le groupe franco-néerlandais génère ainsi « 85 % du trafic de passagers en correspondance à Paris », pointe M. Arkwright.

[...] CDG reste pourtant un aéroport cher en Europe. Mais pas le plus cher, à en croire ADP. Paris serait dans la moyenne, devant Amsterdam et Madrid, mais loin derrière Francfort et surtout Heathrow. L'aéroport de Londres, quasi saturé, profite de son leadership sur la clientèle affaires pour pratiquer des tarifs exorbitants. ADP en est loin.

Guy Dutheil, « Les aéroports ne veulent pas rater leurs correspondances », *Le Monde*, 1er avril 2016.

2 CDG, une plate-forme multimodale

1. TGV.
2. RER B.

Questions

1. Relevez une phrase dans le document 1 qui définit le principe du « hub », puis expliquez-la avec vos propres mots en donnant un exemple.

2. Comment se manifeste la concurrence entre les aéroports ?

3. Montrez que le document 2 illustre la notion de « plate-forme multimodale ».

4. Quel est l'intérêt pour l'aéroport de Roissy-Charles de Gaulle de disposer d'une telle infrastructure ?

THÈME

3 La France et ses régions dans l'Union européenne et dans la mondialisation

LES ENJEUX

- Petit pays à l'échelle de la planète, dont la population ne représente que 1 % de la population mondiale, la France réalise 4 % des richesses mondiales et parvient à se maintenir au septième rang des plus grandes puissances économiques. Le pays dispose de nombreux atouts qui lui permettent d'affirmer sa puissance en Europe et dans la mondialisation sur le plan économique et culturel, diplomatique et militaire. (Question obligatoire)
- L'influence et l'attractivité de la France se lisent dans l'organisation et la recomposition de ses territoires régionaux avec des zones et lieux forts (le centre spatial guyanais, Sujet d'étude 1, et Disneyland Paris, Sujet d'étude 2), au risque de laisser dans l'ombre des territoires moins intégrés et moins dynamiques.

La question obligatoire

PAGE 182 ▼ PAGE 195

Les lieux de l'influence française dans la mondialisation

Comment s'exprime l'insertion de la France en Europe et dans le monde ?

Les sujets d'étude au choix

1 Le centre spatial guyanais (Kourou) : coopérer pour s'affirmer à l'échelle mondiale

PAGE 196 ▼ PAGE 203

En quoi le Centre spatial guyanais de Kourou est-il un atout pour la France et l'Europe dans le domaine spatial ?

2 Disneyland Paris : un marqueur de l'intégration de la France dans la mondialisation

PAGE 204 ▼ PAGE 209

Comment Disneyland Paris est-il devenu un pôle majeur du tourisme en France ?

En quoi suis-je concerné ?

1. Pouvez-vous citer des domaines (politique, économie, culture) qui témoignent du rayonnement mondial de la France ?
2. Connaissez-vous dans votre région des éléments attestant de l'attractivité du pays (entreprises d'origine étrangère, site touristique, etc.) ?

REPÈRES Les lieux de l'influence française dans la mondialisation

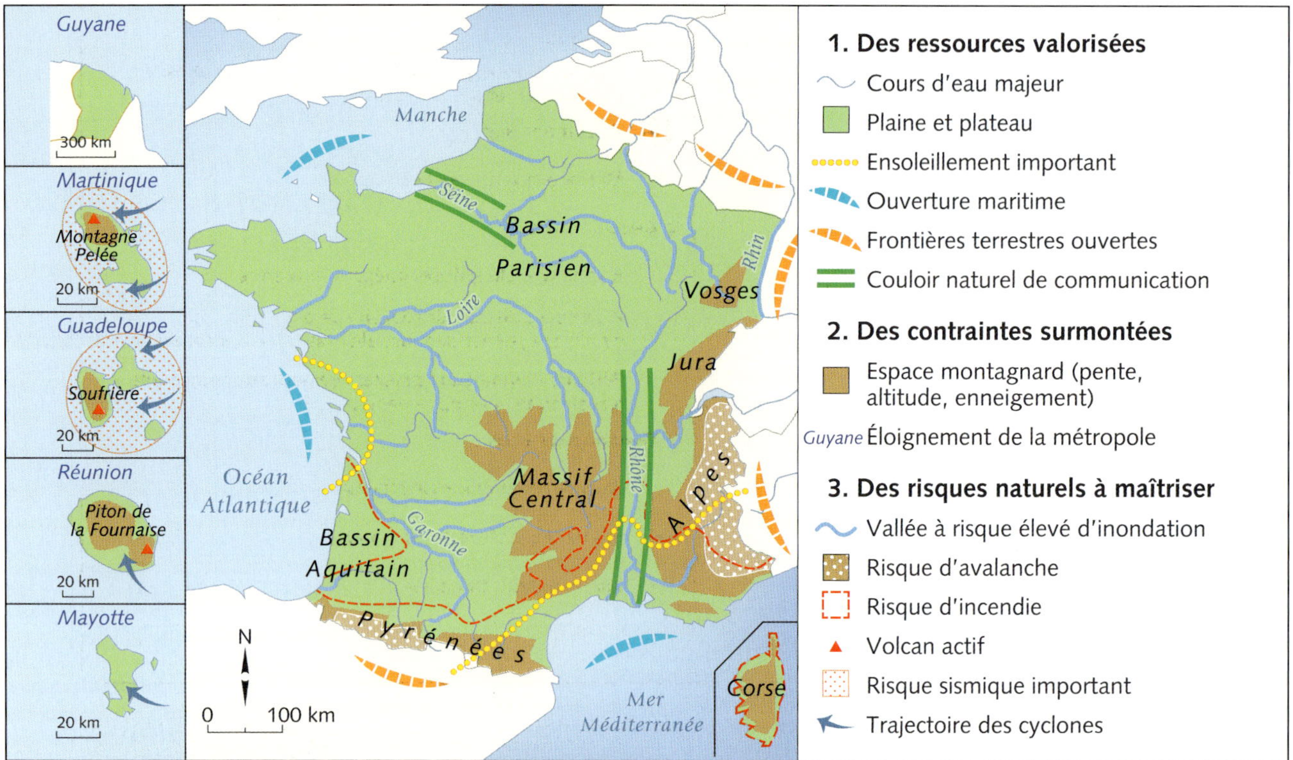

1 Les atouts et les contraintes du territoire français

1 Relevez quatre informations montrant la diversité des milieux naturels du territoire français.

2 Citez quatre contraintes ou risques auxquelles les activités humaines ont à faire face sur ce territoire.

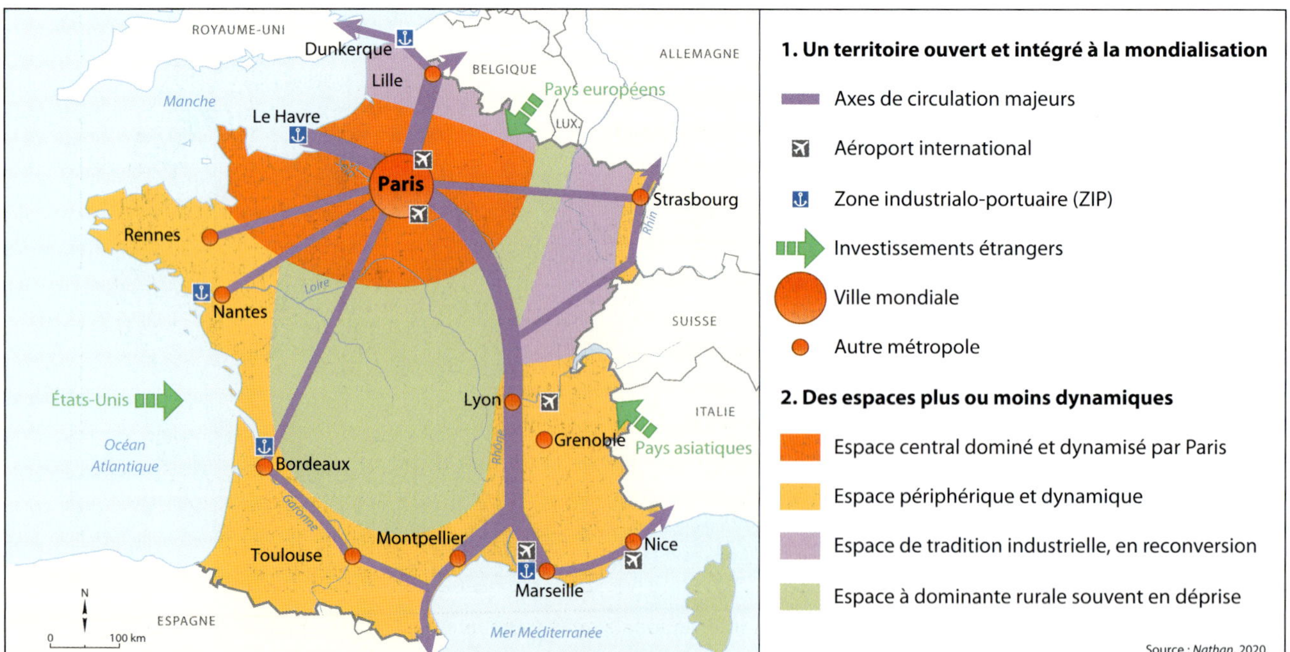

Source : *Nathan*, 2020.

2 Un territoire inégalement inséré dans la mondialisation

1 Sur la carte, choisissez les deux informations qui vous semblent le mieux montrer l'intégration du territoire à la mondialisation.

2 Tout le territoire semble-t-il bénéficier également de cette ouverture ?

Carte interactive liennathan.fr/t3gm13

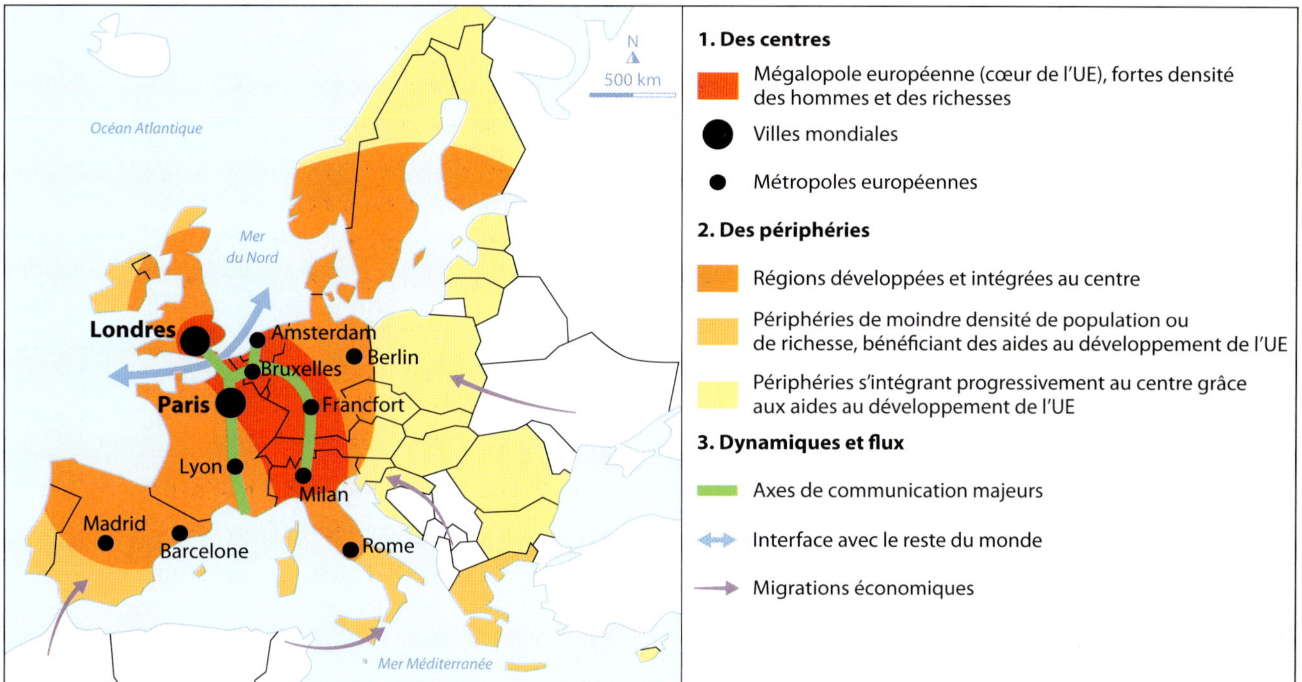

3 L'organisation de l'espace européen

Carte interactive liennathan.fr/Ow57mj

1 En Europe, la France est-elle plutôt en position centrale ou marginale ? Justifier votre réponse.

2 La France semble-t-elle bien dotée en termes de métropoles ?

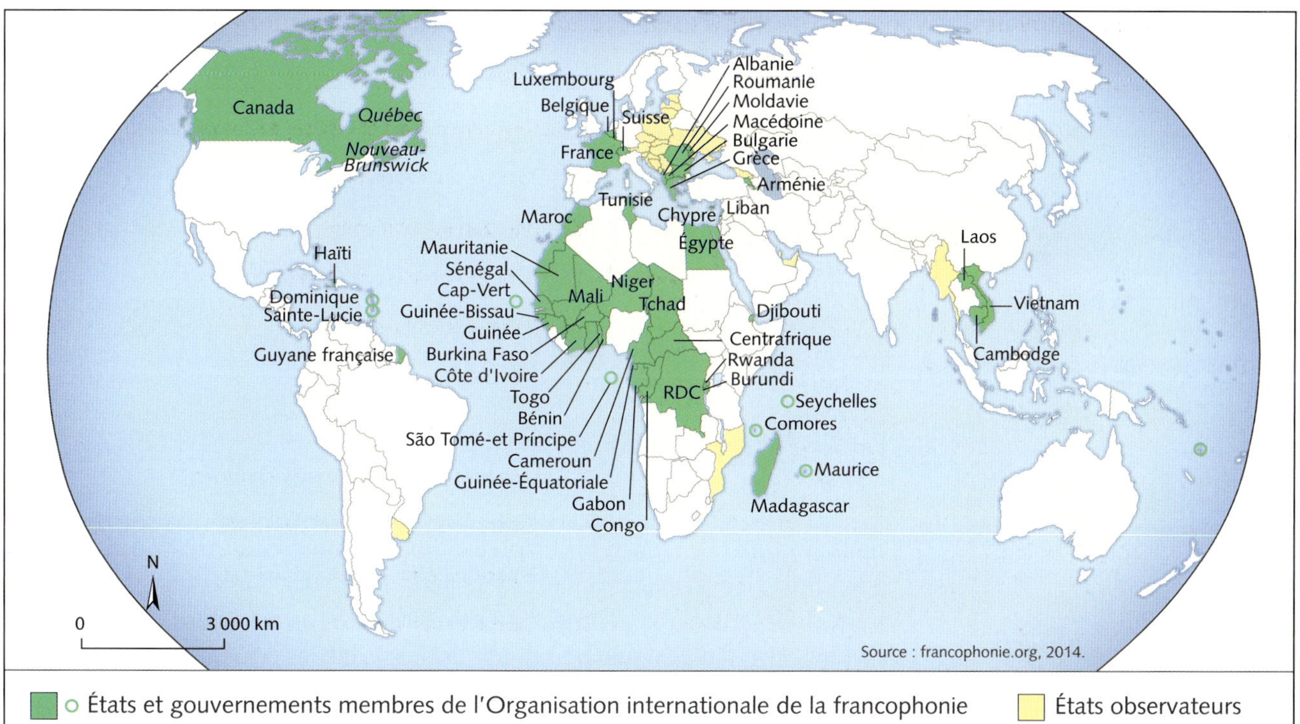

4 La francophonie

1 Quel ensemble continental rassemble le plus grand nombre d'États membres de l'organisation de la francophonie ? Comment pouvez-vous l'expliquer ?

2 La carte fournit-elle une juste image de l'importance de la communauté francophone ?

COURS

Comment s'exprime l'influence de la France en Europe et dans le monde ?

Portfolio liennathan.fr/f39ly6

Podcast liennathan.fr/e5r15b

A Un pays inséré dans la mondialisation

■ **Des bases territoriales et démographiques.** La France s'appuie sur un territoire métropolitain de 550 000 km², carrefour entre l'Europe du Nord et la Méditerranée, ouvert sur l'Atlantique, et riche de la diversité de ses paysages et de son patrimoine. Les territoires de l'outre-mer lui offrent le **deuxième domaine maritime mondial** et lui donnent une capacité de projection sur tous les océans de la planète. Aux 67 millions de Français de métropole et d'outre-mer s'ajoutent 1,8 million de Français expatriés à l'étranger. La société française est l'une des plus développées, des mieux formées de la planète malgré des inégalités qui se creusent.

1 Le Mont-Saint-Michel à marée haute, un des sites les plus visités en France

■ **Des acteurs au service de l'innovation, de la compétitivité et de l'attractivité de la France.** Le système productif s'articule autour d'entreprises diversifiées par leur taille, leur fonction et leur degré d'ouverture sur l'international. La production nationale reste dominée par un **réseau de firmes transnationales (FTN)** qui emploient plus de 10 millions de salariés, dont la moitié à l'étranger. L'État, ses administrations et les collectivités territoriales contribuent à l'attractivité et à la compétitivité du pays par leurs aménagements, leurs investissements, les crédits d'impôts accordés aux entreprises.

■ **Des engagements et partenariats extérieurs.** La France est un membre actif et influent au sein de l'Union européenne. Elle participe à des projets européens comme Airbus ou l'ESA, et occupe le deuxième rang économique derrière l'Allemagne, son principal partenaire économique.

B Une économie innovante et compétitive

■ **Une économie insérée dans les réseaux mondiaux de la production et de la finance.** La France participe à la libéralisation des échanges et de son économie par l'application de la législation européenne et dans le cadre de traités commerciaux ; elle est membre du G7. De grandes FTN françaises comme PSA, Vinci ou Axa gèrent un réseau de filiales pour investir et produire dans tous les territoires.

■ **De nombreux partenaires économiques.** La France a une économie ouverte aux échanges extérieurs. Les services (tourisme, banque, assurance) et l'agroalimentaire dégagent des excédents, contrairement aux produits industriels. Les échanges s'effectuent en grande partie avec l'Union européenne, dans le cadre du marché unique et de la zone euro. La France métropolitaine

Vocabulaire

Compétitivité : capacité à produire et à vendre un bien ou un service sur un marché concurrentiel.

Francophonie : ensemble des personnes s'exprimant en français ; c'est aussi le dispositif institutionnel organisant les relations entre les pays francophones.

G7 : groupe de concertation créé par les puissances occidentales en 1975, il réunit l'Allemagne, le Canada, les États-Unis, la France, l'Italie, le Japon, le Royaume-Uni. La Russie et la Chine n'en font pas partie.

Notions

Attractivité : capacité d'un territoire, d'une économie à attirer des acteurs étrangers (touristes, investisseurs…).

Influence : capacité à agir de manière directe (diplomatique, politique, économique, militaire) ou indirecte (autorité morale, culture) sur les affaires du monde. En anglais, on parle de *hard* et de *soft power* pour désigner ces deux types d'influence.

Rayonnement : c'est le fait pour un pays d'être connu dans le monde et d'y exercer une forme d'autorité morale (valeurs) et principalement culturelle (langue, productions intellectuelles, etc.).

est une terre d'accueil pour les **investisseurs étrangers**, dont les entreprises représentent 20 % des emplois nationaux et 30 % des exportations.

■ **Une intégration dans la mondialisation portée par des métropoles et des régions dynamiques.** Île-de-France, Rhône-Alpes, Aquitaine (aéronautique) sont les régions les mieux intégrées à la mondialisation, ce dont témoigne le dynamisme de leurs métropoles. À l'inverse, de vastes parties du territoire sont en difficulté ou à la traîne.

C Une puissance diplomatique, stratégique et culturelle

■ **Une diplomatie active.** La France dispose du **deuxième réseau d'ambassades et de consulats** derrière les États-Unis. Sa diplomatie lui permet d'exercer une **influence** dans le monde en servant d'intermédiaire pour la recherche de solution dans des conflits, même si le pays n'est pas impliqué.

■ **Une présence dans les affaires du monde.** Depuis 1945, la France est un **membre permanent de l'ONU**. Son industrie de l'armement lui permet d'avoir un système de défense complet et d'être le quatrième vendeur d'armes mondial. Puissance nucléaire, elle est l'un des rares pays dans l'Union européenne à disposer d'une capacité militaire d'intervention extérieure.

■ **Un rayonnement culturel.** La France est le siège d'événements internationaux dans divers domaines comme le sport (Coupe du monde féminine de football de 2019, JO de Paris de 2024), le cinéma (Festival de Cannes) ou l'écologie (COP21 à Paris en 2015). Musées, défilés de grands couturiers et restaurants gastronomiques diffusent la culture française. Les lycées, les Alliances françaises dans le monde et les livres publiés en français sont des piliers de la francophonie, qui compte **plus de 300 millions de locuteurs**. Depuis la création de l'Organisation internationale de la francophonie en 1970, des projets sont financés dans le monde pour diffuser la culture française, universités, médias (France 24 et TV5 Monde) .

Questions

1. Présentez le territoire français dans ses deux composantes (métropole et outre-mer).
2. Citez deux éléments illustrant l'attractivité de la France.
3. En quoi l'État et les collectivités territoriales sont-ils acteurs de cette attractivité ?
4. Illustrez par des exemples la notion de rayonnement culturel de la France.

2 **L'A350, dernier-né de la famille Airbus et symbole d'une réussite européenne et française**

DOCUMENTS 1

Un pays inséré dans la mondialisation

Notion

Attractivité : capacité d'un territoire, d'une économie à attirer des acteurs étrangers (touristes, investisseurs…).

NOTION TRAVAILLÉE : attractivité
CAPACITÉ : mettre en œuvre l'analyse à différentes échelles en géographie

1 Un pôle touristique d'envergure mondiale

Avec environ 89 millions d'étrangers venus visiter la France en 2017, l'Hexagone est la première destination touristique mondiale devant l'Espagne et l'Italie. Le pays bénéficie de sa situation au cœur d'une Europe occidentale prospère et densément peuplée, mais aussi d'un patrimoine naturel et culturel particulièrement riche et diversifié. Si les touristes européens sont encore majoritaires (environ 80 % des entrées et 70 % des recettes), la période récente a été marquée par la croissance rapide des flux en provenance des pays émergents (Inde, Brésil et surtout Chine avec plus de 2 millions de visiteurs) et par l'irruption de la clientèle moyen-orientale et russe. Ces visiteurs sont particulièrement recherchés, car ils dépensent traditionnellement plus d'argent dans le pays. Le tourisme a de nombreuses retombées économiques : il représente environ 2 millions d'emplois, des centaines d'entreprises et plus de 7 % du PIB. Mais la manne touristique ne bénéficie pas à parts égales à tous les territoires.

D'après Nicolas Balaresque, *La mondialisation contemporaine : rapports de force et enjeux*, Nathan, 2019.

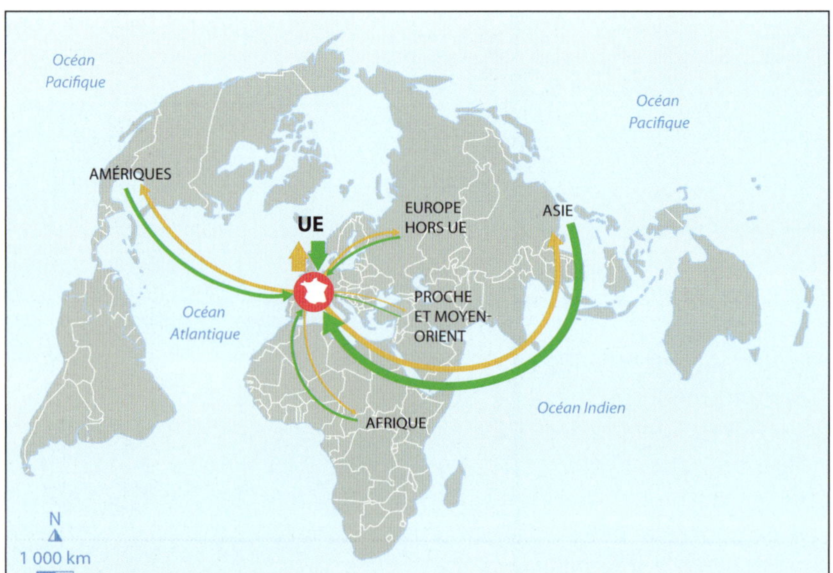

Part du commerce français par zone géographique en 2016, en %
60 — 20 — 10 — 5 — 2
Exportations — Importations

Source : Ministère de l'Économie et des Finances, 2017.

2 Les échanges extérieurs de la France

Itinéraire 1

1. Relevez les indicateurs montrant l'importance du tourisme pour l'économie française. (doc. 1)
2. Citez par ordre décroissant les zones d'échanges extérieurs de la France (importations et exportations). (doc. 2)
3. Relevez les régions les plus concernées par les investissements étrangers en termes d'entreprises et d'emplois. (doc. 3)
4. Montrez en quoi le document 4 propose une image différente de celle donnée par le document 3. (docs 3 et 4)

Itinéraire 2

À l'aide des informations contenues dans les documents, dites si, et en quoi, l'affirmation suivante mérite d'être discutée : « La France, un pays totalement intégré à la mondialisation ».

Pour cela :
– Relevez la place de l'Europe dans les différents domaines évoqués.
– Interrogez-vous sur la manière dont le territoire bénéficie de l'ouverture extérieure.

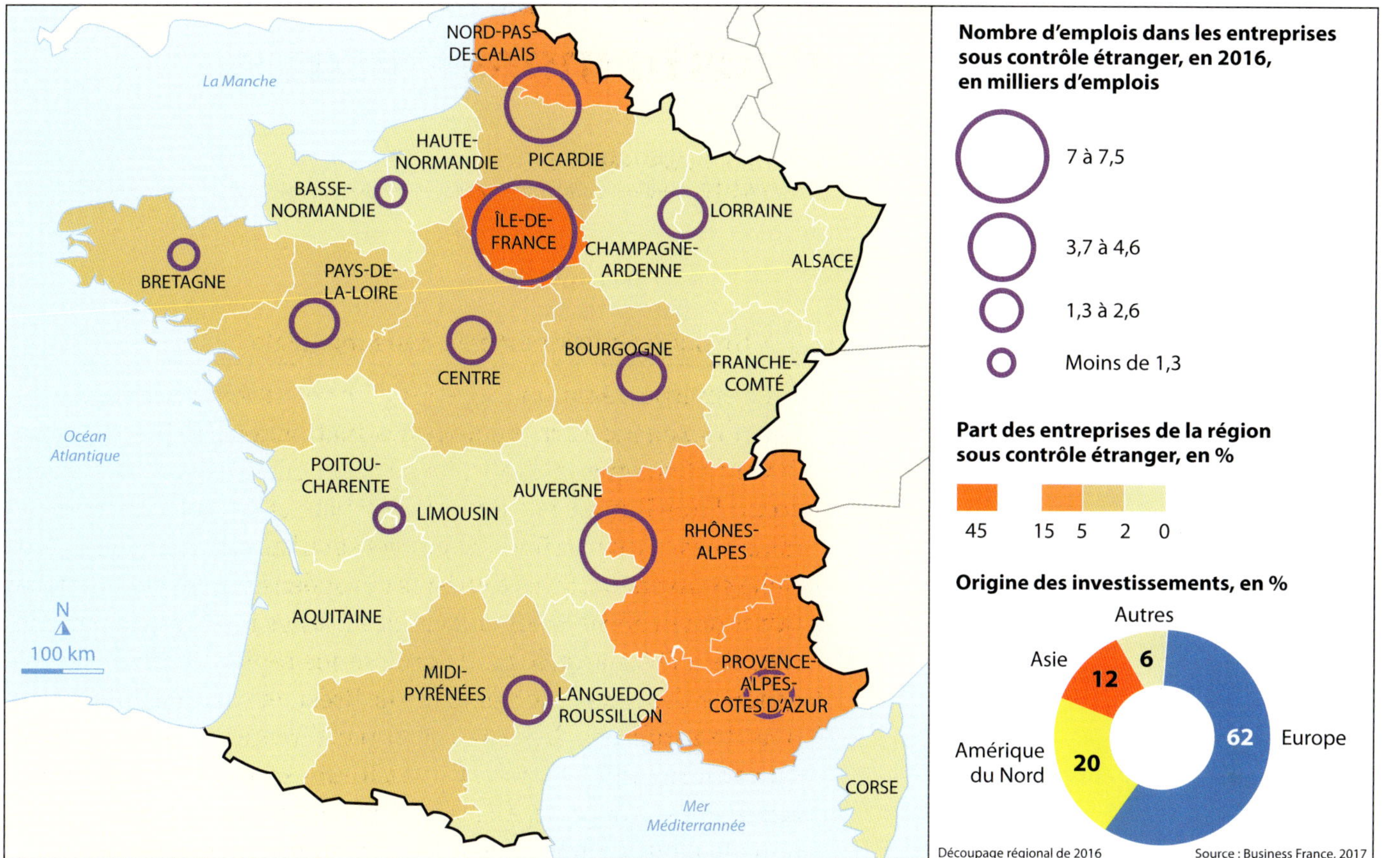

3 Un territoire attractif pour les investisseurs étrangers

4 **Total, une firme transnationale énergétique française dans l'Arctique russe**

Total est la première firme française par son chiffre d'affaires. Elle se classe au 7e rang des firmes énergétiques mondiales. Seulement un quart de son actionnariat est encore aux mains d'investisseurs français. Depuis 2017, Total exploite le gaz de Yamal LNG, en partenariat avec des Russes et des Chinois. À l'embouchure de l'Ob, le gaz est liquéfié puis évacué par des méthaniers brise-glace à partir du port de Sabetta. Un autre gisement, non loin de là, l'Arctic LNG 2, est en voie d'aménagement, avec les mêmes acteurs.

Pour mémoriser

1. Citer deux exemples de réussite dans la participation de la France à des projets européens.
2. Chiffrer la part de l'Europe dans les échanges extérieurs de la France.
3. Citer une FTN (firme transnationale) d'origine française.

DOCUMENTS 2 Une économie innovante et compétitive

Notion

Influence : capacité à agir de manière directe (diplomatique, politique, économique, militaire) ou indirecte (autorité morale, culture) sur les affaires du monde. En anglais, on parle de *hard* et de *soft power* pour désigner ces deux types d'influence.

Itinéraire 1

1. Quels sont les types d'activités présents sur le site de Saclay ? (doc. 2)
2. En quoi en font-elles un territoire de l'innovation tel qu'il est représenté sur le schéma ? (docs 1 et 2)
3. Est-il possible d'établir une relation entre la localisation de ces pôles et le tissu des métropoles françaises ? (doc. 3 et doc. 2 page 182)
4. Ces pôles semblent absents sur une partie du territoire, à quel type d'espace celle-ci correspond-elle ? (doc. 3 et doc. 2 page 182)
5. Relevez les informations qui montrent que Paris et sa région constituent le premier regroupement du territoire en fonctions tertiaires supérieures. (docs 2 et 4)

Itinéraire 2

En vous appuyant sur les documents, présentez les caractéristiques de la France de l'innovation.

Indiquez les types d'activités, les modes de regroupement, le rôle des métropoles.

NOTION TRAVAILLÉE : influence
CAPACITÉS : vérifier des hypothèses sur une situation géographique

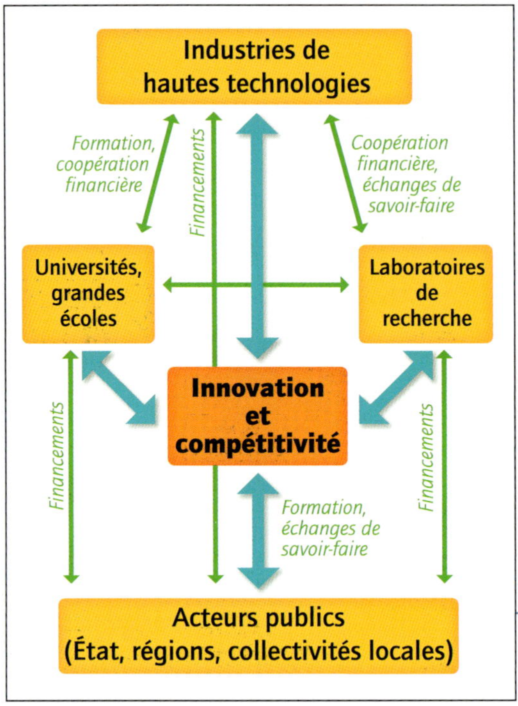

1 Schéma du fonctionnement d'un territoire de l'innovation

2 Paris Saclay, un pôle de haute technologie de rang mondial

Situé à une vingtaine de kilomètres au sud de Paris, ce pôle universitaire, scientifique et technologique réunit plus de 260 000 personnes dont 31 000 chercheurs. À côté des centres de recherche publics et universitaires comme l'École polytechnique, on trouve des centres de recherche d'entreprises industrielles (Renault-Technocentre à Guyancourt, Peugeot SA à Vélizy, Thalès[1] à Vélizy et Safran[2] à Massy), ainsi que des sièges sociaux (Dassault Système à Vélizy et le groupe Carrefour à Massy).

1. Thalès : groupe industriel spécialisé dans l'électronique à destination de l'aérospatiale, de la défense, de la sécurité et du transport terrestre.
2. Safran : groupe industriel et technologique français, né en 2005 de la fusion Snecma–Sagem, spécialisé dans l'aéronautique, l'espace et la défense (moteurs d'avions, d'hélicoptères et de fusées).

Le quartier du Moulon sur le plateau de Saclay. Au premier plan à gauche, le centre de recherche de Danone, à droite EDF-Lab et ses bâtiments circulaires, en arrière-plan l'Institut Mines-Telecom, le Centre de nanosciences et de nanotechnologies, et l'Institut photovoltaïque d'Île-de-France.

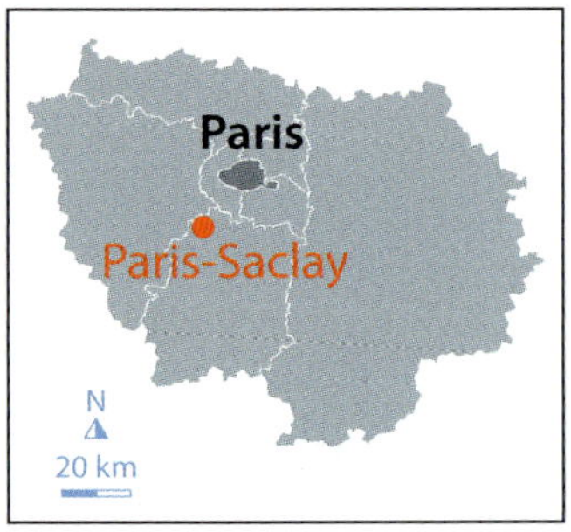

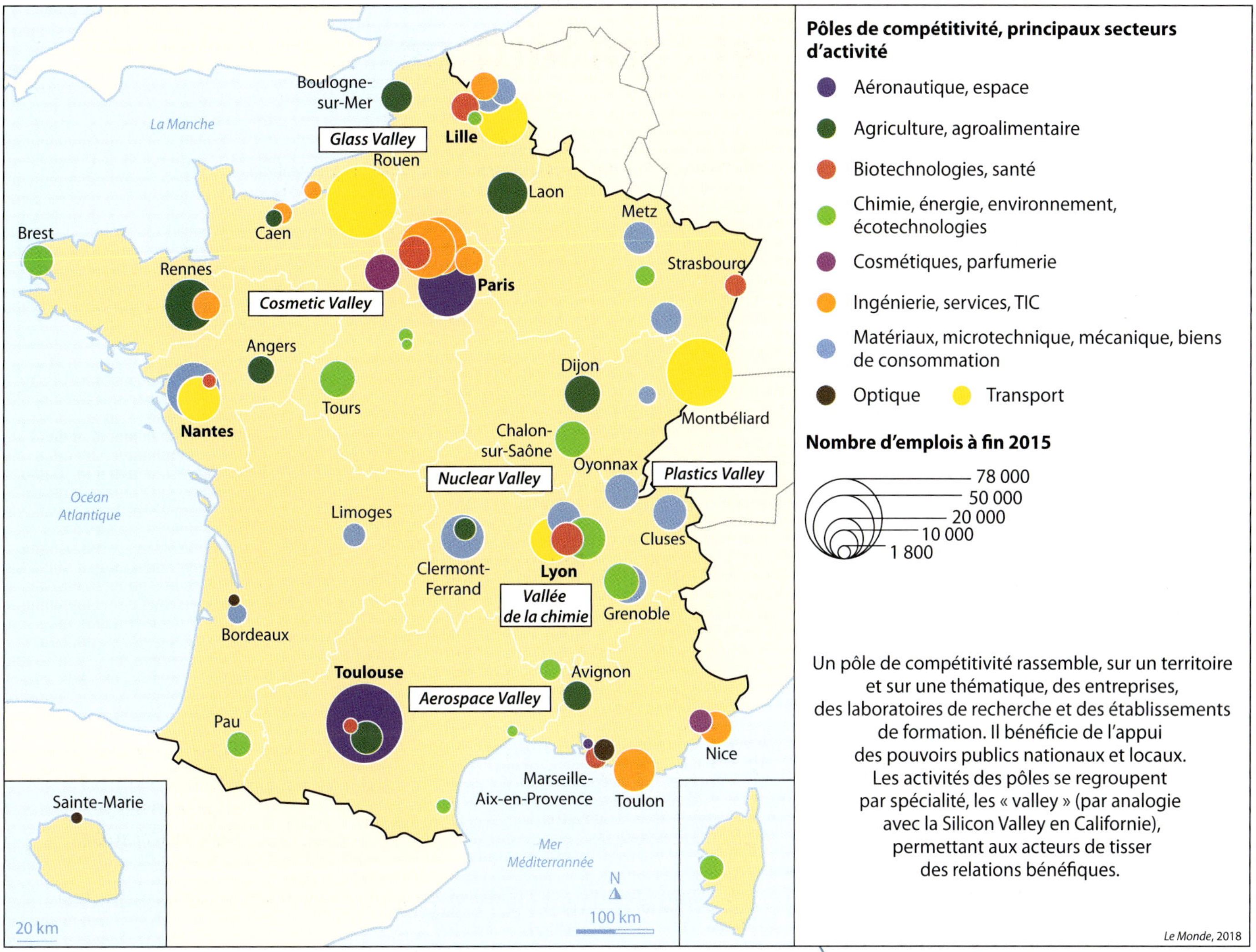

3 La France de l'innovation

4 La concentration des fonctions tertiaires supérieures

En France, la double dynamique mondialisation-métropolisation a conduit au renforcement du rôle de Paris dans le système productif national et international. La région a capté la plupart des fonctions métropolitaines et des emplois stratégiques créés dans le pays. Dans le domaine économique, le poids de Paris concerne surtout le secteur tertiaire et notamment sa partie la plus qualifiée et la plus abstraite, comme la finance (91 % des transactions financières). La capitale concentre également les sièges sociaux des entreprises nationales (350 des 500 plus importantes du pays), regroupés dans les quartiers d'affaires centraux (Opéra, 13e arrondissement) ou péricentraux (la Défense : 20 % du PIB de l'Île-de-France). Paris joue également un rôle prépondérant en matière d'innovation et de recherche (60 % des ingénieurs et cadres de l'informatique, 55 % de la recherche industrielle, 37 % des étudiants des grandes écoles). Paris est la seule métropole française considérée comme « complète », c'est-à-dire cumulant l'ensemble des fonctions stratégiques, et « mondiale », c'est-à-dire concentrant les activités les plus internationalisées.

Aurélien Delpirou, in Nicolas Balaresque (dir.), *La mondialisation contemporaine : rapports de force et enjeux*, Nathan, 2019.

Pour mémoriser

1. Expliquer ce qu'est un territoire de l'innovation.
2. Citer des indicateurs chiffrés montrant le poids de Paris et de l'Île-de-France dans les fonctions tertiaires supérieures.
3. Citer trois régions ou métropoles françaises fortement associées aux activités innovantes.

DOCUMENTS 3 Une puissance diplomatique, stratégique et culturelle

Notion

Influence : capacité à agir de manière directe (diplomatique, politique, économique, militaire) ou indirecte (autorité morale, culture) sur les affaires du monde. En anglais, on parle de *hard* et de *soft power* pour désigner ces deux types d'influence.

Rayonnement : c'est le fait pour un pays d'être connu dans le monde et d'y exercer une forme d'autorité morale (valeurs) et principalement culturelle (langue, productions intellectuelles, etc.).

Vocabulaire

Locuteurs : personnes qui parlent, qui utilisent une langue. Le nombre de personnes utilisant la langue française pourrait passer à 800 millions en 2050, soit près de 9 % de la population mondiale, contre seulement 3,5 % aujourd'hui, principalement sous l'effet de la croissance démographique sur le continent africain.

Itinéraire 1

1. Expliquez les deux sens du mot « francophonie ». (doc. 1)
2. En quoi l'usage de la langue française dans une partie du monde est-elle un facteur de rayonnement pour la France ? (doc. 1)
3. Montrez de quelle manière, à différentes échelles, le territoire français sera concerné par l'organisation et le déroulement des JO de 2024. (doc. 2)
4. À quels territoires s'applique l'action des forces de souveraineté de la France ? (doc. 3)
5. Contre quel type de menace les opérations extérieures Atalante et Corymbe luttent-elles ? (doc. 3)
6. Quels aspects du rayonnement et de l'influence de la France sont évoqués dans les documents ? (docs 1 et 4)

Itinéraire 2

Présentez les différentes facettes de la présence et du rayonnement de la France dans le monde.

NOTIONS TRAVAILLÉES : rayonnement, influence
CAPACITÉ : employer les notions et le lexique acquis en géographie à bon escient

1 La francophonie, une réalité et un outil culturel

La francophonie, ce sont tout d'abord des femmes et des hommes qui partagent une langue commune, le français. Le dernier rapport en date de l'Observatoire de la langue française, publié en 2018, estime leur nombre à 300 millions de locuteurs[1], répartis sur les cinq continents. C'est ensuite un dispositif institutionnel voué à promouvoir le français et à mettre en œuvre une coopération politique, éducative, économique et culturelle au sein des 88 États et gouvernements de l'Organisation internationale de la francophonie (OIF). Ce dispositif est fixé par la Charte de la francophonie, adoptée en 1997 : sa plus haute instance est le Sommet de la francophonie ; sa clé de voûte la secrétaire générale de la francophonie, poste occupé par Louise Mushikiwabo.

L'OIF met en œuvre la coopération multilatérale francophone aux côtés de l'Assemblée parlementaire de la francophonie (APF) et de quatre opérateurs : l'Agence universitaire de la francophonie (AUF), TV5 Monde, l'Association internationale des maires francophones (AIMF) et l'université Senghor d'Alexandrie.

D'après « La Francophonie en bref », Organisation internationale de la francophonie, consulté le 8 janvier 2020.

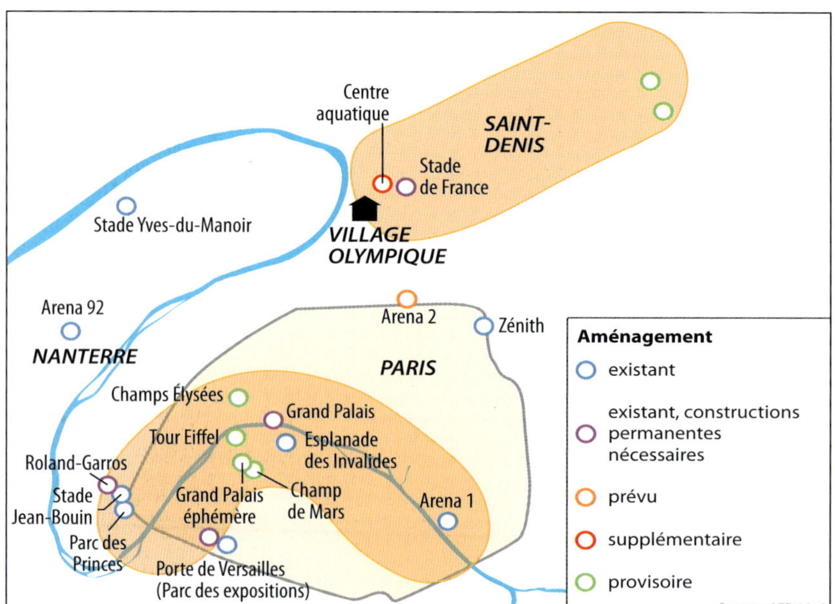

2 En 2024, un événement mondial à Paris et en France

Les épreuves de surf se dérouleront sur le site de Teahupoo, en Polynésie française, et celles de voile à Marseille.

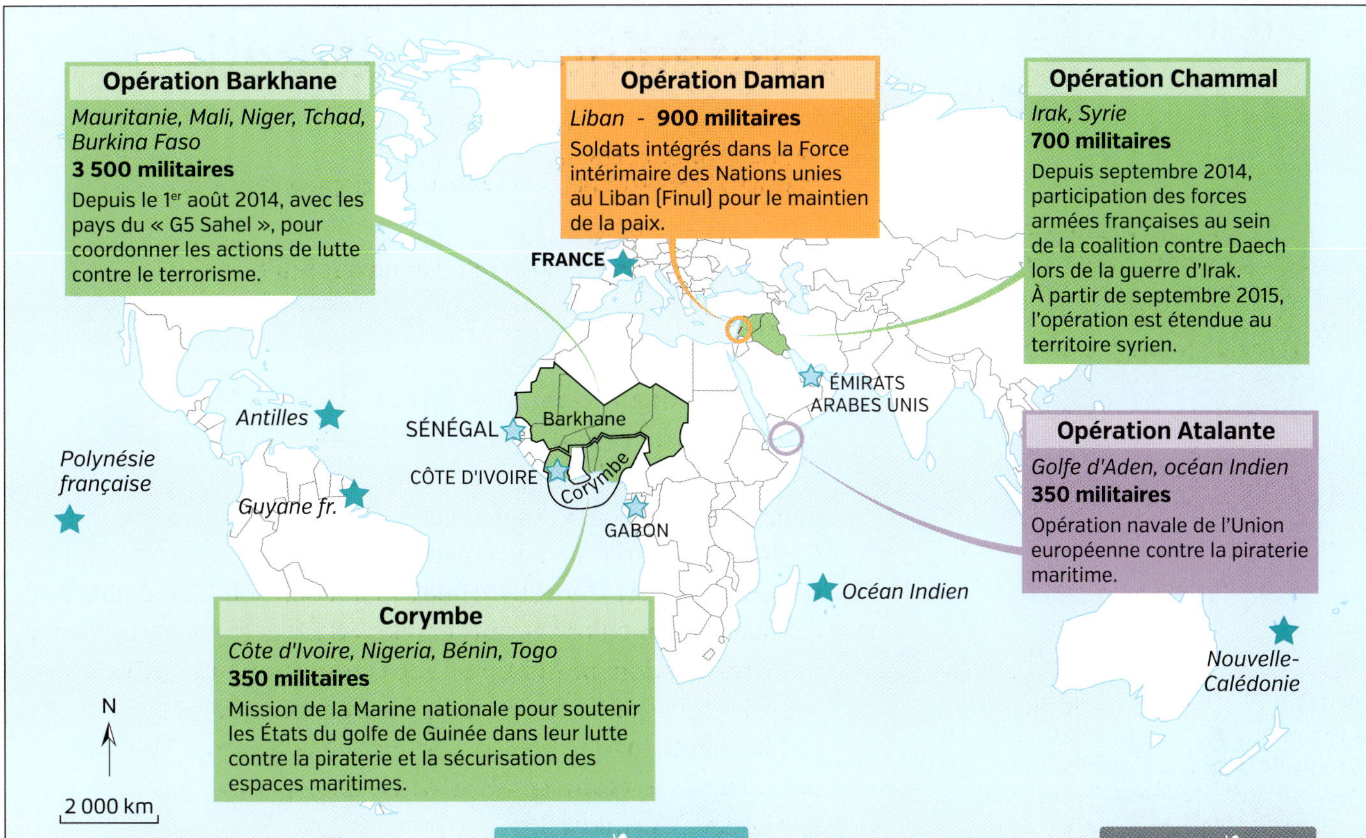

Forces de souveraineté
Protection et sauvegarde du territoire national et de la population

Forces de présence
Présence des forces françaises suite à des accords de coopération militaire régionale

En 2016
Près de **11 000 militaires français** engagés dans les forces de souveraineté ou de présence.

Opérations françaises à l'extérieur (Opex)
- Opérations nationales (avec des partenaires)
- Opérations de l'ONU
- Opérations de l'UE

En 2016
Près de **10 000 militaires français** engagés dans les Opex.

3 La présence militaire française dans le monde

4 Le musée du Louvre Abu Dhabi (Émirats arabes unis)

Après l'ouverture d'une antenne de l'université de la Sorbonne en 2008 à Abu Dhabi, c'est un musée flambant neuf, le Louvre Abu Dhabi, qui a été inauguré en 2017. Il est consacré au « dialogue entre les cultures du monde » et contribue au rayonnement et à la promotion de la France dans le monde arabo-musulman. Le musée dévoile plus de 600 pièces, propriétés du cheikh Khalifa, émir d'Abu Dhabi.

Pour mémoriser

1. Donner le nombre de locuteurs francophones dans le monde.
2. Expliquer ce qui différencie les actions militaires de souveraineté et les opérations extérieures.
3. Citer deux exemples de rayonnement de la culture française dans le monde.

ZOOM

France : l'atout tourisme

La diversité de l'offre touristique

1 **Le massif du Mont-Blanc vu depuis le Brévent**

Point culminant des Alpes, dominant Chamonix, le massif est un des lieux où est né l'alpinisme au XIXe siècle. L'afflux de candidats à l'ascension du mont Blanc conduit aujourd'hui à une fréquentation proche de la saturation. Ce paysage apparemment immuable se modifie, principalement du fait du recul des glaciers, observable à l'échelle humaine.

2 **Le musée des Confluences, Lyon**

Situé à la confluence du Rhône et de la Saône, c'est le musée de province le plus visité en France avec le Mucem (Musée des civilisations de l'Europe et de la Méditerranée) de Marseille. L'offre muséographique est fortement concentrée sur Paris (plus de 30 millions de visiteurs chaque année).

Un patrimoine à préserver

3 Notre-Dame en flammes, 15 avril 2019

L'événement, retransmis en direct, a provoqué une émotion considérable dans le pays et au-delà des frontières, et déclenché d'importantes promesses de dons. L'engagement a été pris de reconstruire la cathédrale en cinq années.

4 L'action du Conservatoire du littoral

Affiche éditée à l'occasion du 40e anniversaire de la création du Conservatoire du littoral (1975). Cet établissement public et administratif assure la protection de 15 % des rivages maritimes, afin qu'ils ne soient pas construits ou artificialisés. Il protège également le patrimoine culturel du littoral (phares, fortifications, etc.). Son objectif, à terme, est d'acquérir un tiers du littoral français.

ACTIVITÉS

1. Quels sont les différents types de pratiques touristiques évoquées par les documents ?
2. Quels peuvent être les effets d'un tourisme de masse sur certains sites touristiques ?
3. Quelles sont les menaces pouvant peser sur le potentiel touristique du pays ?
4. À quelles conditions la ressource touristique peut-elle être préservée ou renforcée ?

APPRENDRE AUTREMENT

Schéma à télécharger
liennathan.fr/9jwx66

Recopiez et complétez les rubriques du schéma à l'aide des indications suivantes :
opérations extérieures – réseau d'ambassades et de consulats – aéronautique – influence culturelle – outre-mer et ZEE – un espace et une communauté linguistiques – agriculture et agroalimentaire – rôle d'arbitre – premier pôle touristique mondial.

La France, une puissance de dimension moyenne à vocation européenne et mondiale

DIPLOMATIE

- ……………………………
- ……………………………

TERRITOIRE

- Territoire métropolitain
- ……………………………

FORCE MILITAIRE

- Missions de souveraineté
- ……………………………

TERRITOIRE ATTRACTIF

- Investissements étrangers
- ……………………………
- ……………………………

FRANCOPHONIE

……………………………

SECTEURS D'EXCELLENCE

- Industries du luxe
- ……………………………
- ……………………………

VERS LE BAC

Question obligatoire

VÉRIFICATION DES CONNAISSANCES

1 **Citez trois domaines de l'influence de la France dans le monde.**

2 **Choisissez la définition qui convient pour appréhender la notion d'attractivité :**

a. Ensemble des étapes, moyens et processus contribuant à l'élaboration d'un bien matériel ou d'un service.

b. Capacité d'un territoire, d'une économie à attirer des acteurs étrangers (touristes, investisseurs…).

c. Capacité à agir de manière directe ou indirecte sur les affaires du monde.

3 **Citez deux secteurs montrant l'attractivité de la France.**

4 **Sur le fond de carte joint :**
– Localisez l'espace continental majeur de la francophonie.
– Localisez et nommez trois territoires de l'outre-mer.

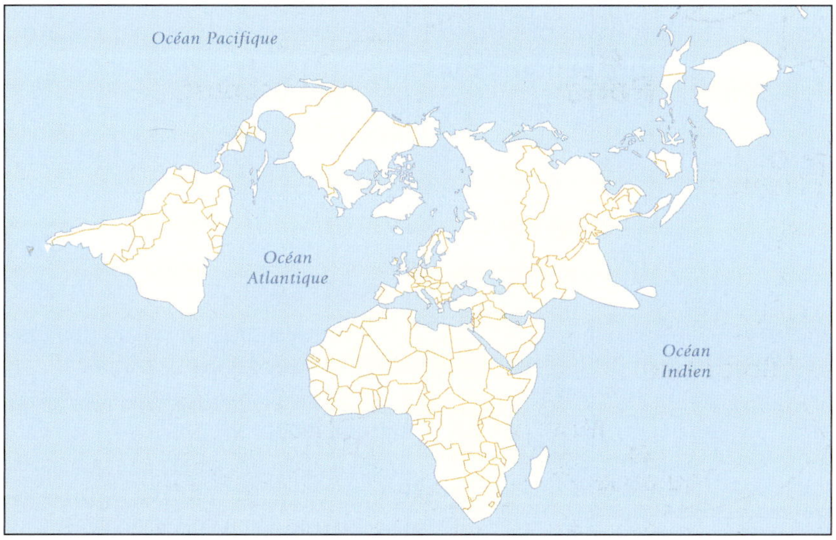

Fond de carte à télécharger
liennathan.fr/o594yk

5 **Dans quelle mesure l'affirmation suivante vous paraît-elle justifiée ? « Les territoires de la France sont fortement intégrés dans les réseaux d'échange et de production de l'Europe et du monde. »**

6 **Présentez l'influence diplomatique et stratégique de la France dans le monde.**

7 **Présentez la place de la métropole parisienne en termes d'influence en France, en Europe et à l'échelle du monde.**

8 **Justifiez l'affirmation suivante : « La France est un pôle touristique d'envergure mondiale. »**

9 **Quelle notion vous paraît correspondre à la définition suivante : « Capacité à agir de manière directe ou indirecte sur les affaires du monde » ?**

SUJET D'ÉTUDE

1 Le Centre spatial guyanais :

CAPACITÉ : utiliser l'échelle appropriée pour étudier un phénomène

En quoi le Centre spatial guyanais de Kourou est-il un atout pour la France et l'Europe dans le domaine spatial ?

Des clés POUR COMPRENDRE

Contexte

Le Centre spatial guyanais de Kourou est le principal port spatial d'Europe. Géré par le Centre national d'études spatiales (CNES), il sert de base de lancement pour la mise en orbite de nombreux satellites, notamment dans le domaine des communications. La base de Kourou est devenue l'un des acteurs économiques majeurs de la Guyane, non sans susciter des débats sur son impact environnemental et économique.

Dans un cadre mondial très concurrentiel, avec le poids d'agences spatiales américaines et chinoises notamment, le centre de Kourou est un atout précieux pour la France et pour l'Europe.

Chronologie

- **1965** Création du Centre spatial guyanais (CSG) à Kourou
- **1975** Création de l'Agence spatiale européenne
- **1979** Premier lancement d'Ariane 1
- **1996** Premier lancement d'Ariane 5
- **2011** Premier lancement de Soyouz (lanceur russe)
- **2012** Premier lancement de Vega (lanceur italien)
- **2020** 107e tir d'Ariane 5

Vocabulaire

CSG : Centre spatial guyanais à Kourou, base de lancement de fusées située en Guyane.

CNES : Centre national d'études spatiales fondé en France en 1961.

ESA : Agence spatiale européenne (European Space Agency), fondée en 1975 dans le but de donner aux Européens une indépendance dans le domaine du lancement des fusées spatiales.

Ariane : nom générique donné à l'ensemble des lanceurs civils européens de satellites. Les fusées actuelles Ariane 5 peuvent mettre en orbite des masses de plus de 10 tonnes. Le lanceur Ariane 6 est en cours de mise au point (1er lancement prévu pour 2020).

Arianespace : société française, fondée en 1980, qui commercialise les lanceurs Ariane et gère les fusées Soyouz (Russie) et Vega (Italie). En 2020, Arianespace a fêté le 107e lancement d'une fusée Ariane, soit plus de 300 tirs, toutes familles de lanceurs confondues.

A Le Centre spatial guyanais à Kourou : le port spatial de l'Europe

› Quels sont les atouts de Kourou à l'origine de la création du centre spatial ?

1 › Le Centre spatial guyanais de Kourou, une situation remarquable

Le Centre spatial guyanais bénéficie de conditions exceptionnelles pour le lancement des satellites de tous les types vers toutes les orbites. Situé à 5 degrés de latitude Nord, sa proximité de l'équateur donne aux lanceurs un surcroît d'énergie grâce à l'effet de fronde dû à la rotation de la Terre, qui est ici plus important que sur toutes les autres bases de lancement terrestre dans le monde.
Cette énergie supplémentaire permet d'envoyer dans l'espace des charges utiles plus importantes à moindre coût, ce qui rallonge d'autant la durée de vie opérationnelle des satellites. De plus, son ouverture sur l'océan Atlantique autorise des lancements directs sur toutes les inclinaisons orbitales [...]. Enfin, le Centre est situé à l'écart des zones à risque de cyclones et de séismes.

D'après cnes-csg.fr, consulté le 25 novembre 2019.

2 › Le pas de tir des fusées Ariane 5 du CSG de Kourou

3 › Kourou, un pôle économique

En Guyane, plus de 4 600 emplois sont liés à l'activité spatiale, soit presque un emploi sur 10 :
– 800 emplois directs (CNES, Arianespace, forces de sécurité) ;
– 2 500 emplois indirects (sous-traitance du CNES, d'Arianespace et des forces de sécurité) ;
– 1 320 emplois induits (entreprises dont le chiffre d'affaires est lié au spatial).
Sur site, ce sont près de 1 700 salariés qui assurent l'exploitation et le maintien en conditions opérationnelles de la base spatiale. [...]
Au-delà des emplois générés, la présence du CSG a un impact sur la création de richesses en Guyane : le spatial représente environ 15 % du PIB du territoire.

« Impact du spatial en Guyane », cnes-csg.fr, consulté le 25 novembre 2019.

Itinéraire 1

1. Quels sont les avantages de la localisation du Centre spatial guyanais ? (doc. 1)
2. Quels autres atouts sont évoqués dans le texte ? (doc. 3)
3. À l'aide de cette photo, décrivez l'environnement dans lequel se situe le CSG. (doc. 2)

Itinéraire 2

Montrez dans un paragraphe les principaux atouts qui expliquent le choix de Kourou comme principal port spatial européen.

CAPACITÉ : utiliser l'échelle appropriée pour étudier un phénomène

B Le CSG : un atout majeur pour la France et l'Europe dans le domaine spatial

En quoi le CSG assure-t-il à la France et à l'Europe une place importante dans le domaine spatial ?

1 Kourou et Ariane 5, les fers de lance de l'Europe spatiale

En janvier 2020, Ariane 5 réussit son 107e lancement.

2 Kourou : outil majeur de l'ESA (Agence spatiale européenne)

Dans le cadre d'un accord conclu entre l'ESA et le gouvernement français, l'Agence utilise le Centre spatial guyanais, port spatial de l'Europe, en tant que base de lancement de ses programmes lanceurs et satellites. Celle-ci permet à l'Europe d'avoir un accès indépendant à l'espace.
En tant que responsable de l'architecture générale des systèmes de lancement, l'ESA est le maître d'ouvrage des programmes de développement Ariane et Vega. Elle a confié la maîtrise d'œuvre du développement des lanceurs au CNES dans le cadre des programmes Ariane 1 à 5, à ELV pour les lanceurs Vega et Vega-C, et à ArianeGroup pour le lanceur Ariane 6.

« L'Agence spatiale européenne (ESA) », cnes-csg.fr, consulté le 25 novembre 2019.

3 Préparer l'avenir

Le développement du futur lanceur européen Ariane 6 est entré « dans la dernière ligne droite », avec la validation de son design qui ouvre la voie aux essais puis un premier vol « au second semestre 2020 », a annoncé [...] son maître d'œuvre ArianeGroup.
L'Agence spatiale européenne (ESA), ArianeGroup et Arianespace, sa filiale chargée de la commercialisation et de l'exploitation du lanceur, ont adopté le 25 septembre la « revue de conception détaillée » du lanceur, a précisé ArianeGroup dans un communiqué. [...]
Les prochaines étapes auront lieu au premier semestre 2020 avec l'assemblage des différentes parties du lanceur sur le centre spatial de Kourou, en Guyane française, l'installation et les tests du lanceur sur le pas de tir, où seront apposés les propulseurs latéraux à poudre et la coiffe. [...]
Décidé en 2014, Ariane 6 est un ambitieux programme de l'ESA visant à doter l'Europe d'une fusée plus compétitive et plus polyvalente que l'actuelle Ariane 5 afin de résister à la concurrence intense notamment de SpaceX, la société américaine fondée par Elon Musk.

« Le développement d'Ariane 6 "dans la dernière ligne droite", selon ArianeGroup », *L'Obs* avec AFP, 1er octobre 2019.

Itinéraire 1

1. En quoi le CSG a-t-il une dimension européenne autant que française ? (docs 1 et 2)
2. Pourquoi peut-on dire que la coopération européenne se renforce dans le domaine spatial dans un contexte de forte concurrence mondiale ? (doc. 3)
3. Montrez que le projet d'Ariane 6 implique de nombreux acteurs publics et privés. (doc. 2)

Itinéraire 2

À l'aide des documents, justifiez l'affirmation suivante : « Le CSG est un atout majeur de la politique européenne spatiale dans un contexte très concurrentiel. »

C Le CSG de Kourou, entre enjeux locaux et internationaux

❯ À quels défis le centre de Kourou est-il confronté localement, et dans le contexte de la compétition internationale ?

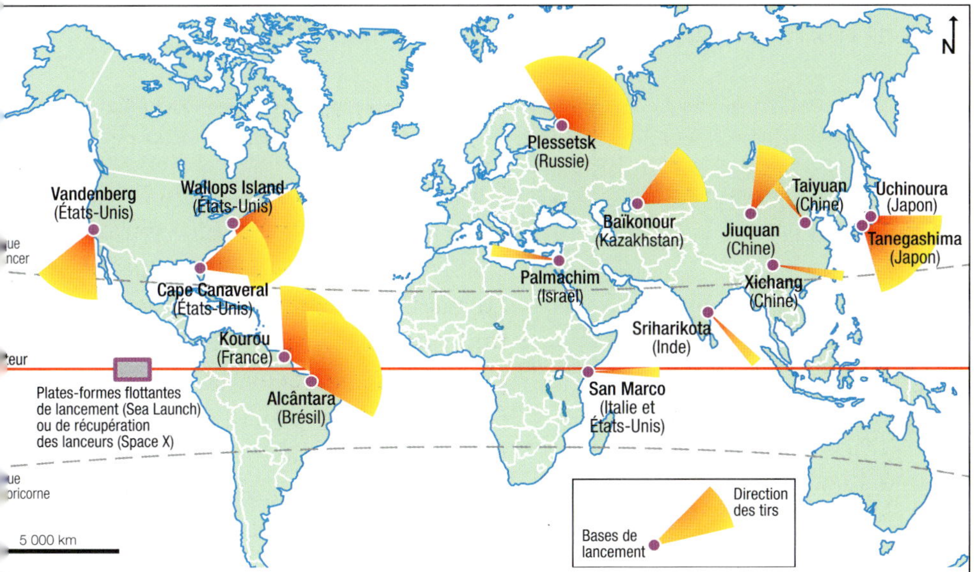

1 Les principaux sites de lancement dans le monde

2 Quelles concurrences ?

Sea Launch[1] est la seule société au monde à réaliser des lancements spatiaux depuis une plate-forme flottante positionnée à proximité immédiate de l'équateur, dans le Pacifique. [...] Au total, Sea Launch a effectué plus de 30 lancements de la fusée Zenit-3SL ; depuis 20 ans, de nombreux acteurs sont présents sur le terrain des lancements commerciaux, Ariane 5, Proton, Space X[2]. [...]

Elisabeth Moussine-Pouchkine, « Y a-t-il un avenir pour Sea Launch avec la Chine ? », ru.ambafrance.org, 5 juillet 2017.

1. Consortium international (capitaux russes, amé-ricains, norvégiens) dont le siège est à Berne, en Suisse.

2. Société qui appartient à Elon Musk. Elle a mis au point la récupération des premiers étages des lanceurs sur plate-forme en mer, elle dispose du lanceur de forte puissance Falcon Heavy et bénéficie de contrats avec l'armée américaine.

3 Le blocage du site de Kourou (avril 2017)

Le lieu était rapidement devenu le symbole de la contestation en Guyane. Le Centre spatial de Kourou, l'unique base européenne de lancement de fusées, a finalement pu rouvrir ce samedi après près de cinq semaines de blocage[1]. Trois lancements avaient dû être repoussés au cours de cette période. Avec la signature de l'accord, tous les barrages ont été levés, l'activité de la base va donc pouvoir reprendre.

Anne Pozycki, « Guyane : le centre spatial de Kourou de nouveau opérationnel », RFI, 23 avril 2017.

1. Un mouvement social de protestation avec grèves et blocages des communications se déroule en Guyane en mars-avril 2017.

Un quartier pauvre à Cayenne.

Itinéraire 1

1. De quelle manière l'avantage lié à la position de Kourou près de l'équateur peut-il être menacé ? **(doc. 1)**

2. Selon vous, pourquoi la contestation sociale de 2017 en Guyane a-t-elle pris Kourou comme cible et symbole ? **(doc. 3)**

3. Identifiez les concurrences auxquelles l'Europe spatiale doit faire face. **(docs 2 et 3)**

Itinéraire 2

Apportez une réponse argumentée à la question posée en tête de page.

ZOOM La France au-delà des mers

1 Des prolongements lointains du territoire : Tahaa, Raiatea (îles Sous-le-Vent, Polynésie française) et Saint-Pierre (Saint-Pierre-et-Miquelon)

2 **La montagne Pelée dominant Saint-Pierre (Martinique)**

Trois des quatre départements et régions d'outre-mer situés en zone tropicale sont des îles soumises à un volcanisme actif : en Martinique, le 8 mai 1902, une nuée ardente descendue de la montagne Pelée détruit la ville de Saint-Pierre (30 000 victimes, 3 survivants, 20 navires incendiés ou coulés). Le 15 août 1976, 73 000 habitants du sud de Basse-Terre en Guadeloupe sont évacués devant la menace d'un réveil de la Soufrière, une forte explosion aura lieu le lendemain. À la Réunion, le Piton de la Fournaise est le seul volcan du territoire en activité pratiquement permanente avec des coulées de lave fréquentes.

3 Marché à Sainte-Anne (Grande-Terre, Guadeloupe)

La diversité des produits proposés, leurs couleurs et leurs saveurs, masquent le fait qu'une large part de la nourriture consommée dans les territoires d'outre-mer provient de métropole, provoquant un phénomène de « vie chère ». Bien que la réforme constitutionnelle de 2003 reconnaisse « au sein du peuple français, les populations d'outre-mer dans un idéal commun de liberté, d'égalité et de fraternité », la pauvreté subsiste, particulièrement en Guyane, à la Réunion et à Mayotte.

4 Temple bouddhiste du Colosse à Saint-André (Réunion)

Parmi les territoire d'outre-mer, l'île de la Réunion constitue un cas d'école de diversité humaine : aux Français, premiers habitants de l'île, se sont ajoutés les esclaves qu'ils ont fait venir des côtes de l'est africain et de Madagascar. Au XIXe siècle, c'est une main-d'œuvre en provenance d'Inde qui est encouragée à venir. Ces origines diverses et le métissage ont donné naissance à une société où cohabitent cafres (Africains), zarabs, malbars (Indiens), zoreys (métropolitains), chinois, yab (petits blancs), et leurs religions, christianisme, bouddhisme, hindouisme, islam.

ACTIVITÉS

1. Sur quoi s'appuie l'image de « douceur de vivre » associée aux territoires d'outre-mer ?
2. En quoi cette image peut-elle être contredite ?
3. Relevez les éléments qui fondent la diversité naturelle et humaine de la France d'outre-mer.
4. La réforme constitutionnelle de 2003 prévoit le « droit à l'autodétermination des peuples d'outre-mer », faites une recherche sur la mise en œuvre de ce droit.

L'ESSENTIEL

A Kourou : le port spatial de l'Europe

Le site de Kourou en Guyane française est un atout majeur dans l'activité spatiale française et européenne en raison de sa proximité avec l'équateur.

Situé en territoire français, le Centre spatial guyanais (CSG) est la base de lancement de l'Agence spatiale européenne (ESA) qui associe une vingtaine de pays.

B Le CSG : un atout majeur pour la France et l'Europe dans le domaine spatial

Le CSG a assuré, depuis sa mise en service, plus de 300 tirs et mises en orbite de satellites.

Avec plus de 100 tirs, le lanceur Ariane V est une réussite technique et commerciale. L'impact économique de l'activité spatiale est très fort en Guyane, Kourou est un atout majeur en termes d'emplois et d'image.

C Le CSG de Kourou, entre enjeux locaux et internationaux

Localement, le contraste entre le centre de Kourou, îlot de prospérité, et le reste du département de Guyane, qui connaît de graves difficultés économiques et sociales, est mal ressenti par la population, comme en témoigne le blocage du printemps 2017.

Au niveau international, la concurrence s'accentue dans le domaine du lancement des satellites, avec des opérateurs privés (Space X), de nouvelles techniques (tirs et récupération sur des plates-formes en mer) et de nouveaux acteurs étatiques (Inde et Chine).

MISE EN PERSPECTIVE

La présence de la Guyane dans les territoires de la France d'outre-mer reste un atout certain dans le développement d'une politique spatiale française et européenne malgré la concurrence des plates-formes en mer. Le développement d'Ariane 6 et son exploitation future depuis Kourou illustrent la volonté de la coopération européenne de rester au premier plan dans le domaine du lancement de satellites.

Podcast liennathan.fr/u10fg2

APPRENDRE AUTREMENT

Schéma à télécharger
liennathan.fr/9c3ha9

Recopiez et complétez le schéma ci-dessous à l'aide des indications suivantes :
Sous-traitants locaux – Space X – Sea Launch – Ariane – Vega – Chine – Inde.

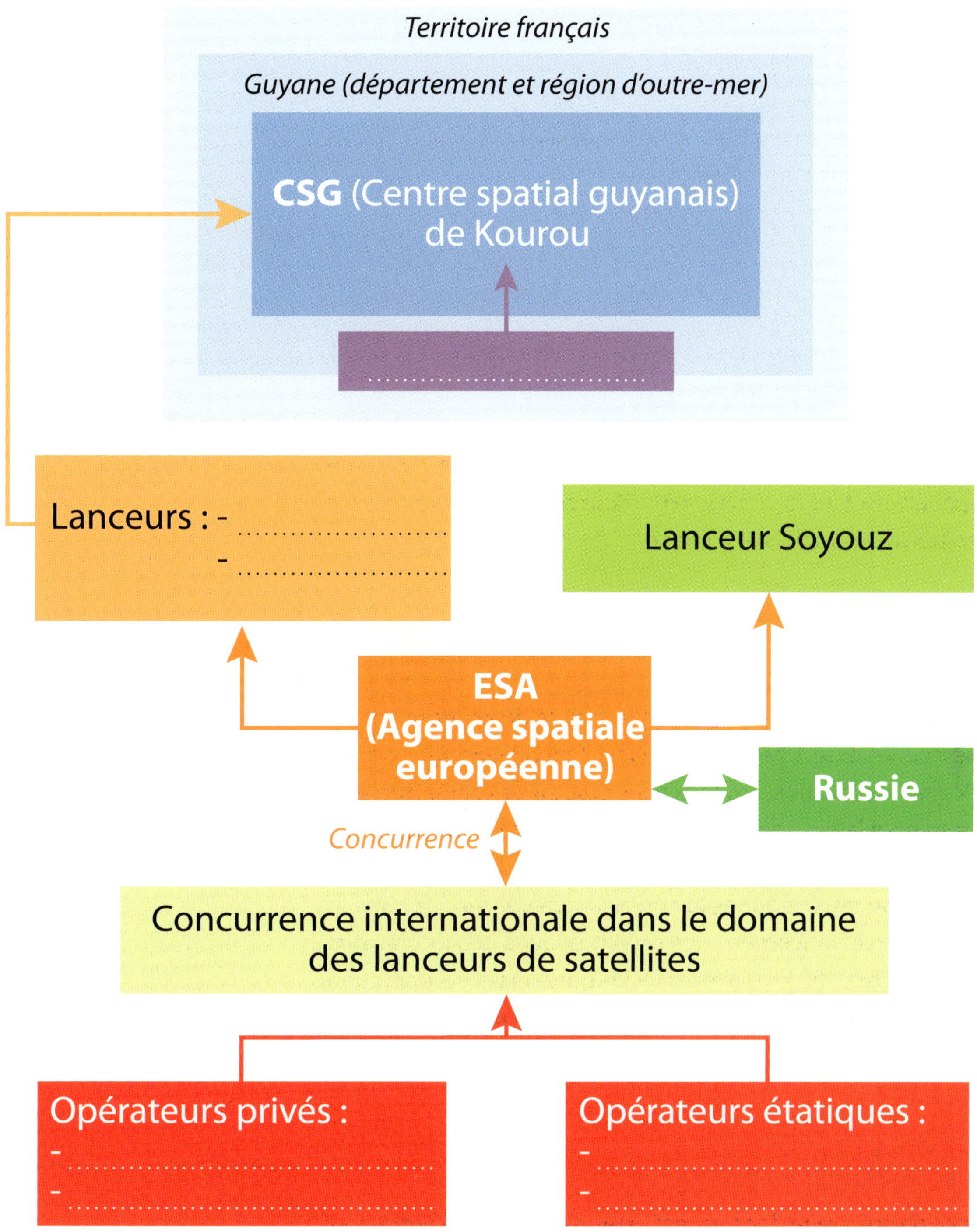

SUJET D'ÉTUDE

2 Disneyland Paris : un marqueur

CAPACITÉ : mettre en œuvre une analyse à différentes échelles

› Comment Disneyland Paris est-il devenu un pôle majeur du tourisme en France ?

Des clés POUR COMPRENDRE

Contexte

Le complexe touristique Disneyland Paris est devenu, depuis son ouverture en 1992, le premier site touristique français et européen. Aux côtés des acteurs privés, l'implication des acteurs publics – l'État, la Région Île-de-France et le département de Seine-et-Marne – a été déterminante pour faire aboutir un projet d'une telle envergure. Le choix du site et le succès du parc s'expliquent par sa position au cœur de l'Europe, une très bonne desserte en infrastructures de transport et la proximité de Paris. L'impact en termes de retombées économiques est considérable ; Disneyland est le premier employeur privé de Seine-et-Marne et il contribue au rayonnement touristique de Paris.

Le château de la Belle au bois dormant, emblème du site.

Qu'est-ce que Disneyland Paris ?

C'est un des *Parks and Resorts* de l'empire Disney dans le monde :
– deux parcs d'attractions à thème autour de l'univers des personnages sortis de l'imagination de Walt Disney (Disneyland et Walt Disney studios) ;
– un complexe hôtelier (7 hôtels Disney, 10 hôtels partenaires, 1 golf, 2 centres commerciaux).
Le parc Walt Disney Studio va doubler sa superficie d'ici 2025 avec la construction de trois nouvelles zones, autour de la Reine des neiges, Star Wars et Marvel.

Où est-il situé ?

À 32 km à l'est de Paris, dans la ville nouvelle de Marne-la-Vallée (Seine-et-Marne), il est desservi par deux gares, RER et TGV (Marne-la-Vallée Chessy), une bretelle d'autoroute, des liaisons par navettes depuis les deux aéroports parisiens.

Quelques chiffres

– 56 000 emplois directs, indirects et induits
– Plus de 320 millions de visiteurs depuis son ouverture
– 56 % de visiteurs étrangers, principalement européens

de l'intégration de la France dans la mondialisation

A Un projet ambitieux au cœur de la France et de l'Europe

❯ Quels sont les atouts qui ont conduit au choix de la France pour implanter un parc d'attractions Disney ?

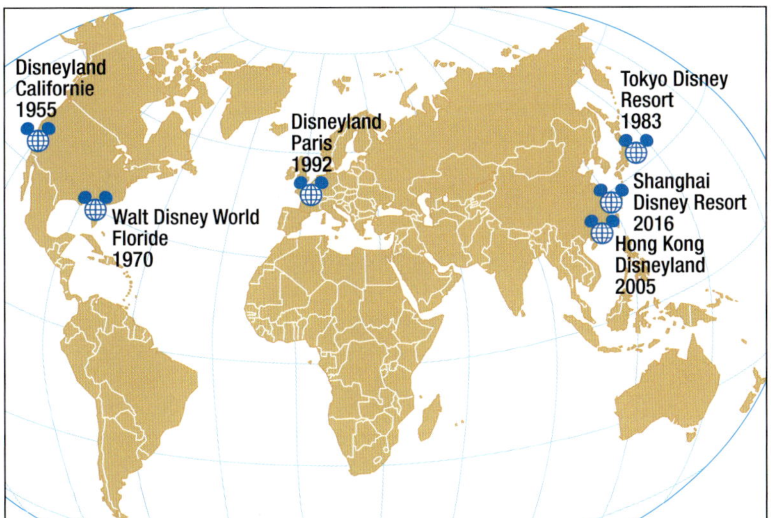

1 ❯ Disneyland Paris : un maillon de l'empire planétaire Disney

2 ❯ Disneyland Paris : une chronologie

1985 La compagnie Walt Disney est à la recherche d'un site en Europe, l'Espagne et la France sont en concurrence. Le choix est fait d'une implantation en France, à proximité de Paris.

1987 Une convention est signée entre The Walt Disney Company et les pouvoirs publics français, qui offrent des conditions très favorables au projet (prolongation du RER, sortie d'autoroute, cession d'un vaste espace de 1 800 hectares autour du parc).

1988 Début des travaux à Marne-la-Vallée.

1992 Ouverture de la gare RER de Marne-la-Vallée Chessy, ouverture du parc Disneyland, accessible de Paris en 35 minutes.

1994 Ouverture de la gare TGV de Marne-la-Vallée Chessy. Devenue le premier hub TGV de France, elle accueille aujourd'hui 88 TGV par jour et dessert 54 villes françaises et européennes quotidiennement.

2015 Plan de rénovation avec de nouvelles attractions.

2019 Annonce d'un nouveau plan d'investissements sur la période 2020-2025.

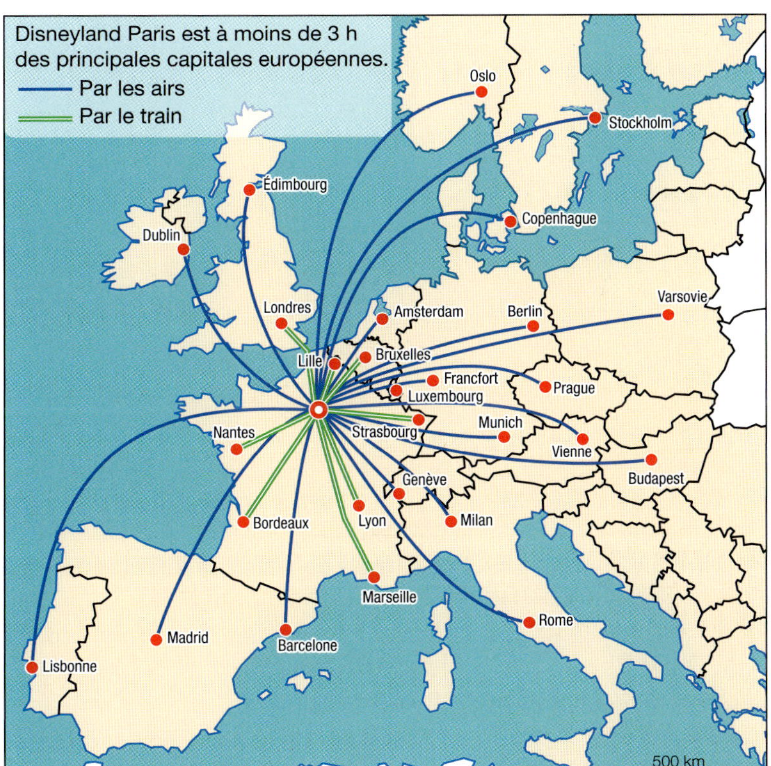

3 ❯ Un parc au cœur de l'Europe qui profite de la proximité de Paris

Carte interactive
liennathan.fr/0l6ba8

Itinéraire 1

▶ **1.** Comment s'est faite l'expansion mondiale de Disney ? Pour répondre, appuyez-vous sur les dates. (doc. 1)

▶ **2.** Quels ont été les atouts de la France dans le choix de l'implantation européenne de Disney ? (docs 2 et 3)

Itinéraire 2

▶ Expliquez à l'oral comment la stratégie mondiale de Disney a abouti au choix de la France et de Paris.

SUJET D'ÉTUDE

2. Disneyland Paris : un marqueur de l'intégration de la France dans la mondialisation

CAPACITÉ : mettre en œuvre une analyse à différentes échelles

B Disneyland Paris : premier site touristique français et européen

Pourquoi peut-on dire que Disneyland Paris contribue au rayonnement touristique de la France en Europe et dans le monde ?

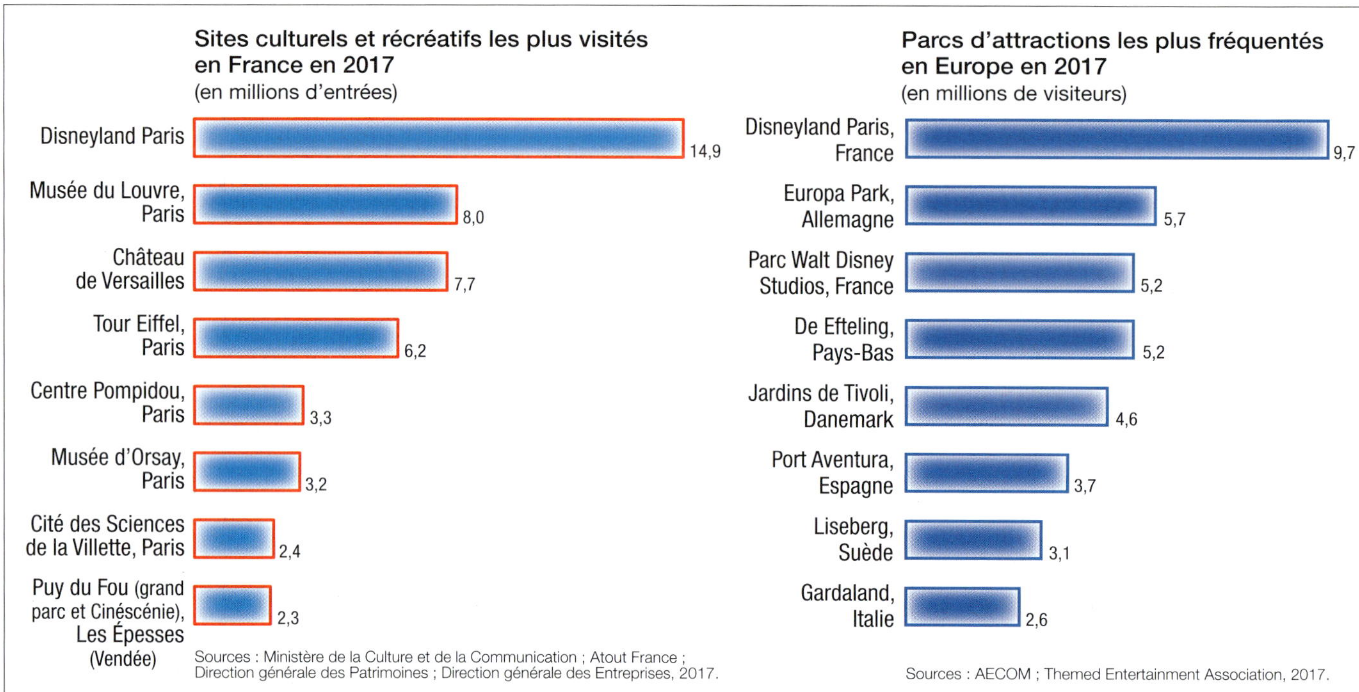

1 Les sites les plus visités en France et en Europe

2 Main Street, l'axe principal du parc Disney

3 L'origine des visiteurs depuis 1992 (en %)

France	44
Royaume-Uni	17
Espagne	9
Pays-Bas	6
Belgique	6
Allemagne	3
Italie	2
Autres	13

Source : *Disneyland News*, 2019.

Itinéraire 1

1. Le titre du document est-il justifié ? (doc. 1)

2. Quelle est la part des visiteurs européens dans la fréquentation du site ? (doc. 2)

3. Recherchez dans les Clés pour comprendre (p. 204) un chiffre montrant qu'il s'agit d'un tourisme de masse. (doc. 3)

Itinéraire 2

Rédigez un paragraphe montrant que Disneyland Paris génère un tourisme de masse en France et en Europe.

C Disneyland Paris : l'un des acteurs de la transformation de l'Île-de-France

› Comment Disneyland Paris est-il devenu un des acteurs importants de l'aménagement du territoire en Île-de-France ?

1 › L'enjeu de l'accessibilité : la gare multimodale de Marne-la-Vallée Chessy

La gare multimodale de Marne-la-Vallée Chessy, située au cœur de Disneyland, donne accès aux lignes du RER A qui la relient à Paris, mais aussi aux lignes à grande vitesse qui la relient en TGV au reste du pays et de l'Europe.

2 › Le fruit d'un partenariat public-privé

Vingt-cinq ans après la signature de la Convention de 1987, les liens avec les différents acteurs se sont renforcés, au fil d'un dialogue permanent. Euro Disney symbolise ce que l'alliance entre le secteur public et le secteur privé a pu réaliser de mieux, ces 25 dernières années. La délégation interministérielle présidée par le préfet de région d'Île-de-France, préfet de Paris, met tout en œuvre pour appuyer le développement de ce projet attractif qui a généré près de 80 milliards d'euros de dépenses touristiques en 25 ans, bénéficiant en premier lieu à la région capitale mais également à la France entière.

« Disney, 25 ans, et un nouveau délégué interministériel au projet Euro Disney en France », prefectures-regions.gouv.fr, 16 novembre 2017.

3 › Disneyland Paris : un acteur économique majeur de la région et du pays

- 16 000 emplois directs dont la moitié de femmes.
- 10 % des salariés présents depuis l'ouverture.
- 60 % des salariés ont plus de 5 ans d'ancienneté.
- 70 % des marchés publics passés avec des entreprises régionales.
- 55 000 emplois directs ou indirects créés depuis l'ouverture.
- Soit 10 % des créations emplois du secteur privé de Seine-et-Marne et 1 % pour l'Île-de-France.
- 1 000 embauches en CDI et 8 000 en CDD en 2019.
- Un plan de développement avec de nouvelles attractions et de nouveaux emplois à l'horizon 2025.

Itinéraire 1

1. Pourquoi parle-t-on de gare « multimodale » ? (doc. 1)
2. Nommez les différents acteurs publics et privés associés dans ce projet. (docs 1 et 2)
3. Les investissements publics dans le projet se sont-ils révélés judicieux ? (doc. 3)

Itinéraire 2

Montrez en quoi ce partenariat public-privé peut être considéré comme une réussite profitable aux différents acteurs.

L'ESSENTIEL

A Un projet ambitieux au cœur de la France et de l'Europe

La compagnie Walt Disney est l'une des plus puissantes au monde. Une partie de son activité repose sur ses parcs d'attractions. Quand la compagnie choisit de construire un de ses parcs en Europe en 1992, c'est la France qui est retenue. L'image de Paris dans le monde, la situation centrale de la France en Europe, l'excellente desserte en infrastructures de transport renforcée par l'action publique ont été des atouts décisifs dans cette décision.

B Le premier site touristique français et européen

Avec plus de 320 millions de visiteurs depuis son inauguration en 1992, 15 millions de visiteurs par an en moyenne ces dernières années, dont plus de 40 % sont originaires des pays d'Europe limitrophes de la France, 15 000 emplois directs, des dizaines de milliers d'emplois indirects, Disneyland Paris est devenu l'un des acteurs économiques majeurs du tourisme en France, contribuant au rayonnement du pays dans le monde.

C L'un des acteurs de la transformation de l'Île-de-France

Disneyland Paris s'est installé dans la ville nouvelle de Marne-la-Vallée, située à 32 kilomètres à l'est de Paris, contribuant à dynamiser toute cette zone. Bien desservi par une gare multimodale, le site continue de s'agrandir et de nouvelles zones de loisirs et de commerce naissent tout autour. Le développement d'un tel projet repose sur un solide partenariat entre les acteurs privés et publics.

MISE EN PERSPECTIVE

Après plus de 25 ans d'existence, Disneyland Paris est devenu le premier site touristique de France et d'Europe, contribuant à l'attractivité du pays. Cette réussite s'explique par l'implication des acteurs publics – l'État et les collectivités locales, notamment – qui ont vu l'opportunité économique d'un tel projet. Autour de Disneyland Paris, c'est une nouvelle centralité qui se développe à l'est de Paris, avec la construction de bureaux, de centres commerciaux, de centres d'affaires et d'une université.

Podcast
liennathan.fr/xe613i

APPRENDRE AUTREMENT

Schéma à télécharger
liennathan.fr/56p3lv

Recopiez et complétez le schéma ci-dessous à l'aide des indications suivantes :
investissements privés – RER – Paris – gare de Marne-la-Vallée Chessy (RER et TGV) – investissements publics.

Disneyland Paris, un pôle touristique à l'échelle de l'Île-de-France, du pays et de l'Europe

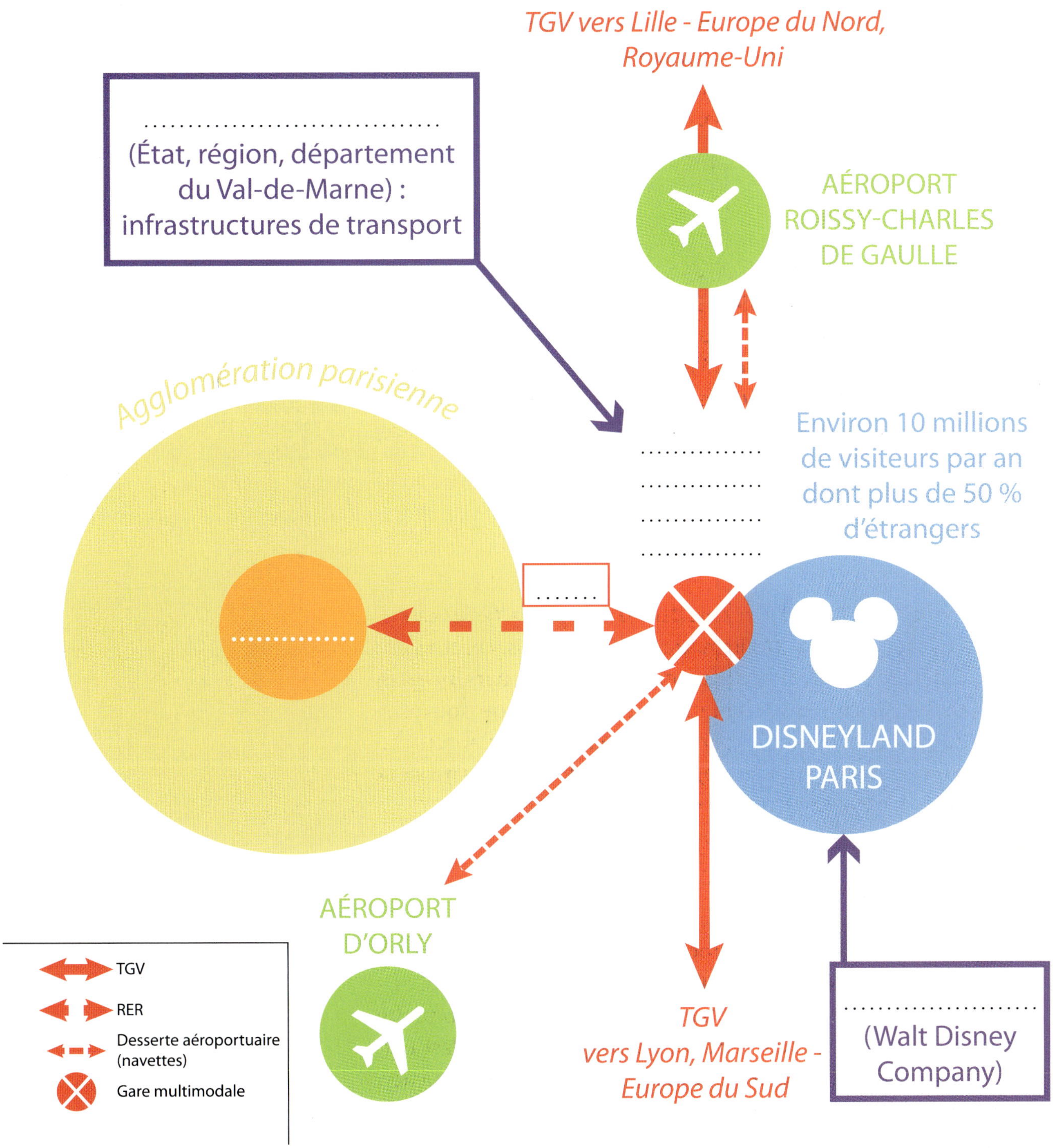

VERS LE BAC

Sujet d'étude 1

Le Centre spatial guyanais (Kourou) : coopérer pour s'affirmer à l'échelle mondiale

Étude de document

Le centre de Kourou : activité spatiale et environnement

Avec une superficie de quelque 700 kilomètres carrés, le Centre spatial guyanais offre une image quasi exhaustive des écosystèmes de la Guyane. De la savane à la forêt tropicale, des mangroves aux marais d'eau douce, tout y est. À ces milieux naturels s'ajoute une grande diversité d'espèces d'animaux qui vivent en toute quiétude dans l'enceinte du CSG. Pour valoriser ce patrimoine naturel exceptionnel, le CNES a créé deux sentiers environnementaux ouverts à tous. [...]

L'environnement et le Centre spatial guyanais sont deux atouts de la Guyane, de sorte qu'il est nécessaire de concilier le développement économique de cette industrie du lancement avec la préservation d'une biodiversité étonnamment riche dans cette partie du monde. Si les questions environnementales n'étaient pas une priorité au moment du premier lancement, le 9 avril 1968 avec la fusée Véronique, elles sont aujourd'hui au centre de toutes les décisions liées au développement du site. [...]

Rémy Decourt, « En images : découvrez la faune et la flore du Centre spatial guyanais », *Futura Sciences*, 1er janvier 2020.

Questions

1. Dans quel milieu bio-géographique est installé le Centre spatial guyanais de Kourou ?

2. En quoi cette localisation a-t-elle été favorable à l'installation de la base de lancement de Kourou ?

3. Selon le document, comment la préoccupation environnementale semble-t-elle avoir évolué concernant le site du CSG ?

4. La conciliation des enjeux économiques de la base spatiale et des enjeux environnementaux vous paraît-elle souhaitable et possible ?

VERS LE BAC

Sujet d'étude 2

Disneyland Paris : un marqueur de l'intégration de la France dans la mondialisation

Étude de document

Quel avenir pour Disneyland Paris ?

The Walt Disney Company, l'une des plus puissantes sociétés à l'échelle mondiale, ne cesse d'étendre son influence. Outre son incontestable succès dans le domaine cinématographique, la firme prévoit maintenant d'agrandir son célèbre parc d'attractions français. Ainsi, le Disneyland Paris va bientôt accueillir trois nouveaux univers inédits sur quelques hectares supplémentaires. [...] La plus grande et première attraction privée préférée des touristes en Europe, Disneyland Paris, a annoncé le début de sa phase de transformation. Malgré sa taille déjà imposante, le parc prévoit une expansion considérable d'ici 2025. [...] 2 milliards d'euros seront investis pour la concrétisation de cette expansion. Avec une livraison prévue en 2025, les travaux devront officiellement débuter vers la fin de cette année. La surface du parc d'attractions aura, d'ici là, grandit de 31 hectares supplémentaires, voiries et nouveaux univers d'animations inclus. [...]

« Disneyland Paris va bientôt s'agrandir », Boursorama, 16 octobre 2019.

Questions

1. Comment la stratégie planétaire de Disney s'est-elle déployée ?

2. Quel rang les parcs Disneyland Paris occupent-ils en terme de fréquentation touristique en Europe ?

3. Rappelez la date d'implantation de Disney en Europe, le choix de son emplacement s'est-il révélé judicieux ?

4. Selon le document, comment la société Disney envisage-t-elle l'avenir ?

EMC 1 La démocratie et les élections : règles et rituels de l'exercice du droit de vote

NOTION TRAVAILLÉE : souveraineté du peuple
CAPACITÉ : rechercher, collecter et analyser des textes ou témoignages

A De quoi parle-t-on ?

1 Le vote : un acte codifié par un ensemble de règles et de pratiques non écrites

Le vote est une pratique sociale symbolique. Les pratiques électorales sont marquées par la répétition d'actes codifiés. La ritualisation du vote est visible dans le rôle joué par les symboles (objets, décors et gestes…) et leurs significations. La journée électorale mobilise l'ensemble de la communauté des citoyens d'un système politique au cours d'un événement combinant unité de temps, de lieu, d'action, et culminant dans la désignation des gouvernants légitimes.

Florence Faucher, Colin Hay, « Les rituels de vote en France et au Royaume-Uni », *Revue française de science politique*, 2015/2 (vol. 65).

B La journée d'élection

2 Un lieu : le bureau de vote

Les bulletins de chaque candidat doivent être à la disposition des électeurs. Le vote est en principe secret en France depuis 1795, mais l'isoloir n'est apparu qu'en 1913 dans les bureaux de vote.

3 Une nécessité : la pluralité des choix

Pendant les campagnes électorales, les partis politiques s'affichent devant les bureaux de vote. Les possibilités de choisir, de voter blanc et de s'abstenir préservent la liberté de l'électeur.

Ce que dit la loi : les étapes de l'opération du vote

1. L'électeur se présente à la table où sont déposés les bulletins et les enveloppes. Il doit être inscrit sur les listes électorales. Il prend une enveloppe, un bulletin de vote de chaque liste ou candidat. Il est important qu'il prenne plusieurs bulletins de vote afin de préserver la confidentialité de son choix. L'électeur peut également se rendre au bureau de vote avec les documents électoraux qui lui ont été envoyés à son domicile.

2. L'électeur se rend à l'isoloir. Le passage par l'isoloir est obligatoire dans tous les cas afin de garantir le caractère secret et personnel du vote.

3. Il se présente devant l'urne où le président du bureau ou son suppléant vérifie son identité en lisant à voix haute la pièce d'identité ou la carte électorale qu'il lui présente.

4. Le président ou son suppléant constate que l'électeur n'a qu'une enveloppe, mais il ne doit en aucun cas la toucher. L'électeur introduit lui-même l'enveloppe dans l'urne.

5. Il signe alors la liste d'émargement en face de son nom.

6. La carte de l'électeur ou son attestation est rendue à son détenteur après que l'assesseur a apposé un timbre à la date du scrutin sur l'emplacement prévu à cet effet.

D'après le ministère de l'Intérieur.

4 Dépouillement et résultats : entre principe et réalité

C'est une fuite massive des lecteurs français qui se produit à chaque élection. Les médias suisses et belges comme *Le Soir*, *Le Temps* ou la RTBF, font l'objet d'un regain d'intérêt chaque jour de scrutin en France, *a fortiori* quand il s'agit de l'élection présidentielle, mais aussi quand on est à l'heure des européennes. Alors que les médias hexagonaux sont contraints par une règle stricte qui leur interdit de diffuser des estimations avant 20 heures, les journalistes – francophones – de Suisse et de Belgique ne sont, eux, soumis à aucun silence.

« Pourquoi les médias suisses et belges peuvent-ils donner les résultats avant l'heure ? », LCI, 26 mai 2019.

Quelles solutions ?

Des pistes pour mener un projet sur l'année

1. En s'appuyant sur les différents documents, dire en quoi le vote est un exercice codifié et ritualisé.
2. **Récolter et confronter des témoignages.** La première fois que l'on vote est un acte majeur de notre vie de citoyens, collecter les souvenirs de ses proches et de personnes ayant tenu un bureau de vote, ou se remémorer sa première expérience.
3. **Comparer le déroulement du vote dans plusieurs pays.**
   – Mener une recherche documentaire sur l'exercice du droit de vote dans quatre pays différents.
   – Pour effectuer cette enquête, taper sur un moteur de recherche la requête « élections et exercice du droit de vote en (nom du pays) ».
   – Regrouper le résultat de vos recherches dans un tableau de ce type :

Pays	Nature de l'élection	Conditions de la participation des citoyens au suffrage	Remarques particulières
France			
Belgique			
Suisse			
Autre au choix (hors d'Europe)			

4. Organiser un débat : le vote doit-il être obligatoire ou doit-il rester facultatif ?

EMC 2 Les conditions du débat démocratique : les lanceurs d'alerte

NOTIONS TRAVAILLÉES : citoyen/citoyenneté, information et désinformation
CAPACITÉS : savoir exercer son jugement et l'inscrire dans une recherche de vérité ; contribuer à un travail coopératif/collaboratif en groupe, s'impliquer dans un travail en équipe et les projets de classe

A De quoi parle-t-on ?

1 Une définition

Le terme « lanceur d'alerte » désigne une personne qui estime avoir découvert des éléments qu'elle considère comme menaçants pour l'homme, la société, l'économie ou l'environnement et décide, de manière désintéressée, de les porter à la connaissance d'instances officielles, d'associations ou de médias, parfois contre l'avis de sa hiérarchie.
Une définition qui reste tout de même large et prend aussi bien en compte des journalistes, chercheurs ou militants associatifs comme Denis Robert – journaliste à l'origine de l'affaire Clearstream, – Irène Frachon – médecin au CHU de Brest, à l'origine de l'affaire du Mediator – ou Erin Brockovich [...].

Aude Mazoue, « En exil, en prison, au chômage... que sont devenus les lanceurs d'alerte ? », France 24, 26 avril 2016.

2 Un exemple : Erin Brockovich

En 1991, dans la ville de Hinkley, en Californie, travaillant alors dans un cabinet d'avocats, Erin Brockovich découvre qu'une entreprise utilise du chrome hexavalent, un anticorrosif très toxique qui a contaminé le réseau d'eau potable de la ville, provoquant de nombreux cancers. Elle réunit 660 plaignants qui, à l'issue d'une longue procédure judiciaire, obtiendront 333 millions de dollars de dommages et intérêts. Le film *Erin Brockovich, seule contre tous*, réalisé par Steven Soderbergh en 2000, relate son combat.

B Des situations-problèmes : les lanceurs d'alerte, traîtres ou héros du combat démocratique ?

3 Le procès LuxLeaks

Pendant les trois semaines de débats de ce procès, deux ex-employés français du cabinet PwC[1], Antoine Deltour et Raphaël Halet, ont été mis en accusation pour « vol » et « violation du secret des affaires » après avoir fait fuiter des dizaines de documents fiscaux à propos d'arrangements conclus entre des multinationales et le fisc luxembourgeois. Le journaliste Édouard Perrin a, lui, été accusé de complicité pour avoir rendu publics ces documents dans l'émission « Cash Investigation » sur France 2, avant qu'ils ne soient relayés par de très nombreux médias par l'intermédiaire du Consortium international des journalistes d'investigation dont *Le Monde* fait partie. Mardi 10 mai, le parquet luxembourgeois a requis dix-huit mois de prison avec sursis contre les deux lanceurs d'alerte et une amende pour le journaliste.

« Lanceurs d'alerte : où est la justice ? », *Le Monde*, 11 mai 2016.

1. PwC : un des quatre grands cabinets mondiaux d'audit et conseil financier, siège social à Londres, activités dans 187 pays.

4 Manifestation en faveur des lanceurs d'alerte

Manifestation au Luxembourg lors du procès des « LuxLeaks » en avril 2016. En mai 2018, Antoine Deltour, à qui l'on a reconnu le statut de « lanceur d'alerte », a été acquitté en appel.

Ce que dit la loi

La loi a été votée après l'affaire Nicole-Marie Meyer, haute fonctionnaire du ministère des Affaires étrangères renvoyée en 2004 pour avoir découvert et dénoncé des malversations au sein même de l'institution qui l'employait. Elle s'est depuis engagée dans l'ONG Transparency International.

Article 1. Toute personne physique ou morale a le droit de rendre publique ou de diffuser de bonne foi une information concernant un fait, une donnée ou une action, dès lors que la méconnaissance de ce fait, de cette donnée ou de cette action lui paraît faire peser un risque grave sur la santé publique ou sur l'environnement.
L'information qu'elle rend publique ou diffuse doit s'abstenir de toute imputation diffamatoire ou injurieuse. […]

Article 11. Aucune personne ne peut être écartée d'une procédure de recrutement ou de l'accès à un stage ou à une période de formation professionnelle, ni être sanctionnée ou faire l'objet d'une mesure discriminatoire, directe ou indirecte, […] pour avoir relaté ou témoigné, de bonne foi, soit à son employeur, soit aux autorités judiciaires ou administratives, des faits relatifs à un risque grave pour la santé publique ou l'environnement dont elle aurait eu connaissance dans l'exercice de ses fonctions.

Loi du 16 avril 2013.

5 Le cas Snowden, un lanceur d'alerte

Edward Snowden, citoyen employé de la NSA (Agence nationale de sécurité des États-Unis), découvre que cette agence a mis en place un système de surveillance massif (téléphone, Internet) à l'échelle des États-Unis et de la planète.
En juin 2013, il rend publiques ces informations. Inculpé pour espionnage par les États-Unis, il se réfugie dans la clandestinité à Hong Kong, puis en Russie où il vit toujours.
En 2016, le réalisateur américain Oliver Stone lui consacre un film.
En 2019, Snowden relate son histoire dans un livre, intitulé *Mémoires vives* en français.

Quelles solutions ?

Des pistes pour mener un projet sur l'année

1. Faire une recherche sur l'une des affaires liées aux lanceurs d'alerte, par exemple :
   - WikiLeaks ;
   - LuxLeaks ;
   - Panama Papers ;
   - le Watergate ;
   - Edward Snowden ;
   - Irène Frachon et le Mediator ;
   - Bradley Manning.
2. Organiser un débat : quelle est la limite entre lancement d'alerte, délation et trahison ?
3. Organiser un débat : les lanceurs d'alerte sont-ils utiles à la démocratie ?

EMC 3 Démocratie, exemplarité et transparence

NOTIONS TRAVAILLÉES : citoyen/citoyenneté, corruption et crise de confiance
CAPACITÉS : rechercher, collecter et analyser des textes ou témoignages ; être rigoureux dans ses recherches et ses traitements de l'information

A De quoi parle-t-on ?

1 La perception des élus par les Français

Le maire reste l'élu le plus apprécié des Français (83 %), très loin devant les députés et sénateurs (33 %). Quelle que soit leur sensibilité politique, les Français plébiscitent leur maire, [...] le maire apparaît comme le symbole par excellence de l'élu de proximité.

L'édile[1] mis à part, les élus en général pâtissent cependant d'une défiance massive de la part des Français : seuls 38 % affirment en avoir une bonne opinion. [...] Parmi les critiques formulées à l'encontre des élus en général figurent aux premiers rangs la longueur des carrières politiques (70 %), la rémunération excessive (66 %) ainsi que la concentration des pouvoirs dans leurs mains (55 %). Autre illustration de la défiance à laquelle sont confrontés les élus, seuls 30 % des Français les jugent compétents, 26 % proches des préoccupations des citoyens et 20 % honnêtes.

« Les Français et leurs élus », sondage Ifop, 12 août 2019.

1. Édile : ici, le maire.

B Une situation-problème

2 Les politiques face à la justice

Le tribunal correctionnel a condamné mercredi 21 décembre un partisan de l'ancien maire UMP de Perpignan, Jean-Paul Alduy, à un an de prison avec sursis dans la retentissante affaire de la « fraude à la chaussette » qui avait provoqué l'annulation des municipales de mars 2008. [...]

M. Garcia, frère d'un colistier[1] de M. Alduy, maire sortant, présidait un bureau de vote au second tour des municipales. Il avait été trouvé porteur d'enveloppes et de bulletins au nom de M. Alduy dissimulés dans ses chaussettes et ses poches.

Il a en outre été condamné à 3 000 euros d'amende et trois ans de privation des droits civiques pour « soustraction de bulletins de vote ». M. Garcia était également poursuivi [...] pour avoir ajouté des paraphes sur la liste d'émargement. Tous deux ont été relaxés pour ces imitations de signatures.

« Fraude à la chaussette : un an avec sursis pour l'auteur », *Le Monde* avec AFP, 21 décembre 2011.

1. Colistier : membre de la même liste électorale.

2 La justice correctionnelle

Dans le système judiciaire français, le tribunal correctionnel est la juridiction pénale de première instance compétente pour le jugement des délits et infractions pénales dont relèvent généralement les affaires politico-judiciaires. L'ancien tribunal correctionnel de Paris, photographié ici, situé au 14 quai des Orfèvres (1er arrondissement), a été installé en avril 2019 au sein du nouveau tribunal judiciaire de Paris, construit dans le quartier des Batignolles, au nord de la ville (17e arrondissement).

3 Un outil : la HATVP et ses missions, déclaration d'intérêt, déclaration de patrimoine des élus

La Haute Autorité pour la transparence de la vie publique (HATVP) est chargée de promouvoir la probité et l'exemplarité des responsables publics. Elle est chargée de contrôler avec l'administration fiscale, et de publier, les déclarations de situation patrimoniale et les déclarations d'intérêts de certains élus (les membres du gouvernement, les collaborateurs et dirigeants d'organismes publics). Elle peut également être consultée par les élus sur des questions de déontologie et de conflit d'intérêts relatifs à l'exercice de leur fonction et émettre des recommandations à la demande du Premier ministre ou de sa propre initiative. La HATVP est une autorité administrative indépendante qui remplace, depuis le 20 décembre 2013, la Commission pour la transparence financière de la vie publique.

« HATVP », vie-publique.fr, 14 mars 2019.

Ce que dit la loi

La fraude électorale

La fraude électorale désigne toutes les irrégularités qui peuvent se dérouler pendant une élection. Elle peut concerner les opérations électorales elles-mêmes (ex. : bourrage des urnes avec des bulletins en faveur d'un candidat) ou des manœuvres constatées pendant la durée de la campagne électorale (ex. : tracts diffamatoires, diffusion de matériel de propagande après la clôture officielle de la campagne). La fraude doit être sanctionnée car elle fausse l'expression du choix des citoyens.

« Que se passe-t-il en cas de fraude électorale ? », vie-publique.fr

La prise illégale d'intérêts

La prise illégale d'intérêts est un délit défini à l'article 432-12 du nouveau Code pénal :

Le fait, par une personne dépositaire de l'autorité publique ou chargée d'une mission de service public ou par une personne investie d'un mandat électif public, de prendre, recevoir ou conserver, directement ou indirectement, un intérêt quelconque dans une entreprise ou dans une opération dont elle a, au moment de l'acte, en tout ou partie, la charge d'assurer la surveillance, l'administration, la liquidation ou le paiement. La prise illégale d'intérêts est un délit puni de cinq ans d'emprisonnement et de 500 000 euros d'amende.

La fraude fiscale

La fraude fiscale est un délit défini à l'article 1741 du Code général des impôts. Elle est caractérisée par le fait de ne pas déclarer délibérément une partie de ses revenus au fisc dans le but d'éviter de payer ses impôts.

Le blanchiment

Le blanchiment est une infraction de conséquence, c'est-à-dire le prolongement d'un délit initial. L'article 324-1 du Code pénal le définit simplement comme l'introduction du produit d'une infraction dans l'économie légale pour en dissimuler l'origine.

justice.gouv.fr

Quelles solutions ?

Des pistes pour mener un projet sur l'année

1. Suivre dans l'actualité les affaires posant la question de l'exemplarité des élus et des sanctions encourues au regard des textes de loi.
2. Se rendre sur le site de la Haute Autorité pour la transparence de la vie publique (www.hatvp.fr), y effectuer une navigation (entrées possibles par nom, par zone géographique, par fonction élective).
3. Suivre les avancées éventuelles de la proposition de loi du 3 décembre 2019 instaurant le devoir de transparence et d'exemplarité des élus.
4. Organiser un débat sur le thème suivant : les outils réglementaires existants permettent-ils de répondre aux objectifs de transparence et d'exemplarité des élus ?

EMC 4 Conscience démocratique et relations internationales

NOTION TRAVAILLÉE : justice internationale
CAPACITÉS : s'exprimer en public de manière claire, argumentée, nuancée et posée ; savoir écouter et apprendre à débattre ; respecter la diversité des points de vue

A De quoi parle-t-on ?

1 Aux origines de la justice pénale internationale : le procès de Nuremberg

Le procès de Nuremberg (novembre 1945-octobre 1946) juge les principaux responsables nazis. Acte fondateur de la justice internationale, il définit le crime contre l'humanité comme étant « l'assassinat, l'extermination, la réduction en esclavage, la déportation et tout autre acte inhumain commis contre toutes populations civiles, avant ou pendant la guerre, ou bien les persécutions pour des motifs politiques, raciaux ou religieux, lorsque ces actes ou persécutions, qu'ils aient constitué ou non une violation du droit interne du pays où ils ont été perpétrés, ont été commis à la suite de tout crime rentrant dans la compétence du tribunal ou en liaison avec ce crime ».

B La CPI, une juridiction internationale et son action

2 Une condamnation pour génocide

En mars 2019, l'ex-président des Serbes de Bosnie, Radovan Karadžic, a été condamné en appel à la prison à perpétuité par la Cour internationale de justice, après avoir été initialement condamné à purger 40 ans de prison pour génocide et crimes de guerre. Les forces serbes de Bosnie qu'il dirigeait ont tué, en juillet 1995, dans l'enclave de Srebrenica, plus de 8 000 hommes et adolescents musulmans, un crime considéré par la justice internationale comme un acte de génocide.

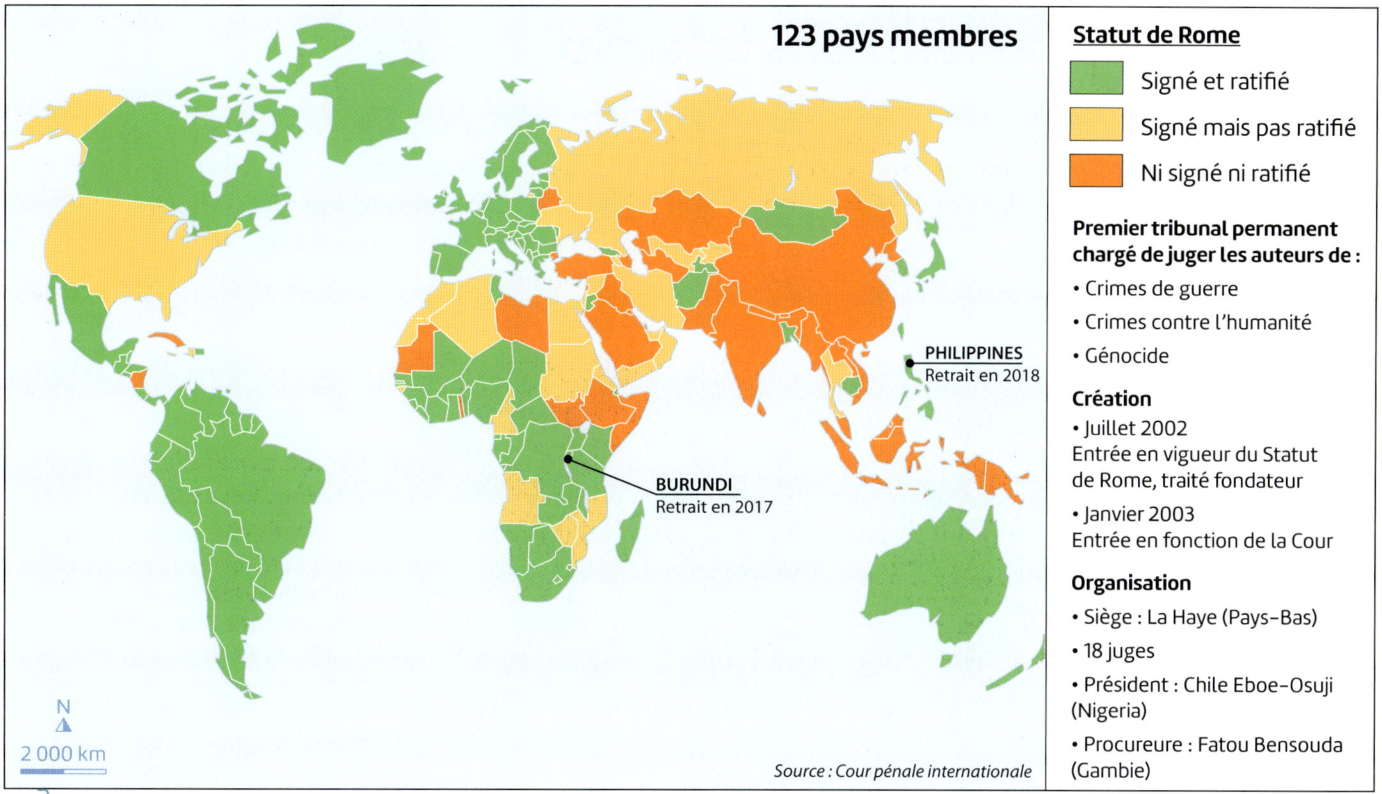

3 **La Cour pénale internationale**

Où en est-on aujourd'hui ?

Les crimes contre l'humanité

Dans le nouveau Code pénal français, quatre séries de crimes répondent à cette définition :
1. Le génocide : c'est la mise à exécution d'un plan visant à détruire totalement ou partiellement un groupe arbitrairement déterminé, soit en portant atteinte à la vie de ses membres, soit en atteignant gravement leur intégrité physique ou psychique, soit en les soumettant à des conditions d'existence devant entraîner leur disparition, soit en entravant les naissances, soit, enfin, en enlevant les enfants pour les transférer à un autre groupe.
2. La déportation, l'esclavage ainsi que les exécutions, les enlèvements et les tortures lorsqu'ils sont exécutés massivement et systématiquement ;
3. Le crime contre l'humanité commis en temps de guerre sur des combattants ;
4. Enfin l'entente pour commettre de tels crimes.
Dans tous les cas, les crimes sont commis en exécution d'un plan concerté.

« Qu'est-ce qu'un crime contre l'humanité ? », entretien avec Pierre Truche, *L'Histoire*, n° 168, juillet-août 1993.

Quelles solutions ?

Des pistes pour mener un projet sur l'année

1. À partir du site Internet de la Cour pénale internationale, présenter les affaires en cours.
2. Mener une recherche dans la presse en ligne sur les critiques adressées à la Cour pénale internationale. Pourquoi certains pays refusent-ils d'y adhérer ? Pourquoi d'autres s'en retirent-ils ?
3. Mener un travail de recherche en vue d'une présentation orale sur :
   – le génocide au Rwanda et son traitement par la justice internationale ;
   – les crimes contre l'humanité en ex-Yougoslavie et leur traitement par la justice internationale.
4. Organiser un débat : l'existence d'une justice internationale est-elle compatible avec la souveraineté de chaque État ?

Relire le cours d'histoire : Comment les régimes totalitaires ont-ils conduit à la violence extrême de la Seconde Guerre mondiale ? p. 16-17

Relire le sujet d'étude : La guerre d'anéantissement à l'Est et le génocide des Juifs p. 20

Dictionnaire des notions

Attractivité : capacité d'un territoire, d'une économie à attirer des acteurs étrangers (touristes, investisseurs...).

Canaux et détroits internationaux : couloirs de communication entre deux mers ou océans, d'origine naturelle (détroits) ou aménagés par l'homme (canaux), et dans lesquels un droit de passage est garanti par une convention internationale.

Centre de décision : lieu où réside le pouvoir capable d'influencer le fonctionnement de l'économie mondialisée. Il s'agit à la fois du pouvoir politique résidant dans les capitales politiques (réglementation, fiscalité, traités commerciaux, droits de douane) et du pouvoir économique (sièges sociaux des entreprises et des banques, bourses) concentré dans les quartiers d'affaires (CBD) des métropoles.

Collaboration : politique de coopération volontaire avec l'occupant nazi en matière politique, économique et policière.

Construction européenne : processus de rapprochement des États européens pour fonder une union d'États défendant les mêmes valeurs et les mêmes grands principes économiques et sociaux.

Crimes contre l'humanité : jugés au procès de Nuremberg, ce sont les actes inhumains et les persécutions commis contre une population. Le génocide en fait partie.

Décolonisation : passage d'un territoire du statut de colonie dominée par une puissance extérieure à celui d'État indépendant. Ce processus s'est généralement accompagné de violences plus ou moins intenses.

Démocratie : régime politique fondé sur la souveraineté populaire, qui s'exprime par le vote. La démocratie repose aussi sur la séparation des pouvoirs et la pluralité des tendances politiques, le respect des droits et des libertés des individus.

Génocide : extermination planifiée d'une partie ou de l'intégralité d'une population du seul fait de son identité (ethnie ou religion).

Guerre froide : affrontement fondé sur une opposition idéologique entre les États-Unis et l'URSS (1947-1991). Des crises, voire des conflits armés, ont lieu sur les zones périphériques.

Hub : noyau pivot d'un système de transport. Pour le transport aérien, le hub désigne la plate-forme de correspondance ou de regroupement des compagnies aériennes. La notion s'applique aussi aux ports.

Immigration : du latin *in-migrare* signifiant « rentrer dans un lieu », ce terme désigne l'entrée dans un pays de personnes étrangères qui viennent s'y installer plus ou moins durablement.

Influence : capacité à agir de manière directe (diplomatique, politique, économique, militaire) ou indirecte (autorité morale, culture) sur les affaires du monde. En anglais, on parle de *hard* et de *soft power* pour désigner ces deux types d'influence.

Institutions : ensemble des organisations politiques mises en place par la Constitution et les lois afin de gouverner un État.

Maritimisation : processus, qui s'accélère depuis les années 1970, de glissement des activités productives vers les régions côtières, en relation avec l'accroissement des échanges internationaux par voie maritime.

Métropole : ville qui exerce une forte influence sur un territoire régional, national, ou même mondial.

Monde bipolaire : monde dominé par les deux grands vainqueurs de la Seconde Guerre mondiale. Les États-Unis et l'URSS mettent en place un système d'alliance diplomatique, économique et militaire pour structurer leurs blocs.

Monde multipolaire : situation dans laquelle plusieurs pays (ou ensembles de pays) jouent un rôle mondial dans les domaines économique, diplomatique, militaire, culturel...

Mondialisation : mise en relation étroite des différentes parties du monde, que ce soit pour la circulation des hommes, des marchandises, de l'information ou des capitaux. Mers et océans jouent un rôle important pour les flux de marchandises (routes maritimes) et d'information (câbles sous-marins).

Parité : principe de l'égalité de l'accès des hommes et des femmes aux responsabilités (sociales, politiques ou économiques).

Plate-forme multimodale : zone desservie par différents moyens de transports (route, rail, voie aérienne, canal ou voie maritime) et permettant un passage de l'un à l'autre pour les passagers ou les marchandises. Dans ce dernier cas, on parle aussi de plate-forme logistique comportant des zones d'entrepôts temporaires.

Puissance : capacité d'un État à exercer une influence politique, économique ou culturelle sur d'autres États.

Rayonnement : c'est le fait pour un pays d'être connu dans le monde et d'y exercer une forme d'autorité morale (valeurs) et principalement culturelle (langue, productions intellectuelles, etc.).

Régime politique : l'expression désigne l'organisation des pouvoirs au sein d'un État. Régime totalitaire, régime autoritaire ou démocratie libérale sont des grands types de régimes politiques.

République : forme originale que prend, en France depuis le XIXe siècle, la démocratie.

Résistance : ensemble des actions menées pour lutter contre l'occupation allemande et le régime de Vichy.

Route maritime : le tracé suivi par un navire est *a priori* libre, mais la recherche des distances les plus courtes et le souci d'éviter les zones à risque (piraterie) provoquent la concentration de la navigation commerciale maritime sur des couloirs de circulation et des passages obligés, comme les détroits et canaux.

Totalitarisme : système politique caractérisé par la dictature d'un parti unique et de son chef, qui gouverne par la propagande et la terreur et souhaite transformer la société.

Planisphère politique

OCÉAN GLACIAL ARCTIQUE
Cercle Polaire Arctique
RUSSIE
BIÉLORUSSIE
UKRAINE
KAZAKHSTAN
MONGOLIE
GÉORGIE
ARMÉNIE
AZERBAÏDJAN
OUZBÉKISTAN
KIRGHIZISTAN
TADJIKISTAN
TURKMÉNISTAN
TURQUIE
SYRIE
LIBAN
ISRAËL
IRAK
IRAN
AFGHANISTAN
JORDANIE
KOWEÏT
BAHREÏN
QATAR
ÉMIRATS ARABES UNIS
ARABIE SAOUDITE
OMAN
PAKISTAN
NÉPAL
BHOUTAN
BANGLADESH
INDE
CHINE
CORÉE DU NORD
CORÉE DU SUD
JAPON
TAÏWAN
Tropique du Cancer
BIRMANIE
LAOS
VIETNAM
PHILIPPINES
OCÉAN PACIFIQUE
CAMBODGE
THAÏLANDE
SRI LANKA
ÉRYTHRÉE
YÉMEN
DJIBOUTI
ÉTHIOPIE
SOMALIE
MALDIVES
BRUNEI
MALAISIE
SINGAPOUR
Équateur
KENYA
RWANDA
BURUNDI
TANZANIE
SEYCHELLES
COMORES
INDONÉSIE
PAPOUASIE-NOUVELLE-GUINÉE
ÎLES SALOMON
TIMOR-ORIENTAL
MALAWI
MOZAMBIQUE
MADAGASCAR
MAURICE
VANUATU
AUSTRALIE
Tropique du Capricorne
SWAZILAND
LESOTHO
NOUVELLE-ZÉLANDE

CRÉDITS

Images de couverture

Haut : Chute du mur de Berlin, 10 novembre 1989, événement couvert par un journaliste du côté ouest © Imago/Bridgeman Images ; **bas :** port de Thessalonique © Nicolas Economou/NurPhoto/AFP.

p. 10 : Image BSB/BPK, Berlin, Dist. RMN-Grand Palais ; **p. 11 (haut) :** United States Holocaust Memorial Museum ; **p. 11 (bas) :** BIS / Ph. © Archives Larbor ; **p. 16 :** ullstein bild/akg-images ; **p. 17 :** L'Humanité/Keystone-France/Gamma Rapho ; **p. 18 :** Cirip/A. Gesgon ; **p. 19 :** Image BSB/BPK, Berlin, Dist. RMN-Grand Palais ; **p. 20 :** Musée central des forces armées de Moscou / Le Mémorial de Caen ; **p. 21 :** Universal History Archive/Universal Images Group via Getty Images **p. 22 :** BIS/Ph. J.L.Charmet © Archives Bordas ; **p. 23 :** Keystone-France/Gamma Rapho ; **p. 24 :** BIS/Ph. Maurice Aeschimann © Archives Nathan © ADAGP, Paris, 2020 ; **p. 25 :** Photo Josse/Leemage/Succession Picasso, Paris 2020 ; **p. 28 :** akg-images ; **p. 29 (haut et bas) :** United States Holocaust Memorial Museum (USHMM), New York ; **p. 30 :** akg-images ; **p. 31 :** Mémorial de la Shoah, Paris ; **p. 33 :** Wojtek Laski/Diffusion Laski/Keystone-France/Gamma-Rapho ; **p. 34 (haut) :** United States Holocaust Memorial Museum (USHMM), New York ; **p. 34 (milieu) :** akg-images ; **p. 34 (bas) :** Wojtek Laski/Diffusion Laski/Keystone-France/Gamma-Rapho ; **p. 37 (haut et bas) :** Bridgeman Images ; **p. 38 :** BIS/Ph. Coll. Archives Larbor ; **p. 39 :** Rue des Archives/Leemage ; **p. 40 (gauche) :** wantanddo/Shutterstock ; **p. 40 (droite) :** Yves de Daruvar/Musée de l'ordre de la Libération ; **p. 41 (gauche) :** BIS/Ph. © Archives Larbor ; **p. 41 (droite) :** Fonds Lachassagne. Collection CHRD ; **p. 42 (haut) :** BIS/Ph. Coll. Archives Larbor ; **p. 42 (milieu) :** Yves de Daruvar/Musée de l'ordre de la Libération ; **p. 42 (bas) :** BIS/Ph. © Archives Larbor ; **p. 46 :** ullstein bild/akg-images ; **p. 47 (haut) :** Pars International/*Time Magazine*, 6 décembre 1968 © 2020, Time Inc. Used under license ; **p. 47 (bas) :** HO/AFP ; **p. 52 :** ullstein bild/akg-images ; **p. 53 :** Sergey Guneev/Sputnik/AFP ; **p. 54 (haut) :** BIS/Ph. Coll. Archives Nathan ; **p. 54 (bas) :** Coll. Michel Lefebvre/adoc-photos ; **p. 55 (haut) :** FineArtImages/Leemage ; **p. 55 (milieu) :** BIS/Ph. Coll. Archives Larbor ; **p. 55 (bas) :** Paul Almasy/akg-images ; **p. 56 (haut) :** BIS/Ph. Coll. Archives Larbor ; **p. 56 (bas) :** Dondero/Leemage ; **p. 57 (haut gauche) :** Pars International/*Time Magazine*, 27 octobre 1947 © 2020 Time Inc. Used under license ; **p. 57 (haut droite) :** UIG/Leemage ; **p. 57 (bas) :** Roger-Viollet ; **p. 58 :** Plantu ; **p. 59 :** STR/AFP ; **p. 60 (haut) :** Roger-Viollet ; **p. 60 (bas) :** A. Gesgon/CIRIP ; **p. 61 :** Commission européenne ; **p. 62 :** Fototeca/Leemage ; **p. 63 :** BIS/Ph. Lou © Archives Larbor ; **p. 66 :** BIS/Ph. © Fotokhronika TASS © Archives Larbor ; **p. 67 :** Paris Match/Scoop ; **p. 68 :** FineArtImages/Leemage ; **p. 69 :** Pars International/*Time Magazine*, 6 décembre 1968 © 2020 Time Inc. Used under license ; **p. 70 (haut) :** CNP/ABACA ; **p. 70 (bas) :** akg-images ; **p. 71 (gauche) :** Heritage Space/Heritage Images/ Coll. Christophel ; **p. 71 (droite) :** Pars International/*Time Magazine*, avril 1983 © 2020, Time Inc. Used under license ; **p. 72 (haut) :** Paris Match/Scoop ; **p. 72 (milieu) :** CNP/ABACA ; **p. 72 (bas) :** Pars International/*Time Magazine*, avril 1983 © 2020, Time Inc. Used under license ; **p. 74 (haut) :** Gamma Rapho ; **p. 74 (bas) :** Collection Dagli Orti/Aurimages ; **p. 75 :** HO/AFP ; **p. 76 :** Wakil Kohsar/AFP ; **p. 78 (haut) :** HO/AFP ; **p. 78 (milieu) :** Wakil Kohsar/AFP ; **p. 80 :** Collection Kharbine-Tapabor ; **p. 81 :** Jeff Parker, *Florida Today*, 2001 : Cagle Cartoon image #9068 ; **p. 82 :** Raymond Darolle/Corbis Sygma ; **p. 83 (haut) :** Marc Riboud ; **p. 83 (bas) :** Catherine Deudon/Roger-Viollet ; **p. 86 :** BIS/Ph. © Documentation Française ; **p. 87 :** BIS/Ph. © La Documentation française. Photo Gisèle Freund ; **p. 88 :** Sécurité sociale-Musée national de l'Assurance maladie ; **p. 89 :** Raymond Darolle/Corbis Sygma ; **p. 90 :** Albert Harlingue/Roger-Viollet ; **p. 91 (haut) :** Alain Gesgon/CIRIP ; **p. 91 (bas) :** Deligne, http://deligne.fr/ ; **p. 92 :** BIS/Ph. Jeanbor © Archives Larbor © ADAGP, Paris 2020 ; **p. 93 (haut) :** Presse-und Informationsamt der Bundesregierung ; **p. 93 (bas) :** De Agostini Picture Library/akg-images ; **p. 94 :** BIS/©Archives Larbor ; **p. 95 (haut) :** Coll. Dixmier/Kharbine-Tapabor ; **p. 95 (bas) :** Marion Jousse pour l'association Inter-LGBT ; **p. 99 :** Nicolas Tikhomiroff/Magnum Photos ; **p. 100 :** AFP ; **p. 101 :** Keystone-France/Gamma-Rapho ; **p. 102 (haut) :** Rue des Archives/Leemage ; **p. 102 (bas) :** Dalmas/Sipa ; **p. 103 (haut gauche et droite) :** Marc Riboud ; **p. 103 (bas) :** Boris Horvat/AFP ; **p. 104 (haut) :** Nicolas Tikhomiroff/Magnum Photos ; **p. 104 (milieu) :** Rue des Archives/Leemage ; **p. 104 (bas) :** Marc Riboud ; **p. 107 :** Réseau-Canopé – Le Musée national de l'Éducation ; **p. 108 (haut) :** *L'Express*/25.11.1974 ; **p. 108 (bas) :** AFP ; **p. 109 (haut) :** Collection Jean Jacques Allevi/Rue des Archives/Leemage ; **p. 109 (bas) :** Raphael Gaillarde/Gamma-Rapho ; **p. 110 (gauche) :** Catherine Deudon/Roger-Viollet ; **p. 110 (droite) :** *L'Express*/06,06,1996 ; **p. 111 :** Christian Hartmann/Reuters ; **p. 112 (haut) :** Réseau-Canopé-Le Musée national de l'Éducation ; **p. 112 (milieu) :** Catherine Deudon/Roger-Viollet ; **p. 112 (bas) :** Christian Hartmann/Reuters ; **p. 116 :** atm2003/Shutterstock ; **p. 117 (haut) :** Boris Horvat/AFP ; **p. 117 (bas) :** Richard Sowersby/Alamy/Photo 12 ; **p. 118 :** Marinetraffic.com ; **p. 120 :** Pierre Gleizes/REA ; **p. 123 (haut) :** atm2003/Shutterstock ; **p. 123 (bas) :** Phil Noble/Reuters/AdobeStock ; **p. 126 :** kees torn (*via* Wikimedia Commons) ; **p. 128 (haut) :** Frans Delian/Shutterstock ; **p. 128 (bas) :** Leon Neal/AFP ; **p. 129 :** Gerald Herbert/AP/SIPA ; **p. 132, 134 et 136 :** Boris Horvat/AFP ; **p. 140 :** Richard Sowersby/Alamy/Photo 12 ; **p. 141 :** HKstrategies.com/AFP ; **p. 142 (milieu) :** Richard Sowersby/Alamy/Photo 12 ; **p. 142 (bas) :** HKstrategies.com/AFP ; **p. 144 (haut) :** Bibliothèque nationale de France ; **p. 144 (bas gauche) :** Géoportail ; **p. 144 (bas droite) :** dbimages/Alamy/Photo 12 ; **p. 145 (haut) :** FrankRamspott/iStock ; **p. 145 (bas) :** DR Institut du monde arabe ; **p. 148 :** Flyin Phil's Photos ; **p. 149 (haut) :** spyarm/Shutterstock ; **p. 149 (bas) :** Michel Urtado, 2006 ; **p. 152 :** Zuma/REA ; **p. 153 :** Jayanya Dey/Reuters ; **p. 154 :** Hervé Théry/CNRS/Creda ; **p. 155 :** Flyin Phil's Photos ; **p. 156 :** Adam Ján Figel'/Alamy/Photo 12 ; **p. 157 :** Document de l'auteur ; **p. 158 :** Ernesto Benavides/AFP ; **p. 162 :** Gregorio Koji/Shutterstock ; **p. 164 :** Drop of Light/Shutterstock ; **p. 165 :** spyarm/Shutterstock ; **p. 166 (gauche) :** Collection Christophel ; **p. 166 (droite) :** Luciano Mortula – LGM/Shutterstock ; **p. 167 (haut gauche) :** Archives du 7ᵉ Art/RKO ; **p. 167 (haut droite) :** Archives du 7ᵉ Art/Warner Bros ; **p. 167 (bas) :** Archives du 7ᵉ Art/20th Century Fox ; **p. 168 (haut) :** Gregorio Koji/Shutterstock ; **p. 168 (milieu) :** Drop of Light/Shutterstock ; **p. 168 (bas) :** spyarm/Shutterstock ; **p. 170 :** Michel Urtado, 2006 ; **p. 171 :** frantic00/Shutterstock ; **p. 172 :** Raimond Spekking/E127 CC BY-SA 4.0 (*via* Wikimedia Commons) ; **p. 174 :** Groupe ADP/Alain Leduc ; **p. 175 (haut) :** Fourmy/Andia.fr ; **p. 175 (bas) :** Carlos Ayesta ; **p. 176 (haut) :** frantic00/Shutterstock ; **p. 176 (milieu) :** Raimond Spekking/E127 CC BY-SA 4.0 (*via* Wikimedia Commons) ; **p. 176 (bas) :** Groupe ADP/Alain Leduc ; **p. 178 :** Alan Budman/Shutterstock ; **p. 179 :** Pascal Sitter/REA ; **p. 180 :** Ilya Shimanskiy/AdobeStock ; **p. 181 (haut) :** John Kraus ; **p. 181 (bas) :** Vanessa Carvalho/Brazil Photo Press/AFP ; **p. 184 :** Ilya Shimanskiy/AdobeStock ; **p. 185 :** Fasttailwind/Shutterstock ; **p. 187 :** Kyodo News/MaxPPP ; **p. 188 :** EPA Paris-Saclay/Alticlic ; **p. 190 :** DR OIF ; **p. 191 :** Oleg GawriloFF/Shutterstock ; **p. 192 (haut) :** Madgic/Shutterstock ; **p. 192 (bas) :** Pics Factory/Shutterstock ; **p. 193 (haut) :** Loic Salan/Shutterstock ; **p. 193 (bas) :** F. Larrey/Conservatoire du littoral ; **p. 197 :** Handout/Getty Images/AFP ; **p. 198 :** John Kraus ; **p. 199 :** Jody Amiet/AFP ; **p. 200 (haut gauche) :** napa74/AdobeStock ; **p. 200 (haut droite) :** Gregory Bergman/Alamy/Photo 12 ; **p. 200 (bas) :** Damien/AdobeStock ; **p. 201 (haut) :** boivin nicolas/Shutterstock ; **p. 201 (bas) :** fotoember/AdobeStock ; **p. 202 (haut) :** Handout/Getty Images/AFP ; **p. 202 (milieu) :** John Kraus ; **p. 202 (bas) :** Jody Amiet/AFP ; **p. 204 :** Vanessa Carvalho/Brazil Photo Press/AFP ; **p. 206 :** Everyday Images/Alamy/Photo 12 ; **p. 207 :** Jean-Jacques D'Angelo – SNCF ; **p. 208 (haut) :** Vanessa Carvalho/Brazil Photo Press/AFP ; **p. 208 (milieu) :** Everyday Images/Alamy/Photo 12 ; **p. 208 (bas) :** Jean-Jacques D'Angelo – SNCF ; **p. 212 (haut) :** Damir Sencar/Shutterstock ; **p. 212 (bas) :** Pluquet/Alpaca/Andia.fr ; **p. 213 :** Laurent Ferriere/Hans Lucas ; **p. 214 :** Archives du 7ᵉ Art/Universal Pictures ; **p. 215 :** John Thys/AFP ; **p. 216 (haut) :** herreneck/AdobeStock ; **p. 216 (bas) :** Denis/REA ; **p. 217 :** Jean-Francois Frey/MaxPPP ; **p. 218 (haut) :** NARA ; **p. 218 (bas) :** Peter Dejong/Pool/EPA/Newscom/MaxPPP.

Édition : Anaëlle Féret
Conception maquette : ADN
Conception couverture : Laurence Durandau
Mise en page : Alinéa
Cartographie : Légendes cartographie et Bernard Sullerot
Fabrication : Laura Milhomme

ISBN : 978-2-09-167082-9

N° de projet : 10266711
Dépôt legal : Août 2020
Imprimé en Italie par Rotolito S.p.A.